N-gram을 이용한 한국어 연속 표현 연구

저자 김 정金 靜

중국 연변대학교(延邊大學校) 한어학과(학사) 졸업
중국 연변대학교(延邊大學校) 한어문자학과(석사) 졸업
중국 연변대학교(延邊大學校) 아시아-아프리카 언어 문학(박사) 졸업
현 연변대학교 문학원 강사

N-gram을 이용한 한국어 연속 표현 연구

초판 1쇄 인쇄 2024년 12월 12일
초판 1쇄 발행 2024년 12월 24일

저　　자 김　정金 靜
펴 낸 이 이대현
편　　집 이태곤 권분옥 임애정 강윤경
디 자 인 안혜진 최선주 강보민
마 케 팅 박태훈
펴 낸 곳 도서출판 역락
주　　소 서울시 서초구 동광로 46길 6-6(반포4동 문창빌딩 2F)
전　　화 02-3409-2060(편집부), 2058(영업부)
팩　　스 02-3409-2059
등　　록 1999년 4월 19일 제303-2002-000014호
이 메 일 youkrack@hanmail.net
역락홈페이지 http://www.youkrackbooks.com

字數 279,617字

I S B N 979-11-6742-881-3 93710

＊사전 동의 없는 무단 전재 및 복제를 금합니다.
＊파본은 구입처에서 교환해 드립니다.
＊정가는 표지에 있습니다.

이 책은 2024년도 延边大学博士启动基金项目("面向机器翻译的汉韩语块对应模式的构建与研究" 2024XBS20)의 지원을 받아 연구되었다.

N-gram을 이용한 한국어 연속 표현 연구

김정 金靜 지음

역락

머리말

컴퓨터가 인간의 언어를 이해하는 방법과 과정은 인공지능 분야의 중요한 연구 과제였다. 자연언어정보 처리방법은 인공지능분야의 중요한 기술이며, 이것으로 인간과 컴퓨터의 상호작용을 실현할 수 있다. 언어모델은 인간과 컴퓨터의 상호작용모델의 일종이며 언어모델은 기계번역, 음성인식, 검색엔진의 자동 완성 등에 적용할 수 있다. 언어 모델은 주로 규칙 언어 모델과 통계 언어 모델로 나뉜다. 통계 언어 모델은 확률 통계의 방법으로 언어 단위의 내재적인 통계 법칙을 밝히는 데 사용된다.

통계 언어 모델에서 n-gram은 간단하고 효과적이며 널리 사용되고 있다. 이 책은 한국어 문어와 구어 말뭉치를 조사하여 전산언어학의 n-gram 방법으로 연속 표현을 추출하고 통계언어학적 방법으로 연속 표현의 기본 분포 양상과 사용 특징을 고찰하였다. 이 책에서는 연속 표현을 하나의 단어로 보고 빈도와 분포율을 각각 집계하여 연속 표현의 사용도를 계산하였다. 연속 표현의 사용도를 바탕으로 사용도 순위를 나누고, 사용도 순위에 따라 한국어 범용 연속 표현 목록을 제시하였다. 이상의 연구 방법은 연속 표현의 빈도수와 출현 텍스트 수를 모두 고찰할 수 있다. 따라서 저사용도 연속 표현의 대량 중복, 순위가 성기거나 같은 사용도 연속 표현 간의 순위 거리가 먼 문제를 극복할 수 있을 뿐만 아니라 상용 연속 표현 추출에도 효과적이라고 할 수 있다.

이 책에서는 실험을 통해 한국어 연속 표현이 지프의 법칙을 따른다는 것을 입증했다. 그리고 지프의 분포로 빈도, 분포율, 사용도에서 연속 표현 분포의 전반적인 패턴을 고찰하였다. 지프분포를 기준으로 상용 연속 표현의 중요성을 인식할 수 있으며, 상용 연속 표현의 반복 축적의 역할을 강조할 수 있다.

　이 책에서는 또한 연속 표현의 구성요소 태깅으로부터 한국어 연속 표현의 구성요소 간의 결합관계를 고찰하였다. 이러한 고찰을 통해 상위 메타언어 특징을 살펴보고 한국어의 형식과 의미 조합을 체계적으로 파악하였다. 또한 단순선형회귀분석 방법을 이용하여 연속 표현 구성요소에서 두 구성요소 간의 상관 계수를 계산하여 두 구성요소 간의 상관 관계를 분석하였다. 이로써 학계에서 오랫동안 구성요소 간의 관계에 대한 공통적인 인식을 통계적인 수치로 실증하였고, 연속 표현의 적용범위를 확대하였다.

　끝으로 그동안 많은 심혈을 기울여 이 책의 내용을 지도해 주신 연변대학교의 노성화 선생님께 깊은 감사를 드리고, 늘 많은 도움과 격려로 필자를 이끌어 주신 연변대학교의 한은실 선생님께 감사드린다. 이 책의 간행을 가능케 해주신 역락출판사의 여러 선생님들께도 깊은 감사를 드린다.

2024년 11월 11일
저자가 중국연길에서

차례

머리말 _ 5

제1장 서론 ─────────────── 17

   1.1 연구 목적 및 의의　　　　　　　　　17
   1.2 연구 대상 및 범위　　　　　　　　　20
   1.3 선행 연구　　　　　　　　　　　　26
   1.4 연구의 구성　　　　　　　　　　　35

제2장 한국어 연속 표현 연구의 방법론 ─── 37

   2.1 n-gram 연구　　　　　　　　　　　37
   2.2 말뭉치 기반 연구와 말뭉치 주도 연구　　41
   2.3 연속 표현의 추출 방법　　　　　　　42
      2.3.1 연속 표현의 추출 단위　　　　　43
      2.3.2 연속 표현의 추출 범위　　　　　43
   2.4 연속 표현의 통계 기법과 추출 도구　　46
      2.4.1 연속 표현의 빈도　　　　　　　47
      2.4.2 연속 표현의 분포율　　　　　　48
      2.4.3 연속 표현의 사용도　　　　　　49
      2.4.4 지프의 법칙　　　　　　　　　51
      2.4.5 연속 표현의 추출 프로그램　　　53

제3장 한국어 연속 표현 추출 과정 ─────── 55

3.1 추출 과정 　　　　　　　　　　　　　　　55
　3.1.1 원시 말뭉치 　　　　　　　　　　　56
　3.1.2 형태소 분석 　　　　　　　　　　　56
　3.1.3 말뭉치 전처리 　　　　　　　　　　58
3.2 추출된 n-gram 결과물 　　　　　　　　　62

제4장 한국어 연속 표현의 분포적 양상 ─────── 65

4.1 연속 표현의 분포적 양상 　　　　　　　　65
　4.1.1 연속 표현의 토큰 비교 　　　　　　66
　4.1.2 연속 표현의 타입 비교 　　　　　　68
　4.1.3 연속 표현 TTR 비교 　　　　　　　69
4.2 연속 표현의 빈도 분석 　　　　　　　　　71
　4.2.1 연속 표현 빈도 통계적 분석 　　　　71
　4.2.2 문어 연속 표현 빈도 　　　　　　　76
　4.2.3 구어 연속 표현 빈도 　　　　　　　79
　4.2.4 연속 표현의 종합 빈도 　　　　　　82
4.3 연속 표현의 분포율 분석 　　　　　　　　86
　4.3.1 연속 표현 분포율 통계적 분석 　　　86
　4.3.2 문어 연속 표현 분포율 　　　　　　91
　4.3.3 구어 연속 표현 분포율 　　　　　　95
　4.3.4 연속 표현의 종합 분포율 　　　　　98

4.4 연속 표현의 사용도 분석　　　　　　　　　102
　　　　4.4.1 연속 표현 사용도 통계적 분석　　　102
　　　　4.4.2 문어 연속 표현 사용도　　　　　　106
　　　　4.4.3 구어 연속 표현 사용도　　　　　　109
　　　　4.4.4 연속 표현의 종합 사용도　　　　　113
　　4.5 소결　　　　　　　　　　　　　　　　　116

제5장 한국어 연속 표현의 특성 ─────────── 121

　　5.1 연속 표현의 사용도 순위　　　　　　　　121
　　5.2 2-gram~9-gram 연속 표현의 특성　　　　123
　　　　5.2.1 2-gram 연속 표현　　　　　　　　123
　　　　5.2.2 3-gram 연속 표현　　　　　　　　128
　　　　5.2.3 4-gram 연속 표현　　　　　　　　132
　　　　5.2.4 5-gram 연속 표현　　　　　　　　138
　　　　5.2.5 6-gram 연속 표현　　　　　　　　142
　　　　5.2.6 7-gram 연속 표현　　　　　　　　147
　　　　5.2.7 8-gram 연속 표현　　　　　　　　152
　　　　5.2.8 9-gram 연속 표현　　　　　　　　155
　　5.3 소결　　　　　　　　　　　　　　　　　158

제6장 한국어 연속 표현 구성요소 태깅의 분포와 상관관계 —— 163

   6.1 연속 표현 구성요소 태깅의 분포적 양상   163
      6.1.1 연속 표현 구성요소 태깅의 통계적 분석   164
      6.1.2 문어 연속 표현 구성요소 태깅   166
      6.1.3 구어 연속 표현 구성요소 태깅   174
   6.2 연속 표현 구성요소 태깅의 상관관계   180
      6.2.1 단순선형회귀 분석 과정   181
      6.2.2 연구 결과   184
   6.3 소결   199

제7장 결론 —— 201

참고문헌 _ 204

부록 1: 연속 표현 종합 빈도 상위 300위 목록   209
부록 2: 연속 표현 종합 분포율 상위 300위 목록   219
부록 3: 연속 표현 종합 사용도 상위 300위 목록   228
부록 4: 연속 표현 2-gram~9-gram 사용도 순위 목록   237

표 차례

[표 1] 말뭉치 구성 —————————————————— 21
[표 2] 연어 관련 범주와 범위 ————————————— 29
[표 3] 21세기 세종 계획 형태소 분석 말뭉치 구축 태그셋 —— 56
[표 4] 문어 3-gram 연속 표현 ————————————— 62
[표 5] 구어 3-gram 연속 표현 ————————————— 63
[표 6] 연속 표현의 타입과 토큰 ————————————— 66
[표 7] 연속 표현 n-gram 타입 수 감소율 ————————— 69
[표 8] n-gram 유형의 평균 출현 빈도수와 TTR 비교 ———— 70
[표 9] 문어 및 구어 연속 표현 빈도 통계 ————————— 72
[표 10] 문어 및 구어 상위 300위 연속 표현 빈도 비교 ——— 74
[표 11] 문어 연속 표현 출현 빈도 상위 30 ————————— 76
[표 12] 구어 연속 표현 출현 빈도 상위 30 ————————— 79
[표 13] 연속 표현 종합 빈도 순위 ———————————— 83
[표 14] 문어 및 구어 연속 표현 분포율 통계 ———————— 87
[표 15] 문어 및 구어 상위 300위 연속 표현 분포율 비교 —— 89
[표 16] 문어 연속 표현 분포율 상위 30 —————————— 91
[표 17] 구어 연속 표현 분포율 상위 30 —————————— 95
[표 18] 연속 표현 종합 분포율 순위 ——————————— 98
[표 19] 문어 및 구어 연속 표현 사용도 통계 ——————— 102
[표 20] 문어 및 구어 상위 300위 연속 표현 사용도 비교 — 104
[표 21] 문어 연속 표현 사용도 상위 30 ————————— 106
[표 22] 구어 연속 표현 사용도 상위 30 ————————— 109
[표 23] 연속 표현 종합 사용도 순위 —————————— 113
[표 24] 문어 및 구어 2-gram 연속 표현 사용도 순위 비교 — 124
[표 25] 문어 2-gram 연속 표현 위주로 순위 차 상위 10 —— 126
[표 26] 구어 2-gram 연속 표현 위주로 순위 차 상위 10 —— 126

[표 27] 한국어 2-gram 연속 표현 범용 목록 상위 20 ─────── 127
[표 28] 문어 및 구어 3-gram 연속 표현 사용도 순위 비교 ─────── 128
[표 29] 문어 3-gram 연속 표현 위주로 순위 차 상위 10 ─────── 130
[표 30] 구어 3-gram 연속 표현 위주로 순위 차 상위 10 ─────── 131
[표 31] 한국어 3-gram 연속 표현 범용 목록 상위 20 ─────── 132
[표 32] 문어 및 구어 4-gram 연속 표현 사용도 순위 비교 상위 20 ── 133
[표 33] 문어 4-gram 연속 표현 위주로 순위 차 상위 10 ─────── 135
[표 34] 구어 4-gram 연속 표현 위주로 순위 차 상위 10 ─────── 136
[표 35] 한국어 4-gram 연속 표현 범용 목록 상위20 ─────── 137
[표 36] 문어 및 구어 5-gram 연속 표현 사용도 순위 비교 상위 20 ── 138
[표 37] 문어 5-gram 연속 표현 위주로 순위 차 상위 10 ─────── 140
[표 38] 구어 5-gram 연속 표현 위주로 순위 차 상위 10 ─────── 141
[표 39] 한국어 5-gram 연속 표현 범용 목록 상위 20 ─────── 142
[표 40] 문어 및 구어 6-gram 연속 표현 사용도 순위 비교 상위 20 ── 143
[표 41] 문어 6-gram 연속 표현 위주로 순위 차 상위 10 ─────── 145
[표 42] 구어 6-gram 연속 표현 위주로 순위 차 상위 10 ─────── 146
[표 43] 한국어 6-gram 연속 표현 범용 목록 상위 20 ─────── 146
[표 44] 문어 및 구어 7-gram 연속 표현 사용도 순위 비교 상위 20 ── 148
[표 45] 문어 7-gram 연속 표현 위주로 순위 차 상위 10 ─────── 150
[표 46] 구어 7-gram 연속 표현 위주로 순위 차 상위 10 ─────── 150
[표 47] 한국어 7-gram 연속 표현 범용 목록 상위 20 ─────── 151
[표 48] 문어 및 구어 8-gram 연속 표현 사용도 순위 비교 상위 20 ── 152
[표 49] 문어 및 구어 동시 출현한 8-gram 연속 표현 사용도 순위 차 ─ 154
[표 50] 한국어 8-gram 연속 표현 범용 목록 상위 20 ─────── 154
[표 51] 문어 및 구어 9-gram 연속 표현 사용도 순위 비교 상위 20 ── 156
[표 52] 한국어 9-gram 연속 표현 범용 목록 상위 20 ─────── 157
[표 53] 문어 및 구어 연속 표현 구성요소 태깅 2-gram~9-gram 토큰과
       타입 비례 비교 ─────────────────────── 164
[표 54] 문어 연속 표현 구성요소 태깅 상위 30 ─────────── 167

[표 55] 문어 3-gram~5-gram 연속 표현 구성요소 태깅 상위 20 ——— 169
[표 56] 문어 6-gram~9-gram 연속 표현 구성요소 태깅 상위 10 ——— 172
[표 57] 구어 연속 표현 구성요소 태깅 상위 30 ————————— 174
[표 58] 구어 3-gram~5gram 연속 표현 구성요소 태깅 상위 20 ——— 176
[표 59] 구어 6-gram~9-gram 구성요소 태깅 상위 10 —————— 179
[표 60] 일반명사와 기타 구성요소와의 상관계수, 상관정도 및
　　　　단순선형회귀방정식 ————————————————— 185
[표 61] 동사와 기타 구성요소와의 상관계수, 상관정도 및
　　　　단순선형회귀방정식 ————————————————— 190
[표 62] 일반부사와 기타 구성요소와의 상관계수, 상관정도 및
　　　　단순선형회귀방정식 ————————————————— 193
[표 63] 감탄사와 기타 구성요소와의 상관계수, 상관정도 및 단순선형회귀방정식
　　　　———————————————————————————— 197

그림 차례

<그림 1> 성구의 추출 절차에 따른 분포적 범주 체계 —————— 39
<그림 2> 연속 표현 추출 프로그램의 작업창 —————— 53
<그림 3> 연속 표현의 토큰 비교 —————— 67
<그림 4> 연속 표현의 타입 비교 —————— 68
<그림 5> 연속 표현 어휘밀도 비교 —————— 70
<그림 6> 문어 상위 300 빈도 히스토그램 —————— 75
<그림 7> 구어 상위 300 빈도 히스토그램 —————— 75
<그림 8> 문어 연속 표현 빈도-순위 관계 산포도 —————— 77
<그림 9> 문어 연속 표현 빈도 로가리듬 곡선 —————— 78
<그림 10> 구어 연속 표현 빈도-순위 관계 산포도 —————— 81
<그림 11> 구어 연속 표현 출현 빈도 로가리듬 곡선 —————— 82
<그림 12> 연속 표현 종합 빈도-순위 관계 산포도 —————— 84
<그림 13> 연속 표현 종합 빈도 로가리듬 곡선 —————— 85
<그림 14> 문어 분포율 히스토그램 —————— 88
<그림 15> 구어 분포율 히스토그램 —————— 88
<그림 16> 문어 분포율 300 히스토그램 —————— 90
<그림 17> 구어 분포율 300 히스토그램 —————— 91
<그림 18> 문어 연속 표현 분포율-순위 관계 산포도 —————— 93
<그림 19> 문어 연속 표현 분포율 로가리듬 곡선 —————— 94
<그림 20> 구어 연속 표현 분포율-순위 관계 산포도 —————— 96
<그림 21> 구어 연속 표현 분포율 로가리듬 곡선 —————— 97
<그림 22> 연속 표현 종합 분포율-순위 관계 —————— 100
<그림 23> 연속 표현 종합 분포율 로가리듬 곡선 —————— 101
<그림 24> 문어 상위 300 빈도 히스토그램 —————— 105
<그림 25> 구어 상위 300 빈도 히스토그램 —————— 105
<그림 26> 문어 연속 표현 사용도-순위 관계 산포도 —————— 107

<그림 27> 문어 연속 표현 사용도 로가리듬 곡선 ──── 108
<그림 28> 구어 연속 표현 사용도-순위 관계 곡선 ──── 111
<그림 29> 구어 연속 표현 사용도 로가리듬 곡선 ──── 112
<그림 30> 연속 표현 종합 사용도-순위 관계 산포도 ──── 115
<그림 31> 연속 표현 사용도 로가리듬 곡선 ──── 116
<그림 32> 구어 2-gram~9-gram 타입 비례 ──── 158
<그림 33> 문어 2-gram~9-gram 타입 비례 ──── 158
<그림 34> 문어 및 구어 연속 표현 구성요소 태깅 토큰 비례 직선도 ── 165
<그림 35> 문어 및 구어 연속 표현 구성요소 태깅 타입 비례 히스토그램
──── 166
<그림 36> 일반명사와 기타 구성요소 간의 산포도 및 직선도 ──── 187
<그림 37> 동사와 기타 구성요소 간의 산포도 및 직선도 ──── 191
<그림 38> 일반부사와 기타 구성요소 간의 산포도 및 직선도 ──── 195
<그림 39> 감탄사와 기타 구성요소 간의 산포도 및 직선도 ──── 198

제1장 서론

1.1 연구 목적 및 의의

본 연구의 목적은 n-gram을 이용하여 한국어 문어와 구어 말뭉치에서 연속 표현을 추출하는 전산언어학적 방법론을 확립하고, 나아가 통계언어학적 방법으로 추출된 연속 표현의 분포와 특징을 살펴보고 상용 연속 표현 목록을 확보하는 것이다.

본 연구에서 지칭하는 연속 표현은 말뭉치에서 추출한 단어 이상의 단위인 구 혹은 단어의 연속이 있을 뿐만 아니라 단어나 형태의 연속도 존재한다. 따라서 본 연구에서의 한국어 연속 표현은 전산언어학에 기반한 자주 사용되는 형태[1]들의 연속을 말한다. 예를 들어 설명하면 아래와 같다.

(1) ㄱ. 판매원 최경화 씨는 시중가와는 비교도 <u>할 수 없</u>는 가격에 나오는

---

[1] 본 연구에서는 21세기 세종 계획 말뭉치를 사용하였으므로 말뭉치는 형태소(morpheme)가 아닌, 이형태를 포함하는 형태(morph) 단위로 분석되었기 때문에 본 연구에서 얻을 수 있는 연속 표현은 '형태 연속 표현'이다.

물건들을 꼭 필요한 사람에게 중개하는 일이 정말 즐겁다고 말한다.
ㄴ. 자기만의 독특한 서명을 갖지 않으면 곤란해지는 시대가 되고 있다.
ㄷ. 대한항공에 대한 교통부의 감사보고서는 우리들에게 큰 충격을 던져주고 있다.
ㄹ. 그러나 우리는 공보처의 그 같은 의견개진으로 두 방송이 심각한 반응을 보이고 있고 그 여파가 방송계와 우리 사회에 적잖게 파급되고 있는데 주의를 환기하지 않을 수 없다.

(2) ㄱ. 자네 머리가 왜 그러는 거야?
ㄴ. 내가 보기에는 시인론이 더 어려울 것 같어.
ㄷ. 근데 솔직히, 몰래 녹음하는 게 물론 쫌 그렇긴 해두 현실성은 더 있잖아. 왜냐하면 녹음하는 거 알고 나면은 알게 모르게 이게 영향을 미치잖아.
ㄹ. 당연한 일을 했을 뿐이니 공연히 비행기 태우지 마라.

(1), (2)의 밑줄 친 부분은 문어와 구어 말뭉치에서 일정한 빈도와 텍스트 분포 등의 기준에서 산출한 연속 표현들인데 수많은 추출물 중 일부일 뿐이다. 이러한 연속 표현들을 살펴보면 각각 문어와 구어에서 특정한 기능을 수행한다. 이런 표현들은 형태나 단어의 연속임에도 불구하고 특정한 의미를 나타내기도 하고, 체언구의 문법적 기능과 용언구의 제한된 활용형을 나타내기도 한다. 그리고 이러한 고빈도의 연속 표현은 '비행기를 태우다, 영향을 미치다'와 같은 관용구나 연어를 포함되어 나타날 수 있고 또한 여러 짧은 길이의 연속 표현이 동시에 자주 나타나면서 긴 길이의 연속 표현을 이룰 수도 있다.

기존 연속 표현에 대한 연구를 살펴보면 대부분 출현 빈도만 중시하고 실제 언어 환경에서의 분포에 대한 연구가 부족하다. 그리고 대체로 특정 길이의 연속 표현들로만 연구의 대상으로 제한함으로써 연속 표현에 대한 전반적인 연구가 부족하다.

본 연구에서는 한국어 문어와 구어 말뭉치로부터 연속 표현을 추출할 수 있는 방법론에 대해 상세히 기술하고, 빈도와 분포를 모두 고려한 통계언어학적 방법으로 추출된 연속 표현의 분포와 특징을 고찰할 것이다. 또한 분포적 접근 방식으로 연속 표현 구성요소 태깅의 분포와 특징을 살펴보고, 단순 선형회귀분석으로 구성요소들 간의 상관관계를 밝히는 새로운 시각을 제시할 것이다.

본 연구는 향후 아래와 같은 분야에서 응용이 가능한 실용적 결과물을 생성할 수 있다고 본다.

첫째, 한국어 언어학적 연구 측면에서 보면 연속 표현에 대한 연구는 형태론, 의미론, 화용론 등 영역의 다양한 문법적 기능과 자질에 대한 새로운 분석과 시각을 제공할 수 있다. 특히 어휘와 통사가 같은 층위에서 작용한다는 통합적 차원에서 하나의 단위로 굳어진 형태·통사 단위들의 분포와 기능에 대한 연구는 언어 연구에서 필수적인 부분을 차지한다.

둘째, 전산언어학적 측면에서 보면 연속 표현의 추출 및 활용은 기계 번역이나 자연언어생성 분야에서의 질적 향상을 가져올 수 있다. 단어 대 단어의 처리 방식에서 벗어나 목표 언어의 실제적 발화 양상에 다가갈 수 있게 함으로써 보다 자연스러운 문장이나 표현들을 생성할 수 있게 한다. 구문 분석이나 의미 분석을 포함한 자연언어처리에서도 기존의 구절 구조나 엄격한 통사 규칙에 기반을 둔 분석에서 벗어나 한국어의 형태·통사적 특성을 직접 반영함으로써 결과물의 성능을 제고할 수 있다. 예를 들면 '그 클럽이 물이 좋다고 소문났어. =听说那个夜店的水很好.'에서 보듯이 '물이 좋다'는 '외모가 출중하거나 부유한 사람들이 많다'는 은유된 뜻이 있다. 그러나 구를 하나의 의미 단위로 보지 않고 단어별로 번역하면 '마시는 물이 좋다'는 것으로 번역된다.

셋째, 외국인을 위한 한국어 교육에서 보면 연속 표현은 모국어 화자의 유창성, 발화의 자연스러움을 증명하는 표현들이다. 이러한 표현들은 모국어 화자의 직관에 의존하는 것으로 학습자에게는 학습이 필요하고 이해하기가 어려운 부분이다. 따라서 외국어로서의 한국어교육에서 연속 표현은 교육 현장에서 실제로 유용한 자료가 될 것이다. 또한 외국인 학습자의 연속 표현 사용 양상에 대한 고찰, 학습자 배경 요인에 따른 변인 분석, 장르에 따른 연속 표현의 사용 양상을 통한 학습 효과 증진, 학습자의 유창성 증진과 평가 등과 관련한 연구들의 기초자료로 활용될 수 있을 것이다.

1.2 연구 대상 및 범위

본 연구에서 사용한 말뭉치는 두 가지가 있다. 하나는 21세기 세종 계획 (2010.12 수정판)[2]에서 구축한 200개 텍스트의 문어 형태소 분석 말뭉치[3](이하, 문어 말뭉치)이고, 하나는 21세기 세종 계획에서 구축한 200개 텍스트의 한국

---

[2] 이것은 1998년 문화관광부 주관으로 시작하여 2007년 국립국어원이 마무리한 21세기 세종 계획 사업 결과물을 2010년에 수정, 보완하여 DVD 형식으로 제작한 것이다.

[3] 21세기 세종 계획에서 구축한 한국어 문어 형태소 분석 말뭉치는 총 279개 텍스트가 있는데 10,156,140개 어절로 구성되었다. 문어 말뭉치와 구어 말뭉치와의 차이를 줄이기 위해 연구자는 문어 말뭉치에서 무작위로 200개 텍스트를 선택하여 평균 문장 수 절반이상인 3155개 문장을 경계점으로 앞부분 문장들을 선택하여 560만 어절을 선택하여 연구를 진행하였다. 문어 형태소 분석 말뭉치의 장르별 구성을 보면 신문 24%, 잡지 12%, 책-정보 38%, 책-상상 24%, 기타 2%이다.

어 순구어 말뭉치[4]와 노성화 교수님께서 직접 구축한 369개 텍스트의 '노성화 한국어 교육용 말뭉치-준구어 말뭉치'[5]를 결합한 구어 말뭉치이다. 문어 말뭉치는 약 560만 어절이고 구어 말뭉치는 200만 어절이다.

[표 1] 말뭉치 구성

	어절수	텍스트 수
문어 말뭉치	5,613,100 개	200개
구어 말뭉치	2,011,577 개	569개

21세기 세종 계획 순구어 말뭉치에 준구어 말뭉치를 추가한 이유 중 하나는 문어 말뭉치와 어절수 차이를 줄이고, 다른 하나는 구어 말뭉치의 내용을 더욱 풍부하게 하고 실제 언어 환경에 더욱 근접시키기 위해서이다. 준구어 말뭉치는 직접 귀로 들으면서 반복적인 수정을 거쳐 대화의 표면적인 실현형을 중심으로 음성 전사한 것이기 때문이다. 물론 드라마나 영화의 대본으로 말뭉치를 만드는 것이 가장 쉽고 빠르겠지만 대본은 대사와 일치하지 않고 대사보다 실제성이 떨어진다. 또한 대사도 작가가 인위적으로 설정된 상황에서 만들어진 발화로 실제 담화 상황과 완벽하게 일치하지는 않지만 배우들에 의하여 전달되는 음성을 듣고 전사한 말뭉치는 실제 구어에 매우 근접하다.

---

[4] 21세기 세종 계획에서 순구어 말뭉치의 전체 규모는 약 419만 어절 정도 되지만, 현재 공개된 것은 80만 어절 정도 이다. 구어 전사 말뭉치의 특성상 형태소 분석기를 이용하여 분석하면 많은 오류가 나타나므로 이로 인한 영향을 최소화하기 위해 순구어 말뭉치는 형태 주석이 된 구어 전사 말뭉치만을 포함시켰다. 순구어 말뭉치의 장르별 구성을 보면 강연/강의 15%, 개/폐회사 3%, 독백 24%, 발표 5%, 방송 2%, 설교 2%, 수업대화 4%, 일상대화 23%, 전화대화 5%, 주제대화 18%, 회의 1% 등이 있다

[5] 한국어 준구어 형태소 분석 말뭉치에는 70편의 한국 영화와 30편의 한국 드라마(10회/편, 기술상의 차질로 드라마 한 편이 9회만 포함됨)가 포함되어 있는데 영화는 총 447,213개 어절이고 드라마는 총 1,073,285개 어절이다.

또 다양한 장르와 등장인물 및 배경으로 제작된 여러 편의 드라마와 영화 대사는 순구어 말뭉치에서 장르와 인물, 배경 등의 제약을 극복할 수 있다고 본다.

  본 연구에서는 위에서 언급한 문어와 구어 말뭉치에서 추출한 연속 표현을 연구 대상으로 삼는다. 뒤에서도 설명하겠지만 연속 표현은 형태 결합 수의 길이에 따라 2-gram, 3-gram 등으로 불린다. 다음 추출될 각 길이의 연속 표현을 예를 들어 설명하면 아래와 같다.

(3) 원시 말뭉치:
<u>우선은 단어를 많이 알아야 그 회화도 된대요.</u>
  1   2   3   4 5   6   7

(4) 형태소 분석 후:
  ㄱ. 우선/NNG+은/JX
     단어/NNG+를/JKO
     많이/MAG
     알/VV+아야/EC
     그/MM
     회화/NNG+도/JX
     되/VV+ㄴ대요/EF+./SF
  ㄴ. 우선/NNG+은/JX 단어/NNG+를/JKO 많이/MAG 알/VV+아야/EC
     그/MM 회화/NNG+도/JX 되/VV+ㄴ대요/EF+./SF
  ㄷ. 우선/NNG_은/JX_단어/NNG_를/JKO_많이/MAG_알/VV_아야/EC
     1   2   3   4   5   6   7

그/MM_회화/NNG_도/JX_되/VV_ㄴ대요/EF
  8   9   10   11   12

ㄹ. 연속 표현 추출:

  2-gram: [1, 2] 우선/NNG_은/JX
  (n-2) [2, 3] 은/JX _단어/NNG
      [3, 4] 단어/NNG_를/JKO
      [4, 5] 를/JKO_많이/MAG
      ...

  3-gram: [1, 2, 3] 우선/NNG_은/JX_단어/NNG
  (n-3) [2, 3, 4] 은/JX_단어/NNG _를/JKO
      [3, 4, 5] 단어/NNG 를/JKO 많이/MAG
      [4, 5, 6] 를/JKO_많이/MAG_알/VV
      ...

  4-gram: [1, 2, 3, 4] 우선/NNG_은/JX_단어/NNG_를/JKO
  (n-4) [2, 3, 4, 5] 은/JX_단어/NNG _를/JKO_많이/MAG
      [3, 4, 5, 6] 단어/NNG_를/JKO_많이/MAG_알/VV
      [4, 5, 6, 7] 를/JKO_많이/MAG_알/VV_아야/EC
      ...

  5-gram: [1, 2, 3, 4, 5] 우선/NNG_은/JX_단어/NNG_를/JKO_많이/MAG
  (n-5) [2, 3, 4, 5, 6] 은/JX_단어/NNG_를/JKO_많이/MAG_알/VV
      [3, 4, 5, 6, 7] 단어/NNG_를/JKO_많이/MAG_알/VV_아야/EC
      [4, 5, 6, 7, 8] 를/JKO_많이/MAG_알/VV_아야/EC_그/MM

...

6-gram: [1, 2, 3, 4, 5, 6] 우선/NNG_은/JX_단어/NNG_를/JKO_많이/MAG_알/VV

(n-6) [2, 3, 4, 5, 6, 7] 은/JX_단어/NNG_를/JKO_많이/MAG_알/VV_아야/EC

[3, 4, 5, 6, 7, 8] 단어/NNG_를/JKO_많이/MAG_알/VV_아야/EC_그/MM

[4, 5, 6, 7, 8, 9] 를/JKO_많이/MAG_알/VV_아야/EC_그/MM_회화/NNG

...

(4ㄱ)은 형태소 분석기의 결과이며, 이를 (4ㄴ)의 과정을 거쳐 (4ㄷ)로 변환한다. (4ㄹ)은 형태소 분석된 결과를 이용하여 추출한 2-gram~6-gram의 연속 표현을 보여준다.

(5) ㄱ. 연속 표현에서 구성요소의 형태 제거 후:

NNG JX NNG JKO MAG VV EC MM NNG JX VV EF
 1   2   3   4   5   6 7   8   9 10 11 12

ㄴ. 연속 표현 구성요소 태깅 추출:

2-gram: [1, 2] NNG_JX

(n-2) [2, 3] JX_NNG

[3, 4] NNG_JKO

[4, 5] JKO_MAG

...

3-gram: [1, 2, 3] NNG_JX_NNG

(n-3) [2, 3, 4] JX_NNG_JKO

           [3, 4, 5] NNG_JKO_MAG

           [4, 5, 6] JKO_MAG_VV

           …

  4-gram: [1, 2, 3, 4] NNG_JX_NNG_JKO

     (n-4) [2, 3, 4, 5] JX_NNG_JKO_MAG

           [3, 4, 5, 6] NNG_JKO_MAG_VV

           [4, 5, 6, 7] JKO_MAG_VV_EC

           …

  5-gram: [1, 2, 3, 4, 5] NNG_JX_NNG_JKO_MAG

     (n-5) [2, 3, 4, 5, 6] JX_NNG_JKO_MAG_VV

           [3, 4, 5, 6, 7] NNG_JKO_MAG_VV_EC

           [4, 5, 6, 7, 8] JKO_MAG_VV_EC_MM

           …

  6-gram: [1, 2, 3, 4, 5, 6] NNG_JX_NNG_JKO_MAG_VV

     (n-6) [2, 3, 4, 5, 6, 7] JX_NNG_JKO_MAG_VV_EC

           [3, 4, 5, 6, 7, 8] NNG_JKO_MAG_VV_EC_MM

           [4, 5, 6, 7, 8, 9] JKO_MAG_VV_EC_MM_NNG

           …

(4ㄱ)의 형태소 분석 결과에서 형태를 제거하면 (5ㄱ)와 같이 된다. (5ㄴ)는 구성요소 태깅만 남은 2-gram~6-gram을 보여준다.

본 연구에서는 2-gram~9-gram[6]길이의 연속 표현과 연속 표현 구성요소 태깅을 연구 대상 및 범위로 정한다.

---

6 연속 표현 길이를 2-gram~9-gram까지 선택한 이유에 대해서는 '2.3.2 연속 표현의 추출 범위'에서 상세히 논의하겠다.

1.3 선행 연구

본 연구의 주제인 한국어 연속 표현은 말뭉치의 통계에 기초하여 추출한 자주 사용되는 형태들의 연속을 말하므로 사람들은 무의식적으로 이러한 표현을 하나의 단위로 받아들이고 사용한다. 이러한 연속 표현에 대한 접근 방식은 구론(phraseology2)[7]적 접근방식과 분포적 접근방식이 있다.[8] 구론적 접근방식은 러시아 구 이론의 전통 아래 구 단위와 그것의 유형 등에 대해 연구하는 것이다.[9] 분포적 접근 방식은 말뭉치에서 어떠한 공기 표현이 어떤 분포로 얼마나 자주 나타나는지 빈도를 중심으로 하는 연구이다.[10] 다음 이 두 가지 접근방식으로 연속 표현의 선행 연구를 살펴보면 다음과 같다.

구론적 접근 방식으로 한국어 관용구[11]나 연어에 대한 연구가 가장 많았다. 기존의 연구에서는 이러한 단어 단위를 넘어서는 표현들이 밀접한 관계를 가지고 공기하는 관계는 관용구나 연어라는 관점에서 다루어져 왔기 때문이다. 문법 요소를 포함하는 '-ㄹ 수 있다/없다', '-기 때문이다' 등의 형태·통사 연쇄에 대한 접근은 이희자(1995), 김진해(2000, 2007), 서상규(2002), 임홍빈

---

[7] 영어 phraseology는 Mel'čk & Milićvić(2014: 291)에 따라서 한 언어에서 성구현상이라는 의미의 phraseology1과 언어학의 한 분야로서의 성구론이라는 의미의 phraseology2로 구분한다.

[8] 접근 방식의 용어에 대해서는 Granger & Paquot(2008:28-29)를 따랐다(김미현 2019: 82재인용).

[9] 구론(phraseology2)는 20세기 40년대 말에 처음으로 나타났다. 러시아와 동부 유럽 일부 나라의 언어 연구자들은 정성(定性)분석방법으로 구의 각종 범주를 전면적이면서 계통적으로 논의하였다. 20세기 60년대부터 서부 유럽과 미국에서 구에 대한 연구가 활발하게 진행되면서 구론의 중요성이 날로 드러나기 시작하였다. 구론에는 Cowie(1998a, 1998b), Howarth(1996, 1998), Mel'čuk(1993, 1995, 1998, 2011, 2013) 등의 연구가 있다.

[10] 빈도를 중심으로 하는 연구에는 Sinclair(1966, 1991), Moon(1998) 등 연구가 있다

[11] 강범모(2017:5)는 관용구 연구에서 연어를 포함하는 경우도 있고(문금현 1997 등) 그렇지 않은 경우도 있는데(임홍빈 2002 등) 후자가 좀 더 많다고 하였다.

(2002), 임근석(2006, 2010) 등의 연구가 있었다.

이희자(1995)에서는 기존 연구의 [체언-용언] 구성으로부터 포괄적 차원에서 연어를 다루었는데 이 연구에서는 구성 성분들의 의미적 긴밀도와 어휘화 정도에 따라 연어 구성들을 '의미적 연어', '통사적 연어', '형태적 연어' 등으로 구분하였다. 그리고 김진해(2000)에서는 통사적 연어, 형태적 연어와 같은 범주 구분에서 한발 더 나아가 어미나 조사와 같은 문법 요소를 포함한 구성들을 형태·통사적 연어로 분류하고 이를 '통사적 구나 절 범주를 결합하는 문법 표지와 결합하는 구성'이라고 정의하였다. 그가 분류한 형태·통사적 연어의 각 유형은 아래와 같다.

김진해(2000)의 형태·통사적 연어 분류

1. 부사에 의한 형태·통사적 연어
   1) 양태부사에 의한 연어: 단지 -ㄹ 뿐이다, 설마 -ㄹ까, 아무리 -도, …
   2) 부정 극어에 의한 연어: 결코 -아니, 눈물(이) 없이는 -ㄹ 수 없다, 이만저만 아니다, …
2. 의존 명사에 의한 형태·통사적 연어
   1) 접속 기능의 명사구(의존 명사 포함): -는 길에, -ㄴ 날에, -ㄴ 마당에, …
   2) 서술 기능의 명사구(의존 명사 중심)
      ㄱ) '이다'결합형: -는/ㄹ/ㄴ 것이다, -ㄹ 노릇이다, -기 때문이다, …
      ㄴ) '같다'결합형: -ㄴ/는/던/ㄹ 것 같다
      ㄷ) '하다'결합형: -ㄹ 법하다, -ㄹ 만하다, -ㄹ 듯하다, …
      ㄹ) '싶다'결합형: -ㄴ 성싶다, -ㄴ 듯싶다, …

ㅁ) '알다/모르다'결합형: -줄 알다/모르다, -지 알다/모르다
ㅂ) '있다/없다'결합형: -ㄹ 나위가 있다/없다, -ㄹ 리(가) 있다/없다
(만무하다), -ㄹ 수(가) 있다/없다, …
3. 불구 동사 및 동사의 굳은 형에 의한 형태·통사적 연어
  1) 불구동사: -에 관하여/관해서/관한, -에 대하여/대해서, 대한, …
  2) 동사의 굳은 형: -을 가지고, -와 같이, -에 걸쳐, …
4. 보문 동사에 의한 형태·통사적 연어: {-기를/-을 것을/-고} 명령하다,
{-음을/-을 것을/-고} 주장하다, -기 걱정이다, …

서상규(2002)에서는 김진해(2000)의 형태·통사적 연어 범주 구분을 형태·통사론적 구성과 호응관계로 나뉘어 제한적으로 수용하였다. 이 논의에서는 연어 관련 범주와 범위를 다음과 같이 제시하였다.

[표 2] 연어 관련 범주와 범위[12]

공기관계			연어 관련 범주			
	넓은 연어	단어결합		임시결합(눈물을 먹다)		
			동사·의미론적 결합 (선택제약)	서술어(용언)와 논항 결합(자유결합)		
				부사와 용언결합	체언과 용언을 동시에 요구 (매미가 맴맴 운다)	
					용언만 요구(대굴대굴 구르다)	
				단위명사 결합(마늘 한 점)		
			관용적 결합	좁은 연어	체언에 의한 연어	제약적 연어(전철을 밟다)
						준 제약적 연어(가슴을 태우다)

---

12 서상규(2002: 327)에서 인용하였다.

		[수식어+피수식어]형 연어	용언의 부사형+용언 (눈이 빠지게 기다리다)
			용언의 관형사형+용언 (새까만 후배)
		[체언(의) 체언]형 연어 (빙산의 일각)	
	숙어		(미역국을 먹다)
형태·통사론적 구성		의존명사 구문 (-는 바람에, -ㄴ 체하다)	
		불구동사 및 동사의 굳은 꼴에 의한 구문 (-와 더불어, -로 미루어)	
		합성적 동사 연결 구성 (멀고 먼 길, 참고 견디는 태도, 크고 작은 일, 날고 기는 사람/이불을 펴고 개는 일/치고 받다)	
호응 관계		진술 부사(단지 -ㄹ 뿐이다)	
		부정 극어(부사) (도대체/절대/절대로/결코 아니다)	
	보문 동사에 의한 형태·통사적 구문 (-고 주장하다)		
	절을 벗어난 문장 표현: 절을 벗어남 (-면 -기 쉽다)		

[표 2]에서 볼 수 있듯이, 서상규(2002)에서는 자연언어처리나 정보 검색, 기계 번역에서의 효율성을 고려하고, 학습 사전 기술이나 언어 교육에서 의미를 파악하거나 문법 정보에 대한 기술 편리를 위해 광의의 연어 개념을 제시하였다. 그리고 보문 동사에 의한 형태·통사적 구문이나 절을 벗어난 표현과 절의 경계를 벗어나서 특정 문법요소와 어휘 사이에 공기 관계를 맺고 있는 예들도 연어 관련 범주로 제시하였다. 임근석(2010)에서는 김진해(2000)의 형태·통사적 연어의 범위를 제한하여 문법적 연어로 설정하고, 문법적 연어란 어휘 요소와 문법요소 상호 간의 통사적 구성으로 선택의 주체가 되는 어휘 요소(연어 핵)이 선택의 대상이 되는 문법 요소(연어 변)을 선호하여 선택한다고 정의하였다. 이 논의에서는 연어 핵과 연어 변이라는 자의적 구분을 통해 연어와 관용구, 자유 결합 등을 판별하고자 하였지만 기준이 임의적이어서 분석의 타당성이 다소 부족하다.

이와 같이 언어의 범위를 모든 품사 범주나 문법 요소들로 확장하였지만 형태·통사 연쇄는 그 의미적 전이나 의미의 투명성과 관련하여 단어 연결 구성과는 서로 구분된다. 한영균(2002: 143)에서는 '연어 관계란 기본적으로 한 문장 안에서 일정한 거리를 두고 어울려 쓰이는 단어의 결합관계를 지칭한다'고 정의하면서, 숙어, 관용구, 성구를 포함하는 연어 구성이 다(多) 어기 어휘소나 구형(句型) 어휘 항목과 본질적으로 다르다는 것을 강조하였다. 이 논의에서는 문법 요소를 포함하는 형태·통사적 연쇄는 형태적으로 굳어져 있거나 문법 기능을 하는 형식 형태소와 실질 형태소의 결합이므로 통사적 구성인지 어휘적 차원에 속하는 구성인지 구분하기는 어렵지만 그 자체로서 의미가 있으므로 언어적으로 분명히 가치가 있다고 보았다. 그리고 실제 언어생활에서는 어휘적 연어 구성보다도 훨씬 더 다양한 여러 단어(혹은 형태)로 구성된 표현들이 빈번히 사용되며 중요한 기능을 담당하고 있다고 논의하였다.

이상 구론적 접근방식으로 연구된 관용구, 연어, 문법요소를 포함한 형태·통사적 연쇄 등은 모두 연속 표현의 일부이다. 따라서 인공지능, 정보 검색 등 여러 분야에서 활용이 가능하도록 전산언어학적 기반에서 더욱 포괄적인 시각으로 단어 혹은 형태들로 구성된 연속체들을 다루는 것이 중요하다고 본다. 그리고 기존 연구를 보면 연속 표현 구성요소에 대한 연구는 대체로 [체언-용언]에 집중되어 있고 연속 표현 내부 구성요소 상관관계에 대한 연구는 대부분 연구자의 짐작이나 예측으로 진행되어 왔다. 그러나 자연언어처리에서, 특히 기계 번역, 인공지능 등 실제 응용에서는 거시적인 시각으로 통계학적 수치로 연속 표현의 구성요소 결합을 객관적으로 연구하는 것도 중요하다고 본다.

최근 들어 분포적 접근방식으로 연속 표현을 말뭉치 자료와 빈도를 중심으로 하는 연구는 영어권을 중심으로 활발하게 논의되고 있다. 여기서 본 연구 대상과 맞물리는 용어로 어휘 꾸러미(lexical bundle)는 앞서 많은 연구들에서 사용되었는데, Salem(1987)이 선구적으로 프랑스 정부 문건 말뭉치 기반으로 어휘 꾸러미를 연구하였고 Altenberg(1998)는 최초로 영어 말뭉치에서 나타나는 반복된 단어 연쇄에 대한 연구를 하였고 Biber외(1999)는 대형 말뭉치를 기반으로 대규모 계통적인 어휘 꾸러미를 연구하였다. Butlert(1997)은 스페인어를 대상으로, Nattinger & DeCarrico(1992)에서는 영어의 3~4개 단어 연쇄를 다루었다. Biber 외(2004: 373)는 초기의 연구들을 다음과 같이 개괄하였다. 첫째, 사용역의 개념을 사용하여 구어 회화와 학술 문어 간의 차이를 고찰하고, 둘째, 대용량 말뭉치(매 사용역 500만 단어)를 기반으로 연구를 진행하였다. 셋째, 어휘 꾸러미를 판단하는 주요 기준은 빈도이고 경험적으로 빈도의 임계점을 설치하였다. 넷째, 3~6개 단어로 된 어휘 꾸러미를 주로 고찰하였는데 이는 이전 연구보다 더 긴 다중 어휘 단위(multi-word units)이다. 그 후 Biber 외(2004), Biber(2006, 2009)에서는 주로 장르적 특성에 따른 다중 어휘 단위의 분포와 기능에 초점을 맞추어 연구를 진행해 왔다. Biber(2006, 2009)에서는 영어 말뭉치를 이용하여 대학에서 사용되는 구어와 문어로 나누어 장르적 차이에 맞추고 또 다중 어휘 단위를 숙어적인 것과 비숙어적인 것으로 나누고 비숙어적 다중 어휘 단위에 초점을 두었다. Biber(2009)에서는 선행 결과를 토대로 영어의 경우 4단어 연쇄에 정형 표현이 가장 많이 나타나므로 이를 중심으로 연구를 진행하였는데, 100만 단어 말뭉치에서 20회 이상 출현하는 것만을 연구의 대상으로 삼았다. 이러한 연구들은 한국어 연속 표현을 연구함에 있어서 새로운 시각과 방법을 제시하였지만 많은 연구 성과와 규칙은 한국어의 유형론적 특성에 적용되지 않았다.

처음으로 말뭉치 주도적 접근법으로 한국어에서 나타난 연속 표현[13]에 대한 연구로는 Kim(2009)와 Biber.et al(1999) 등이 있다. Kim(2009)에서는 Biber. et al(1999)가 영어의 일상대화와 학술 문어에서 나타나는 어휘 꾸러미의 양상을 연구하는 방법론을 한국어를 대상으로 한 연구에 도입하였다. 이 논의에서는 공백을 기준으로 어절 연속 표현을 연구 대상으로 삼았다. 이 연구는 21세기 세종 계획 현대 국어 말뭉치(이하 세종 말뭉치)에 포함된 구어 및 문어 말뭉치에서 일상 대화와 학술 문어 사용역[14]을 주된 대상으로 삼고, 3어절 연쇄 가운데 100만 어절당 20회 이상 출현한 것과 다섯 개 이상 텍스트에서의 출현을 기준으로 삼아 어절 연속 표현을 추출하였다. Biber, et al.(2010)에서는 영어, 스페인어, 한국어 세 언어에서 나타나는 어휘 꾸러미의 양상을 비교하였다. 이 두 연구는 한국어의 연속 표현의 분포적 양상을 연구한 첫

---

13   연속 표현은 지금까지 연구자의 관점과 연구의 분야에 따라서 다양한 용어로 불리면서 연구되어 왔다. Wray (2002: 9)에서는 연속 표현을 설명하기 위해 60여 개 용어가 사용되었음을 논의했고 최준 외(2010: 165)에서는 대표적인 용어를 아래와 같이 제시하였다.
ㄱ. 다중 어휘 단위(multi word units (MWU)): -Moon(1997); ㄴ. 정형화된 언어/표현/연속(formulaic language/expressions/sequences):-Wray(2000), Norton(2001), Schmitt(2005); ㄷ. 어휘 꾸러미(lexical bundles): Biber et al.(1999), Cortes (2004), -Hyland(2008), Biber, Kim, and Tracy-Ventura(2010); ㄹ. 고정된 표현/연속(prefabricated expressions/sequences): -Wray and Perkins(2000), Cheshire (2005); ㅁ. 굳은 표현(routines), 반 구조화된 구절(semi-preconstructed phra-se):-Alan(1998)
연구 목적에 따라 사용된 용어가 다른데, 최근 한국어의 연속 표현을 대상으로 한 연구에서 사용된 용어로는, 최준 외(2010), 남길임(2013)에서는 '정형화된 표현(formulaic expression)', 이준규 외(2011), 장성백(2014), 닥약양(2020)에서는 '정형표현', 최준(2015)에서는 '확장된 어휘 단위(extended lexical unit)' 등이 있다. 이러한 용어들은 모두 자연언어에서 빈번하게 연속으로 나타나는 언어 단위를 말하므로 본 연구에서는 이러한 용어 대신 '연속 표현'이라는 용어로 통일해서 논의한다.
14   본 연구에서의 '사용역(register)'은 최준 외(2010:165)의 논의에 따라 언어 사용 상황에 따라 달리 사용되는 언어의 다양한 양상을 포괄하는 용어로 정의하며, 장르의 하위 개념, 즉 장르보다 세부적인 언어 특성을 나타내는 것으로 사용하기로 한다. 사용역, 텍스트 장르, 텍스트 유형에 대한 더 상세한 논의는 박여성(1995), 고영근(1999), 강범모 외(2000), Knapp & Watkins(2005:20~23), 남길임(2009:64) 참조.

번째 연구라는 점에서 의의가 있다. 하지만 한국어 연속 표현을 구성하는 성분의 기본적인 단위를 영어에 대한 연구 방법론을 그대로 수용하여, 공백을 기준으로 한 어절의 연속 표현을 연구 대상으로 삼았다. 따라서 연속 표현의 만연성을 입증하는데 어려움을 가지게 되었다. 그 후 한국어 연속 표현의 추출 단위에 관하여 남길임(2013)은 한국어의 연속 표현[15]을 구성하고 있는 성분의 기본 단위 설정에서 논의될 수 있는 쟁점을 연구하였다. 이 논의에서는 일상 대화, 학술 강의, 학술 교양, 학술 논문 등의 네 가지 사용역에서 동일한 기준으로 확인되는 세 어절 길이의 어절 기반 단위와 다섯 형태 길이의 형태 기반 단위를 추출하여 실증적으로 비교 분석하였다. 그리고 어절 기반 분석과 형태 기반 분석의 의의와 응용언어학적 가치를 밝히고 두 가지 방법론의 장단점을 논의하였다. 연구의 결과, 한국어의 특정 패턴을 분석하는 데 있어서 형태 5-gram의 분석이 어절 3-gram 분석보다 더욱 적절하고 유용하다는 것을 증명하였다.

연속 표현의 추출 기준에 관하여 최준 외(2010)에서는 한국어 연속 표현을 29만 어절 규모의 일상 대화, 22만 어절 규모의 학술 구어,[16] 100만 어절 규모의 학술 문어[17] 등의 세 가지 사용역을 대상으로, 5개의 형태 연쇄 가운데 10만 어절 당 5회 이상 출현과 다섯 개 이상의 텍스트 출현을 기준으로 추출하였다. 장성백(2014)에서는 한국어의 연속 표현을 포착하기 위해 N-gram 언어 모델을 사용하여 학술 서적, 소설, 신문, 구어 각각 250만 어절씩, 총 1000만 어절의 말뭉치에서 특정한 빈도수, 출현 분포, 길이가 없이 2-gram ~9-gram 길이의 연속 표현의 분포적 양상을 확인하고 한국어교육 중심으로

---

15   남길임(2013)에서는 연속 표현 대신 '정형화된 표현'이라는 용어를 사용하였다.
16   이 연구에서의 '학술 구어'는 구어 중 '독백'에 속하며 연설, 강의, 강연이 포함되어 있다.
17   이 연구에서의 '학술 문어'는 문어에 속하고 학술 교양서를 말한다.

연속 표현의 응용 방안에 대해 논의하였다. 최준(2015)에서는 한국어의 연속 표현을 확인하기 위하여 분포적 기준은 100만 어절 당 10회 이상의 출현과 다섯 개 이상의 텍스트에서 출현이라는, 빈도수와 텍스트 분포를 기준으로 3-gram~5-gram 길이의 연속 표현을 추출하여 연구하였다. 이러한 연구들을 살펴보면 대부분 빈도수의 임계치에 따라 연속 표현을 추출하고 실제 언어 환경, 즉 텍스트 분포 상황에 대해서는 5회 이상이라는 단순한 기준을 제시하였다. 당약양(2020)에서는 분포에 대한 기준은 없이 1차적으로 한국어 교육기관에서 사용되는 다섯 곳의 한국어 교재 총 59권에서 2회 이상 출현한 연속 표현을 추출하여 선정하고 2차적으로 어휘의 등급과 의미 투명도에 따라 난이도를 결정해서 교육용 연속 표현 목록을 제시하였다. 이러한 연속 표현 추출 기준이 상용적인 연속 표현을 추출하는 기준으로 쓰는 데 적합하는지는 진일보로 탐구해봐야 한다. 왜냐하면 두 연속 표현이 모두 빈도수가 100회일 때 한 연속 표현은 5개 텍스트에서만 출현하고, 다른 한 연속 표현은 100개 텍스트에서 출현하였다면, 두 연속 표현의 사용정도를 봤을 때 후자가 더 상용적이기 때문이다. 따라서 연속 표현의 출현 빈도수와 텍스트 분포를 모두 고려할 수 있는 방법을 찾는 것이 올바른 방법이라 생각된다. 그리고 장성백(2014)에서는 한국어의 연속 표현을 연구한 이전 논의에 비해 다양한 길이의 연속 표현의 분포적 양상을 밝혔다는 점에서 의의가 있지만 장르별 특징을 밝히는 데 있어서 2-gram, 5-gram, 7-gram 등 세 가지 길이에만 집중해서 논의하였다. 그리고 기존 연구를 살펴보면 모두 빈도수의 순위로 연속 표현의 상용정도를 표시하고 목록을 제시하였지만 같은 빈도수일 때 연속 표현에 대한 처리 방법이 부족하다. 당약양(2020)에서는 같은 빈도수의 연속 표현에 대해 어휘 난이도 기준에 따라 등급별로 위계화하여 그 목록을 제시하였지만 이러한 방법은 작은 규모의 말뭉치에서만 가능하다고 본다. 대규모 말뭉치 대상으로 연속 표현을 추출 시 사용정도가 낮을수록 상용정도를 표시하는 수치가 같은 연속 표현 유형이 기하급수적으로 증가하기 때문에 동일한 상용정도 수치를 갖는 연속 표현에 대해 순위를 정하는 방법을 찾아야 한다.

앞선 연구들의 의의와 문제점을 파악하여 본 연구에서는 다음과 같은 몇 가지 의문점에서 출발한다.

첫째, 한국어 언어 사용에서 나타나는 연속 표현의 전체적 목록을 확보하기 위해 어떤 적절한 분석 방법론과 통계 방법론이 있는가. 이러한 방법론으로 통계정리된 연속 표현은 보편적인 언어 규칙에 적용되는가. 둘째, 상용정도에 따라 추출된 2-gram부터 9-gram까지의 한국어 연속 표현은 문어와 구어에서 사기 나른 분포와 특징이 보이는가. 또한 차이가 있다면 문어와 구어를 모두 고려한 범용 연속 표현 목록을 확보하기 위한 방법은 있는가. 셋째, 문어와 구어에 따라 한국어 2-gram부터 9-gram까지 연속 표현 구성요소 태깅은 어떤 분포와 특성을 보이며, 또한 상용적인 연속 표현은 어떤 구성요소가 자주 출현하고, 구성요소 간은 어떤 상관관계를 갖는가.

1.4 연구의 구성

본 연구는 다음과 같이 구성된다.

제2장에서는 한국어 연속 표현 연구의 방법론에 대하여 상세히 논의하겠다.

제3장에서는 실제로 말뭉치로부터 연속 표현을 추출하는 데 사용한 방법과 과정을 상세히 논의할 것이다.

제4장에서는 문어와 구어 말뭉치에서 추출한 연속 표현을 통계언어학적 방법론인 출현 빈도, 분포율, 사용도에 따라 살펴봄으로써 한국어 연속 표현

의 분포와 특징을 밝히고 언어 규칙에 적용 가능 여부를 확인할 것이다.

제5장에서는 연속 표현 사용도 순위에 따라 2-gram부터 9-gram까지 고사용도 연속 표현의 특징을 살펴보고 범용 연속 표현 목록을 제시할 것이다.

제6장에서는 연속 표현 구성요소 태깅의 2-gram부터 9-gram까지의 분포와 특징을 밝힐 것이다. 그리고 상위 200위 2-gram 연속 표현 구성요소 태깅 중심으로 단순선형회귀분석을 하여 연속 표현 내부 구성요소 간의 상관관계를 밝힐 것이다.

제2장 한국어 연속 표현 연구의 방법론

이 부분에서는 한국어 연속 표현을 연구할 때 말뭉치언어학에서 사용되는 방법과 연속 표현 추출 방법에서의 기본 단위, 추출 범위에 대해 살펴보고 연속 표현의 통계 기법과 추출 도구에 대해 논의할 것이다.

2.1 n-gram 연구

N-gram은 최초로 자연언어처리에서 나타난 개념이다. 철자 교정 또는 기계 번역 등 언어 연구를 진행하기 위해 자연언어처리에서는 대량의 언어 데이터로부터 언어 모델[18](Language Model)을 추정한다. 언어 모델은 자동 또는 반자동으로 모델을 작성하게 되는데 이러한 언어 모델을 일반적으로 통계적 언어 모델(Statistical Language Model)이라고 부른다. 통계적 언어 모델은 자연언어의 통계 속성을 기술하는데 쓰인다. 그 기본 가설을 말하자면 자연언어를 추계과정으로 묘사할 수 있는데 추계과정의 매개 변수는 정확하게

---

18 일반적으로 단어의 순서를 예측하는 모델을 언어 모델이라고 부른다.

추정할 수 있다고 본다. 예를 들면 확률 문법(Probabilistic Grammar)이다. 확률 문법에서는 주로 n-gram, 확률 유한 상태 오토마톤(HMM), 확률 문맥 자유문법(Statistical CFG) 등이 있다. 그중 가장 대표적으로 활용되고 있는 언어 모델은 n-gram 모델이다.

N-gram은 'n'개의 언어 단위의 연쇄를 확률적으로 표현하여 다음 언어 단위를 확률적으로 예측하는 데 사용한다. 연속되는 'n'개의 특정 언어 단위가 나왔을 때 다음에 어떠한 언어 단위가 나타나는지를 예측할 수 있다. 'n'을 몇 개로 사용할 지는 연구목적과 대상에 따라 결정된다. 통계적 언어 모델은 데이터로부터 구문 규칙 등과 같이 각 단어의 상관관계를 통계적으로 추정하여 정밀도가 높고 적용범위가 넓으며 제약 조건을 유연하게 줄 수 있다. 단지 모델의 통계적인 신뢰성을 가지기 위해 대량의 텍스트 데이터를 이용할 필요가 있다(오세진 2001: 77). 그 후 대량의 텍스트 데이터로 구성된 말뭉치가 건설되면서부터 말뭉치언어학에서는 n-gram을 하나의 언어 단위 추출 방법으로 활용하였다. 최준(2015: 15)에서는 대용량 말뭉치의 구축과 가공, 컴퓨터를 활용한 통계적 방법론을 전제로 하는 말뭉치언어학의 맥락에서 논의되어 온 다양한 추출 방법론을 고려하여 그 분류체계를 아래와 같은 그림으로 만들어 제시하였다.

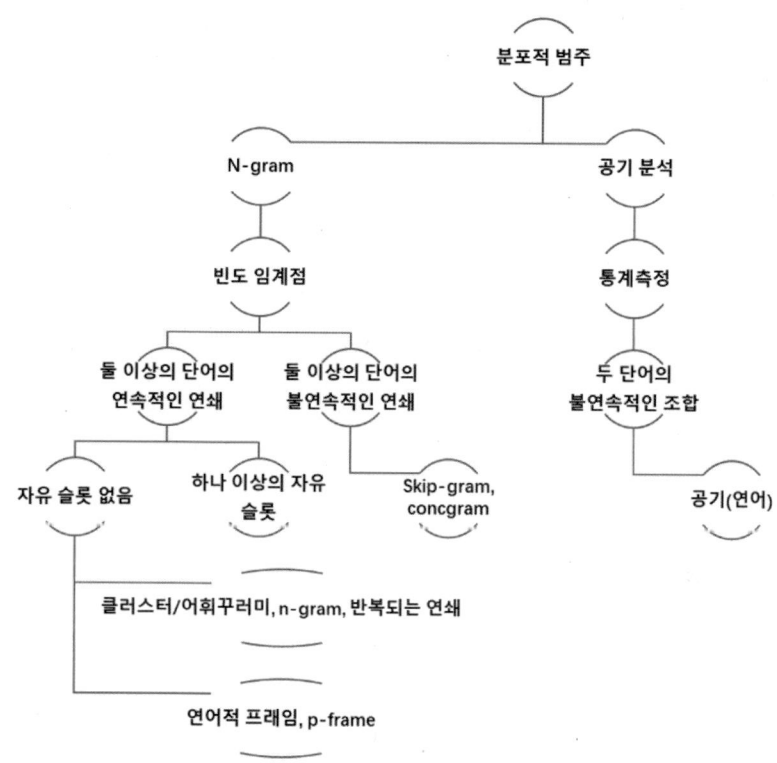

<그림 1> 성구의 추출 절차에 따른 분포적 범주 체계

최준(2015)에서는 구의 추출 절차에 따른 분포적 범주 체계를 우선 추출 방법 빈도수의 임계점과 통계 측정에 따라 N-GRAM[19] 분석과 공기 분석으로 구분하였다. N-GRAM은 다시 둘 이상의 단어의 연속적인 연쇄와 둘 이상의 단어의 불연속적인 조합으로 나뉘었다. 둘 이상의 단어의 연속적인 연쇄는

---

19 본 연구에서 대문자 N-GRAM과 소문자 n-gram에 대한 구분은 최준(2015)의 논의를 따르기로 한다. 대문자 N-GRAM은 자연언어처리의 방법론을 활용해 추출한 둘 이상의 '연속적인' 혹은 '불연속적인' 단어의 연쇄를 지칭하고 소문자 n-gram은 자연언어처리의 방법론을 활용해 추출한 둘 이상의 '연속적인' 단어 연쇄를 지칭하는 포괄적 개념으로 사용된다.

자유 슬롯 유무에 따라 또한 아래와 같은 두 가지로 나뉘었다. 첫째, 자유 슬롯이 없는 것은 구성 성분의 중단이 없는 연속적인 단어 연쇄이므로 클러스터(Scott & Tribble 2006), 어휘 꾸러미(Biber & Conrad 1999; Biber, et al. 1999; Biber, et al. 2003; Biber 2004), n-gram(Stubbs 2007), 반복된 연쇄(De Cock 2003), 반복되는 단어 조합(Altenberg 1998) 등이 있다. 둘째, 하나의 슬롯 혹은 그 이상의 자유 슬롯을 포함하는 언어적 프레임(Renouf & Sinclair 1991), p-frame(Stuvvs 2004, 2007)은 특수한 범주인 단어 연쇄로 보는 것이다. 둘 이상의 단어의 불연속적인 조합은 구성 성분 간의 거리에 유연성을 둔 단위들에 대한 연구로 skip-gram 혹은 concgram의 분석방법이 있다. 공기 분석은 유의미한 단어 간의 공기를 다양한 통계적 장치 및 도구들로 확인하는 분석법을 말하는데 이러한 분석법을 통해 포착되는 단위들을 일반적으로 '연어'라고 하였다.

N-gram은 다른 방법론과 달리, 특정 단어 간의 순서를 고려하여 'n'개의 단어를 추출한다는 것에서 이점을 갖는다. 형태적으로는 관용구와 비슷해 보이지만 말뭉치 내에서 빈도수가 높은 연속 단위를 추출한다는 점과 문장을 형성하는 데에 매우 중요한 역할을 하는 연속 표현을 찾는다는 점을 통하여 일반적 관찰로는 발견하기 어려운 형태로 잡아낼 수 있다는 장점을 가지고 있다(Biber, Conrad, 1999; 이창수, 2015). 이러한 장점을 고려해 본 연구에서는 둘 이상의 연속 표현에서 자유 슬롯이 없는 n-gram을 추출하기로 한다.

2.2 말뭉치 기반 연구와 말뭉치 주도 연구[20]

남길임(2014: 166)에서는 '말뭉치 기반 연구와 말뭉치 주도 연구는 각각 방법으로서의 말뭉치언어학과 이론으로서의 말뭉치언어학에 대응되는 연구 방법'이라고 하였다. 이 두 방법에 대한 구분은 Tognini-Bonelli(2001)가 처음으로 제기했고, 그 후 Sinclair(2004)는 이론으로서의 말뭉치언어학을 대표하는 <Trust the text>라는 책에서 '연구자가 어떤 기존의 이론이나 선입견을 배제한 채, 원시 말뭉치 자체만으로 언어의 패턴과 빈도를 분석할 필요성을 주장'하였다. Biber(2010: 162)는 기존의 언어 이론으로부터 도출된 언어 형식과 구조에 대한 타당성을 전제하고 그에 대한 입증이나 변이에 대한 부가적 설명을 위한 연구를 '말뭉치 기반 연구'로 정의하고, 기존의 언어 이론에서 도출된 언어 형식과 구조를 전제하지 않고 말뭉치 분석의 결과물을 통해 언어의 구성체를 도출하는 연구를 '말뭉치 주도 연구'라고 정의하였다. Biber(2009)는 말뭉치 주도 연구와 말뭉치 기반 연구가 가치중립적이며, 연구의 목적에 따라 자유로이 활용될 수 있으며, n-gram을 활용한 자신의 연구(Biber, et al. 2004)를 대표적인 말뭉치 주도 연구로 평가하였다.[21] 한국어를 대상으로 말뭉치의 두 가지 방법에 대한 연구에는 남길임(2014), 최재웅(2014), 홍혜란(2018) 등이 있다. 남길임(2014)에서는 '말뭉치 주도 연구는 말뭉치 자료 자체에 최대한의 중요성을 부여한다는 것이며, 선입견이 될 만한 어떤 이론적 개념도 되도록 활용하지 않겠다는 주장으로, 단지 기존 이론의 검증을

---

20 신서인(2019: 83)에서는 '말뭉치 기반 접근방식(corpus-based approach)이 어떤 언어 사실을 밝히기 위해 말뭉치를 도구적으로 사용하는 것이라면 말뭉치 주도 접근방식(corpus-driven approach)은 연구자의 선입견 없이 말뭉치가 보여주는 바를 바탕으로 언어 현상을 기술하는 것이다'라고 하였다.
21 최준(2004: 182)에서 재인용하였다.

위해 말뭉치를 용례로서 활용하거나 기존의 이론적 틀을 되도록 따르고 유지하는 말뭉치 기반 연구와 변별된다'고 하였다. 지금까지의 연구들을 살펴보면 대체로 연구자가 주관적으로 관심 있는 연구 대상을 먼저 선택하고 이를 바탕으로 용례를 추출하여 기존 이론을 뒷받침하거나 반박하는 말뭉치 기반 연구 방법을 사용하는 것이 일반적이다. 이는 언어 연구에 있어서 대규모 경험성 수치의 지지가 필수 조건이라는 것을 설명하고 또한 아무런 이론적 전제거나 연구자의 선입견이 없이 말뭉치를 분석하는 완전한 말뭉치 주도 연구는 많지 않기 때문이다.[22] 이러한 점들을 고려해 본 연구에서는 말뭉치 주도 연구 방법과 말뭉치 기반 연구 방법을 결합하고자 한다. 우선, 말뭉치 주도 연구로 n-gram을 이용하여 일정한 길이로 문자열을 잘라서 유의미한 연속 표현을 찾아 통계언어학적 방법으로 목록을 확보한 다음, 말뭉치 기반 연구로 말뭉치에서 고사용도로 나타난 연속 표현에 대해 해석하고자 한다.

2.3 연속 표현의 추출 방법

본 절에서는 연속 표현의 추출 방법에서의 추출 단위, 추출 범위에 대하여 상세히 서술하도록 한다.

---

22 장성백(2014: 47)에서는 일부 전산 언어학자들은 대규모 말뭉치로부터 통계 정보를 추출하고, 이를 언어 분석에 활용하고 어떤 기계 번역에서는 문법 규칙과 어휘 항목을 이용한 규칙 기반(rule-based) 방법보다는 대규모 병렬말뭉치를 이용하여 두 언어 사이의 변화 규칙을 찾아내고, 수학적 확률 모델을 이용하여 변환하는 방법을 취하는데, 최근에 빅데이터(big data) 분석방법을 언어 분석에 활용하기도 한다. 이들은 말뭉치와 통계정보 자체가 곧 문법이라는 태도를 취하기도 한다고 하였다.

2.3.1 연속 표현의 추출 단위

앞선 연구들을 살펴보면 한국어 연구에는 두 가지 추출 단위가 존재한다. Kim(2009)와 Biber, et. al(2010)에서는 최초로 영어 3-gram에 해당하는 한국어 3어절을 분석 단위로 삼았다. 그 후의 연구들에서는 추출 단위인 어절과 형태 중에 어느 것이 한국어에 더 적합한가에 대한 논의가 많았다. 그중 남길임(2013: 133)에서 두 분석 단위에 대해 가장 상세하게 논의하였다. 이 논의에서는 첫째, 한국어 정형성의 분석 단위는 어절, 어휘소, 형태 등 다양한 분석 층위를 가지지만, 통합 관계의 연쇄를 추출하는데 적절한 단위는 어절의 연쇄와 형태 굴절 수준의 연쇄이고, 둘째, 분석 단위에 따라 정형성의 정도는 달리 측정될 수 있으며, 형태 기반 분석을 적용할 경우 한국어의 정형성은 기존 연구에서의 결론과 달리 상당히 높은 수준으로 분석되며, 셋째, 어절 기반 분석과 형태 기반 분석은 각각의 효용성과 의의를 가지고, 추출의 정제성과 효용성의 측면에서 상호 보완적인 측면이 있다고 하였다. 하지만 한국어의 유형론적 특성을 고려할 때 형태 기반 분석이 어절 기반 분석보다 우월한 것으로 잠정적인 결론을 내렸다. 따라서 본 연구에서도 문어와 구어 말뭉치에서 추출한 연속 표현의 형태 기반 분석을 활용할 것이다.

2.3.2 연속 표현의 추출 범위

말뭉치에서 유의미한 자료를 가려내는 추출 기준은 다양하다. 말뭉치를 이용한 언어 연구에서 말뭉치 구성, 추출 단위를 비롯해서 추출 범위도 추출 결과가 달라질 수 있는 원인 중 하나이다. 영어 대상으로 Biber(1999), (2004) 등은 말뭉치 주도 연구 방법을 채택하여 특정 기준을 충족할 경우 모두 가치

있는 것으로 간주하였다. 최준 외(2010)와 남길임(2013)에서는 한국어 연속 표현 추출 기준을 다음과 같이 정의하였다.

    (6) 한국어 연속 표현의 추출 기준
        ㄱ. 길이: 5개 형태의 연쇄, 3개 어절의 연쇄
        ㄴ. 빈도수: 100만 어절 당 20회 이상
        ㄷ. 출현 분포: 출현한 텍스트 5개 이상

지금까지 대부분 연구를 보면 특정 길이의 연쇄에만 초점을 두어 연구를 해왔지만 연속 표현 사용의 전반적 양상을 파악하기에는 어렵다. 본 연구에서는 장성백(2014)을 참고로 하여 특정 길이의 연속 표현 출현 양상을 살펴보기보다 한국어 전반에 나타나는 연속 표현의 사용 양상을 파악하는 데에 목적을 두어 2-gram부터 9-gram까지 넓은 범위의 다양한 연속 표현을 추출하려 한다. 실제로 이와 같이 2-gram부터 9-gram까지의 길이로 연속 표현을 추출하면 연속 표현이 확장된 형태, 혹은 둘 이상의 연속 표현이 결합한 형태로 나타나는 경우가 발견된다. 아래 추출 예는 문어와 구어 말뭉치에서 추출된 연속 표현의 일부이다.

    (7) 2-gram: -고 있-, -는 것-, -ㄹ 수, -기 때문-, 에 대하-
        3-gram: -고 있다, -는 것이-, -ㄹ 수 있-, -기 때문이-, 에 대한
        4-gram: -고 있다는-, -는 것이 아니-, -ㄹ 수 있다-, -있기 때문이-,
                 뿐만 아니라, -을 목적으로 하-, -을 필요가 있-
        5-gram: -고 있는 것이, -는 것이 아니라, -ㄹ 수 있을 것-, 이기 때문
                 이다, 알 수 있다, 할 수 있다, -면 다음과 같다
        6-gram: -고 있는 것이야, 아닌 것이 아니라, -ㄹ 수 있을 것이-, -ㄹ

수 있기 때문이-, -라고 할 수 있다

7-gram: -ㄹ 수 있을 것이다, -이라고 할 수 있다, -지 않을 수 없었다, 왔다갔다하-, 것으로 밝혀졌다, -기 때문일 것이다

8-gram: -는 것으로 밝혀졌다, -ㄹ 수 밖에 없을 것이다, 할 수 있을 것이다, -고 있는 것으로 나타났다

9-gram: -고 있는 것으로 알려졌다, -ㄹ 수 있을 것이라고 말하였다, -ㄹ 수가 없었던것이다, -기로 하였다고 밝혔다

위에서 제시한 예에서 보다시피, 2-gram 연속 표현들은 3-gram에 포함되어 나타나기도 하고 그 이상의 더 긴 길이의 연속 표현에 포함되어 새로운 연속 표현을 구성하기도 한다. 이러한 유형들도 말뭉치에서 사용 빈도가 높게 나타날 경우 독립된 기능을 지니는 것으로 보고 새로운 연속 표현의 유형으로 인정한다.[23] 예를 들면, 전화 대화에서 주로 사용되어 대부분의 한국어 교재에 수록되어 있는 '전화 좀 해 달라고 전해 주세요'와 같은 표현은 '전화 좀 하다', '-아/어 달라다', '-(라)고 전하다', '-아/어 주다', 총 네 개의 연속 표현이 결합하여 하나의 정형화된 언어가 된 경우라고 볼 수 있다. 그리고 기계 번역 응용에서의 예를 들면, '그놈 밥 먹는 것이 꼴 보기 싫어 지었다'를 기계로 번역하면 '讨厌那家伙吃饭, 所以就起了这个名字'으로 변역된다.[24] 이런 기계 번역의 오류가 생긴 원인은 '꼴보기 싫다'와 '-어 지었다' 두 표현을 따로 변역했기 때문이다. 만약 '꼴보기 싫어 지었다'의 8-gram 연속 표현 '꼴/NNG_보/VV_기/ETN_싫/VA_어/EC_지/VX_었/EP_다/EF'를 한 단위로 입력하여 의미를 부여하면 이러한 오류를 감소할 수 있다고 본다. 즉 연속

---

23 장성백(2014: 46)을 참고하였다. 장성백은 또 신경선(2012: 80)과 같은 관점임을 밝히었다.
24 네이버 파파고 번역기로 번역한 결과이다.

표현의 n-gram의 길이가 길수록 매칭된 의미는 더욱 정확하기 때문에 기계 번역 질적 향상에 도움이 된다고 본다. 따라서 본 연구에서는 이러한 점들을 감안하여 말뭉치에서 2-gram부터 9-gram[25]까지 연속 표현을 모두 연구의 대상으로 삼았다.

그리고 기존 연구에서 빈도수[26]에 대한 기준으로 100만 어절 당 20회 이상을 정하였지만 이 기준에 따르면 200만 어절에 해당되는 말뭉치의 경우 40회 이상이라는 기준을 적용해야 한다. 그러나 본 연구의 결과에 의하면 40회 미만 유형에서도 많은 유의미한 연속 표현들이 존재한다. 따라서 본 연구에서는 100만 어절 당 20회 이상, 출현한 텍스트 5개 이상이라는 기준이 과연 한국어 연속 표현 연구에 적절한 기준인지를 검토해 보기 위해 빈도와 분포 기준에 초점을 두지 않고, 빈도수가 5회 이상이며 출현한 텍스트 수가 5개 이상인 연속 표현을 추출하기로 한다.[27]

2.4 연속 표현의 통계 기법과 추출 도구

문어와 구어의 말뭉치 규모가 다르므로 단순 빈도수로 직접 비교하는 것은 의미가 없다. 따라서 본 절에서는 한국어에서 상용적인 연속 표현을 추출하기 위해 사용한 통계 기법과 추출 도구에 대하여 상세히 서술하도록 한다.

---

25 연속 표현을 심지어 10-gram 이상으로 추출할 수도 있지만 그 유형수가 아주 적고 빈도수가 아주 낮다. 따라서 본 연구에서는 9-gram까지 추출하기로 하였다.
26 '빈도수'(頻次)는 '연구 대상이 말뭉치에서 출현한 횟수'를 말한다. 통계의 말뭉치 범위에서 한번 출현하면 빈도수가 1이다.
27 본 연구에서 이러한 범위로 정하는 것은, 추출한 결과에 따르면 빈도수 5회 미만과 텍스트 수 5개 미만인 연속 표현에는 유의미한 연속 표현이 거의 존재하지 않고 통계수치의 희소성으로 통계 결과의 정확도가 떨어지기 때문이다.

본 연구에서는 한국어 연속 표현의 정확한 연구를 위해, 말뭉치라는 경험적인 언어 자료를 대상으로 하여 출현 빈도, 분포율, 사용도를 통계적으로 해석하는 실증적 방법을 제시하고자 한다.

2.4.1 연속 표현의 빈도

말뭉치에 나타난 빈도수로 연속 표현의 진실된 사용 양상을 직접적으로 제시할 수 있다는 장점을 갖고 있다. 하지만 빈도수의 크고 작음은 말뭉치 규모에 따라 변함으로 비교성이 떨어진다. 왜냐하면 말뭉치 규모가 서로 다르기 때문에 절대 빈도수가 높다고 해서 꼭 중요하거나 절대 빈도수가 낮다고 해서 꼭 중요하지 않은 것은 아니기 때문이다. 그러므로 절대 수(絶對數)보다 더 중요한 것은 상대 수(相對數)이다. 즉 연속 표현이 각 말뭉치에서 차지하는 비중이다. 따라서 우리는 연속 표현의 빈도수에 따라 출현 빈도[28]를 계산해야 한다. 빈도 계산은 연속 표현 빈도수 나누기 해당 말뭉치에서 나타난 모든 연속 표현의 총 빈도수이다. 그 공식은 다음과 같다.

$$F_i = (n_i / N) \times 100\%$$

공식중 F_i는 연속 표현 i의 빈도이고, n_i는 연속 표현 i의 빈도수이고, N은 말뭉치에서 출현한 모든 연속 표현의 빈도수 합을 말한다. 예를 들면 한 연속 표현의 빈도수는 100회이고 말뭉치에서 출현한 모든 연속 표현의 총 빈도수가 10000회이면, 이 연속 표현의 빈도는 1%이다. 빈도수를 구체적인 수자로

---

[28] '빈도'(频率)는 '특정 연구 대상의 빈도수와 말뭉치에서 출현한 모든 연구 대상의 총 빈도와의 비율'을 말한다.

본다면, 빈도는 개괄적인 수자이다. 빈도는 특정 연구 대상의 사용 양상이 전체 말뭉치에서의 비중을 반영하고 모든 연구 대상의 비중을 정규화(归一化)시켜 비교성을 갖게 하였다.[29] 연구 결과를 보면 빈도가 높을수록 연속 표현이 보편적으로 빈번하게 사용되고 있음을 설명한다.

2.4.2 연속 표현의 분포율

기존 연구에서는 출현 분포에 대한 기준으로 5개 이상 출현한 텍스트로 정하였다. 이는 특정 문서에서 집중적으로 출현하는 연속 표현들로 인해 자격이 없는 표현들이 연속 표현으로 추출될 가능성을 배재하기 위한 것이다. 그러나 텍스트 수로만 추출 기준으로 정하기에는 부족하다. 그리고 고빈도로 나타나는 연속 표현의 출현 분포에 대해서는 논의하지 않았다는 아쉬운 점들이 있다. 본 연구에서는 연속 표현의 분포율[30]을 계산하여 연속 표현의 범용정도(通用程度)와 안정정도(稳定程度)를 알아볼 것이다. 분포율 계산은 빈도 계산 방법과 비슷하다. 그 공식은 다음과 같다.

$$D_i = (t_i / T) \times 100\%$$

공식 중 D_i는 분포율이고 t_i는 연속 표현 i가 출현한 텍스트 수이고 T는 말뭉치의 총 텍스트 수이다. 분포율과 빈도는 동기화의 관계(同步关系)를 갖는다. 즉 분포율이 높은 연속 표현은 빈도가 높고, 빈도가 높은 연속 표현은

---

29 苏新春(2010: 291-292)를 참조하였다.
30 '분포율'은 한 연속 표현이 출현한 텍스트 수와 전체 말뭉치의 총 텍스트 수와의 비율'을 말한다.

분포율도 높을 가능성이 아주 많다. 하지만 모든 연속 표현이 그렇다는 것은 아니다. 연속 표현에서 상당히 많은 수의 연속 표현 분포율과 빈도가 일치하지 않다. 특히 고빈도이지만 저분포율인 연속 표현을 주의해야 한다. 왜냐하면 고분포는 보편적으로 상응되는 빈도가 수반되고 있지만 고빈도는 아주 작은 분포 범위에서 나타날 수 있기 때문이다.

2.4.3 연속 표현의 사용도

분포율과 빈도는 각자 작용이 다르다. 분포율은 주로 연속 표현의 분포 범위가 넓은지 좁은지를 확인할 수 있고 연속 표현의 범용성과 보편성을 고찰할 수 있다. 빈도는 연속 표현의 상용정도(常用程度)를 고찰할 수 있다.[31] 그러므로 본 연구에서는 빈도와 분포율을 기초로 두 가지 통계적 방법의 작용을 종합적으로 고려하는 사용도에 따라 상용적인 연속 표현을 추출할 것이다.

사용도는 '어떤 조사 대상의 빈도와 분포율을 종합적으로 계산해서 얻은 값'을 말한다. 사용도의 계산 공식은 다음과 같다.

$$U_i = F_i \times D_i$$

두 말뭉치에서 추출한 연속 표현을 비교하기 위하여 우리는 이 공식을 정규화(归一化)시키면 다음과 같다.

---

[31] 苏新春、顾江萍(2009: 64-71)를 참조하였다.

$$U_i = \frac{F_i \times D_i}{\sum_{J \in V}(F_j \times D_j)}$$

여기서 U_i는 사용도를 표시하고, F_i는 i 연속표현의 빈도를 표시하고, D_i는 분포율을 표시한다. 그리고 이 공식의 분모를 규정화항으로 하고 V는 모든 연속 표현의 유형을 표시한다. 본 연구에서는 정규화된 사용도 수치가 너무 작아서 분석의 편리를 위해 정규화된 사용도에 10의 9승을 곱해서 단수 처리를 함으로써 연속 표현의 사용도를 확보하였다. 공식을 통해 우리는 사용도의 구성 중 빈도와 분포율 두 가지 요소의 영향을 받고 있음을 확인할 수 있다. 빈도는 연속 표현의 빈도수를 통계하는 것이므로 일차적인 고찰이라고 할 수 있다. 분포도 마찬가지로 연속 표현이 출현한 양상을 통계하는 것이므로 역시 일차적인 고찰이라고 할 수 있다. 사용도는 빈도와 분포를 모두 고려해서 통계적 수치를 확보하기 때문에 이차적인 고찰이 되므로 일차적인 고찰보다 더욱 전면적이라고 볼 수 있다. 예를 들어, 연속 표현 A가 10개 텍스트에서 1000회 출현하였고, 연속 표현 B도 10개의 텍스트에 출현했지만 빈도수가 100회일 때, 분포로 봤을 때 A와 B 모두 10개의 텍스트에 출현하였지만 빈도수는 10배 차이가 난다. 또한 연속 표현 C가 1개의 텍스트에 출현하였지만 빈도수가 1000회라고 하면, 빈도로 봤을 때 C와 A는 같고, C는 B의 10배이지만 분포로 봤을 때 A, B 두 연속 표현은 C의 10배이다. 이것이 바로 빈도 혹은 분포를 단일적으로 고찰할 때 나타난 난감한 점들이다. 만약 두 가지 요소를 모두 고려한다면 연속 표현 A의 순서는 분명히 앞에 배열될 것이다. 이것이 바로 사용도의 작용이라고 할 수 있다. 또한 사용도 순위로 봤을 때 B와 C는 아주 가까울 수 있다. 이럴 때 빈도의 높고 낮음을 중시하는가, 아님 분포의 넓고 좁음을 중시하는가에 따라 배열 순서를 정해야 한다.

2.4.4 지프의 법칙

지프의 법칙(Zipf's law)[32]은 수학적 통계를 바탕으로 밝혀진 경험적 법칙으로, 전산언어학에서 최초로 제시한 언어 법칙 중 하나이다.

지프의 법칙에 따르면 어떠한 자연언어 말뭉치 표현에 나타나는 단어들을 그 빈도수가 높은 순서대로 나열하였을 때, 모든 단어의 사용 빈도수는 해당 단어의 순위에 반비례한다.[33] 따라서 가장 빈도수가 높은 단어는 두 번째 단어보다 빈도수가 약 두 배 높으며, 세 번째 단어보다는 빈도수가 세 배 높다는 것이다. 즉 특정 텍스트에서 N개의 단어가 있고, 각 타입의 단어들을 텍스트에서 출현한 횟수에 따라 내림차순으로 배열하고 매 단어에 순위를 표기한다. 빈도수가 제일 많은 단어는 1, 빈도수가 제일 적은 단어는 m으로 표기한다. 그리고 단어들을 리스트 형식으로 제시하여 그중 한 단어의 빈도수를 f로 정하고, 단어의 순위를 r(r=1,2,3,…m)로 정한다. 따라서 우리는 단어의 순위가 커짐에 따라 대응되는 단어의 빈도수가 적어지는 것을 발견할 수 있다. 빈도수와 순위의 관계를 공식으로 나타내면 다음과 같다.

$$f = \frac{K}{r^a}$$

---

32 미국 하버드대학교 언어학자인 조지 킹슬리 지프(George Kingsley Zipf)가 최초로 이 법칙을 공식 제안(Zipf 1935, 1949)함에 따라 그의 이름을 따 지프의 법칙으로 부르게 되었다.
33 https://search.naver.com/p/crd/rd?m를 참고하였다.

공식에서 r는 단어가 리스트에서의 순위를 의미하고, f는 그 단어에 해당되는 빈도수를 의미한다. K와 r는 모두 상수이고, Zipf는 실험을 통해 a≈1, K≈0.1임을 계산하였다. 그리고 지프의 법칙은 데이터의 순위와 빈도수를 각 축에 로그 눈금으로 나타낸 그래프를 통해 쉽게 확인할 수 있다.

본 연구에서는 지프의 법칙이 한국어에서 언어 단위인 단어뿐만 아니라 확장된 언어 단위인 연속 표현에서도 적용되는지, 그리고 빈도수뿐만 아니라 출현 빈도, 분포율, 사용도 등 기타 통계 데이터와 순위의 관계도 지프의 법칙에 적용되는지를 확인하려 한다. 연속 표현이 지프의 법칙에 적용 시 우리는 지프 분포를 지도 원칙으로 삼아 연구를 진행할 수 있다. 지프 분포는 주로 아래와 같은 두 가지 특징을 갖는다. 첫째, 소량 사건의 고빈도, 즉 텍스트를 구성하는 타입에서 고빈도, 고확률로 출현한 타입은 단지 소수를 차지할 뿐이다. 둘째, 저빈도 사건의 대량 출현, 즉 저빈도, 저확률로 출현한 타입은 전체에서 대다수를 차지한다. 이러한 지프 법칙의 특징을 이용하여 우리는 고빈도, 고분포율, 고사용도의 연속 표현이 언어 연구에서의 중요성을 새롭게 인식하고 다양한 연구 성과가 이어질 수 있다.

본 연구에서 연속 표현에 대한 실험 절차는 아래와 같다. 우선, 문어와 구어 말뭉치에서 추출한 연속 표현의 빈도수에 따라 출현 빈도를 구한다. 다음, 출현 빈도에 따라 내림차순으로 배열하여 연속 표현 리스트를 만든다. 그다음 연속 표현에 순위를 표시하고 연속 표현의 출현 빈도, 분포율, 사용도의 로그 f를 y축으로 하고, 순위의 로그 r를 x축으로 정하고 로가리듬 곡선을 그려서 지프 법칙에 적용되는지를 확인한다.

2.4.5 연속 표현의 추출 프로그램

영어의 경우 AntConc를 이용하면 n-gram을 자동으로 추출할 수 있으나 한국어 형태소 분석 말뭉치를 대상으로 작동하지 않으므로 품사, 형태, 어절 단위의 n-gram을 추출하기 위해서는 연구 목적에 맞는 특정한 프로그램을 이용하여야 한다. 본 연구에서는 노성화 교수님과 연구자가 공동 개발한 '현대 한중 자연언어처리 프로그램(2021년판)' 중의 'n-gram 추출' 기능을 사용하기로 한다. 이 프로그램은 전처리된 말뭉치에서 '형태', '어절', '품사' 등의 속성을 선택할 수 있을 뿐만 아니라 원하는 길이의 n에 맞추어 n-gram을 생성하여 빈도수별로 출력할 수 있는 기능을 가지고 있다. 그리고 추출된 각 연속 표현의 하부 유형을 보여주는 프로그램들과 각종 통계 정보를 추출하는 프로그램도 별도로 만들었다. 또한 이 프로그램은 개별 n-gram의 용례 색인을 생성하는 기능도 포함되어 있다. 다음 연속 표현 추출 프로그램의 작업창을 제시하면 <그림 2>와 같다.

<그림 2> 연속 표현 추출 프로그램의 작업창

제3장 한국어 연속 표현 추출 과정

　말뭉치를 이용한 언어 연구에서 가장 기본적인 것은 연구의 목적에 맞도록 말뭉치를 구성하고 그 말뭉치로부터 정확한 자료를 추출하는 것이다. 이 부분에서는 본 연구에서 실제로 연속 표현을 추출하는 데 사용한 방법과 과정을 상세히 논의할 것이다.

3.1 추출 과정

　구축된 말뭉치로부터 데이터를 정확하게 추출하는 방법을 찾는 것은 최종 결과물의 신뢰도에 영향을 미치는 가장 중요한 요소 중 하나이다. 특히 구어 말뭉치를 대상으로 할 경우 예기치 못한 다양한 유형의 오류가 발생하게 되므로 이에 대한 예측과 문제 해결 능력이 요구된다.
　이 절에서는 연속 표현을 추출하는 과정을 소개하도록 한다. 연속 표현 추출 과정을 요약하면 다음과 같다.

ㄱ. 원시 말뭉치의 구축.
ㄴ. 말뭉치 형태 분석.
ㄷ. 말뭉치 전처리.
ㄹ. n-gram을 이용하여 연속 표현 목록 추출.

3.1.1 원시 말뭉치

문어 말뭉치와 구어 말뭉치 중 순구어 말뭉치는 21세기 세종 계획에서 구축한 말뭉치로서 TEI방식을 채택하여 본문 이외 문서에 대한 여러 가지 정보를 포함하는 TEI 태그가 포함되어 있다. 준구어 말뭉치는 자체로 만든 말뭉치이므로 본문 이외에 아무런 태그가 포함되어 있지 않다. 연구의 편리를 위해 태그들이 형태소 분석 결과에 영향을 미치지 않도록 실제 분석할 내용만을 추출해야 한다.

3.1.2 형태소 분석

본 연구에는 문어와 순구어 말뭉치는 21세기 세종 계획의 형태소 분석 말뭉치 그대로 사용하였고, 준구어 말뭉치는 '지능형태소분석기'로 1차 형태 주석을 부착하였다. 그리고 형태소 분석 결과는 21세기 세종 계획의 태그셋을 이용하였다. 다음 [표 3]은 21세기 세종 계획 형태소 분석 말뭉치 구축 태그셋을 제시하였다.

[표 3] 21세기 세종 계획 형태소 분석 말뭉치 구축 태그셋

대분류	소분류	세분류
체언	명사 NN	일반명사 NNG 고유명사 NNP

			의존명사 NNB
	대명사 NP		대명사 NP
	수사 NR		수사 NR
용언	동사 VV		동사 VV
	형용사 VA		형용사 VA
	보조용언 VX		보조용언 VX
	지정사 VC		긍정지정사 VCP 부정지정사 VCN
수식언	관형사 MM		
	부사 MA		일반부사 MAG 접속부사 MAJ
독립언	감탄사 IC		감탄사 IC
관계언	격조사 JK		주격조사 JKS 보격조사 JKC 관형격조사 JKG 목적격조사 JKO 부사격조사 JKB 호격조사 JKV 인용격조사 JKQ
	보조사 JX		보조사 JX
	접속조사 JC		접속조사 JC
의존 형태	어미 E		선어말어미 EP 종결어미 EF 연결어미 EC 명사형전성어미 ETN 관형형전성어미 ETM
	접두사 XP		체언접두사 XPN
	접미사 XS		명사파생접미사 XSN 동사파생접미사 XSV 형용사파생접미사 XSA (부사파생접미사 XSB)
	어기 XR		어기 XR
기호	마침표, 물음표, 느낌표		SF
	쉼표, 가운뎃점, 콜론, 빗금		SP
	따옴표, 괄호표, 줄표		SS

줄임표	SE
붙임표(물결, 숨김, 빠짐)	SO
외국어	SL
한자	SH
기타기호(논리수학기호, 화폐기호 등)	SW
명사추정범주	NF
용언추정범주	NV
숫자	SN
분석불능범주	NA

구어 전사 말뭉치는 말뭉치의 특성상 다양한 구어 어미 및 변이형들과 구어 말뭉치 전사에 사용된 여러 태그들이 본문에 포함되어 있어 분석의 정확도를 높이기 위해 형태소 분석기의 자동 분석 결과의 오류를 수작업으로 수정하였다.[34] 그리고 불완전한 발화가 중간에 끼어 있으므로 불완전한 n-gram이 생성될 수 있음을 알아야 한다.

3.1.3 말뭉치 전처리

말뭉치에서 불필요한 유형의 수를 제거하고 통계학적 방법을 적용하기 위해 본 연구에서 사용하는 문어와 구어 두 가지 말뭉치 대상으로 전처리를 진행하였다.

---

[34] 연구자는 표준적인 형태들은 다시 '연세한국어사전'(1998), '표준국어대사전'(1999), '한글전자사전'(2007)을 찾아 일일이 확인하였으며 사전들 중 달리 표기된 형태들은 될수록 '연세한국어사전'을 따르는 방침을 취하였다. 그리고 한국어 구어에서 특이하게 출현하는 축약형태나 생략형태, 이형태 표기는 대체로 '21세기 세종 계획_현대구어말뭉치_구축 지침'(2009)을 이용했다.

1. 파생접사 처리

  명사와 그 뒤에 붙어 동사 혹은 형용사를 파생시키는 접미사를 하나로 합쳐 동사와 형용사 표지를 부착하였다. '21세기 세종 계획'의 한국어 형태소 분석 지침에는 앞의 명사(NNG)와 뒤의 동사 파생 접미사(XSV) 또는 형용사 파생 접미사(XSA)를 분리해 표기하도록 명시되어 있다. 예를 들면 '관/XR+하/XSV+여/EC'와 같이 분리하여 표시하고 있다. 그러나 이러한 동사나 형용사는 한국어에서 하나로 묶여 서술어의 기능을 가지므로 기타 한국어 고유 동사나 고유 형용사와 같은 표기를 부착할 필요가 있다. 그렇지 않을 경우, 부착된 표기대로 한 단어를 접두사, 접미사, 어근으로 분리되어 통계를 진행하면 연속 표현을 추출할 때 통계에 영향을 미치게 되므로 본 연구에서는 불필요한 n-gram을 생성되지 않게 하기 위하여 이들을 '관하/VV+여/EC'와 같이 하나의 동사와 형용사로 묶어 주었다.

  (8) ㄱ. 운동하다 →(전처리 전) 운동/NNG+하/XSV+다/EF → (전처리 후) 운동하/VV+다/EF

  ㄴ. 승진되다 →(전처리 전)승진/NNG+되/XSV+다/EF → (전처리 후) 승진되/VV+다/EF

  ㄷ. 명백하다 →(전처리 전)명백/XR+하/XSA+고/EC → (전처리 후) 명백하/VA+고/EC

2. 발화 태그 및 문장 경계 처리

  21세기 세종 계획 형태소 분석 지침에 의하면 어절과 어절 사이는 빈칸을 그대로 두어 그 경계를 표시하고 어절 내부의 형태소들 사이는 '+'기호로 형태소의 경계를 가리킨다. 또한 주석된 말뭉치에는 발화의 일련번호 및 발화 상황에 대한 다양한 정보를 나타내는 태그들이 포함되어 있다. 우선 먼저 형태 주석이 된 말뭉치 대상으로 발화 정보 등 태그들을 제거하였다. 그리고 형태, 품사를 단위로 연속 표현을 추출 시 시각적인 편리를 위해 말뭉치에서 나타난 '+'기호와 빈칸을 모두 '_'로 바꾸어 각 그램의 경계로 표시하였다.

   (9) ㄱ. 원시 문장: 어떻게 된 거야?
      ㄴ. 형태소 분석: 어떻/VA+게/EC_되/VV+ㄴ/ETM_거/NNB+이/VCP+
                야/EF+?/SF
      ㄷ. 전처리 후:
         연속 표현: 어떻/VA_게/EC_되/VV_ㄴ/ETM_거/NNB_이/VCP_
              야/EF
         연속 표현 구성요소 태깅: VA_EC_VV_ETM_NNB_VCP_EF

3. 문장 부호 처리

형태 단위의 n-gram은 문장 부호를 포함해서 n-gram을 추출하면 같은 내용이지만 문장부호가 있는 것이 별도의 내용으로 취급되어 불필요한 n-gram을 생성하므로 정확하지 않은 빈도의 결과를 감소하기 위해 본 연구에서는 모든 문장부호를 제거하였다. 연속 표현을 2-gram으로 예를 들면 아래와 같다.

   (10) ㄱ. 원시 문장: 어이, 사랑해!
      ㄴ. 형태소 분석: 어이/IC+,/SP 사랑하/VV+여/EF+!/EF
      ㄷ. n-gram 표기: 어이/IC   ,/SP   사랑하/VV   여/EF   !/EF
                       1   2   3   4   5

ㄹ. [1,2] 어이/IC_ ,/SP
　　[2,3] ,/SP_사랑하/VV
　　[3,4] 사랑하/VV_여/EF
　　[4,5] 여/EF_ !/EF

(10ㄹ)에서 보다시피 문장부호를 포함해서 연속 표현을 2-gram으로 추출한 결과 네 가지 유형을 추출할 수 있다. 하지만 그중 첫 번째[1,2], 두 번째 [2,3], 네 번째[4,5]는 유의미한 연속 표현이라고 하기 어렵다. 그러므로 유의미한 연속 표현을 추출하기 위해 모든 문장부호를 제거하였다.

4. 숫자 처리

앞서 연구들을 살펴보면 숫자와 함께 결합되는 일정한 유형이 있음에도 불구하고 숫자의 유형에 제한이 없으므로 형태소 분석 시 다양한 유형으로 나타난다는 이유로 모든 숫자를 제거하였다. 하지만 본 연구는 자주 나타나는 숫자를 포함한 연속 표현도 유의미하다고 보아 숫자를 제거하지 않고 그대로 연속 표현으로 추출하였다.

5. 변이 형태 처리

구어 전사 말뭉치는 최대한 현실 발음을 유지하는 방향으로 전사가 되어 있으며, 문어 말뭉치와 달리 매우 다양한 형태의 어미, 조사형이 나타난다. 예를 들면 사투리 어미, 비표준어 어미 등이 있다. 만약 이러한 어미형들을 일괄적으로 사전에 나타나는 형태로만 변이형을 하나로 통합하면 출현 빈도는 높아질 수 있지만 구어의 특징을 충분히 드러내지 못하므로 구어의 특성을 유지하기 위해 최대한 구어의 특징을 살려서 일부 변이형은 통합하지 않고 다음과 같은 변이형을 통일하였다.

(11) ㄱ. 괄호를 없애고 '이/VPC'를 나타나게 한다.
ㄴ. 단 모음을 글로 처리한다.[35]
ㄷ. '잖/UNA'을 '잖/EPX'[36]로 처리한다

3.2 추출된 n-gram 결과물

연구의 목적에 따른 다양한 분석이 가능하도록 문어와 구어 말뭉치에서 출현한 연속 표현을 빈도수를 통계하여 다음과 같은 결과물을 생성하였다. 3-gram 연속 표현을 예로 보이면 다음 [표 4], [표 5]와 같다.

[표 4] 문어 3-gram 연속 표현

순위	문어 3-gram	빈도수	문어 파일1	문어 파일2	문어 파일3	…	문어 파일199	문어 파일200
1	ㄹ/ETM_수/NNB_있/VA	20185	95	63	12	…	136	28
2	것/NNB_이/VCP_다/EF	18758	48	26	9	…	199	136
3	이/VCP_었/EP_다/EF	18641	9	13	27	…	157	257
4	적/XSN_이/VCP_ㄴ/ETM	17903	62	77	9	…	105	51

---

35 문어와 구어 말뭉치의 표기를 통일하기 위해 단모음을 다음과 같이 처리하였다.
'ㅣ→ 이, ㅕ→ 여, ㅏ→ 아, ㅓ→ 어, ㅕㅆ→ 였, ㅏㅆ→ 았, ㅓㅆ→ 었, ㅖ요→ 에요'
36 문어에서는 '잖'을 '-지 않-'의 축약형으로 '잖'을 분석불능범주인 'UNA'로 표기하였지만, 구어에서의 '-잖-'은 문어에서의 '-잖-'보다 약 40배 정도 많이 나타나므로 본 연구에서는 '-잖-'을 선어말어미 중 하나인 '잖/EPX'으로 표기한다. 상세한 내용은 안의정(2009), 서상규·구현정 공편(2005), 한승규(2014) 등 참고.

5	고/EC_있/VX_다/EF	13535	99	166	17	...	28	11
6	고/EC_있/VX_는/ETM	10529	40	123	28	...	71	15
7	에/JKB_대하/VV_ㄴ/ETM	9621	28	128	13	...	57	14
8	는/ETM_것/NNB_이/VCP	9002	6	9	9	...	95	27
9	있/VX_었/EP_다/EF	8164	1	0	10	...	39	39
10	ㄴ/ETM_것/NNB_이/VCP	8053	11	16	5	...	58	41

[표 5] 구어 3-gram 연속 표현

순위	구어 3-gram	빈도수	순구어 파일1	순구어 파일2	순구어 파일3	...	준구어 파일201	...	준구어 파일568	준구어 파일569
1	거/NNB_이/VCP_야/EF	7873	24	23	27	...	15	...	33	30
2	는/ETM_거/NNB_이/VCP	7866	22	22	23	...	20	...	15	20
3	ㄴ/ETM_거/NNB_이/VCP	5325	5	7	16	...	12	...	17	11
4	ㄹ/ETM_거/NNB_이/VCP	4169	5	4	5	...	11	...	7	4
5	ㄹ/ETM_수/NNB_있/VA	3940	4	1	4	...	9	...	1	7
6	거/NNB_이/VCP_에요/EF	2744	0	0	11	...	3	...	1	4
7	뭐/NP_이/VCP_야/EF	2198	0	2	0	...	5	...	1	5
8	하/VV_여/EC_주/VX	1921	0	1	17	...	1	...	2	1
9	하/VV_는/ETM_거/NNB	1910	12	1	8	...	2	...	3	2
10	는/ETM_것/NNB_이/JKS	1791	0	0	0	...	3	...	5	3

　[표 4]와 [표 5]에서 보다시피 두 말뭉치에서 추출한 3-gram 연속 표현은 다르고 또한 두 말뭉치의 규모의 차이로 빈도수 차이도 아주 크다. 따라서 두 말뭉치에서의 연속 표현들이 어떠한 분포적 양상을 보이고 어떠한 특징을 갖고 있는지에 대해서 다음 장에서 상세한 서술을 진행하도록 한다.

제4장 한국어 연속 표현의 분포적 양상

이 장에서는 추출한 연속 표현을 대상으로 실증연구(实证研究)를 진행함으로써 여러 가지 수학, 통계학 수단으로 연속 표현의 분포적 양상을 살펴보고 상용정도와 관계되는 언어 규칙에 대해 기술한다. 우선 문어와 구어 말뭉치에서 추출한 연속 표현의 토큰과 타입의 통계 값을 이용하여 전반적인 분포적 양상을 살펴볼 것이며, 그다음으로 문어와 구어 말뭉치에서 추출한 연속 표현의 빈도, 분포율, 사용도 등 통계 값에 따른 분포적 양상을 확인하고 언어 규칙인 지프 법칙에 적용되는지를 확인한다. 마지막으로 문어와 구어를 통합한 연속 표현의 종합 빈도, 종합 분포율, 종합 사용도를 구하고 목록을 제시한다. 그리고 한국어 연속 표현의 분포가 지프 법칙에 적용되는지를 확인한다.

4.1 연속 표현의 분포적 양상

이 절에서는 한국어 문어와 구어에서 사용되는 연속 표현의 토큰과 타입[37]

에 기반한 전체적 분포 양상을 살펴보고자 한다.

우선, 두 가지 말뭉치에서 추출한 2-gram부터 9-gram까지 각 연속 표현의 타입과 토큰의 빈도수는 아래 [표 6]과 같다. 비교의 편의를 위해 본 절에서는 문어와 구어 말뭉치에서 나타나는 수치를 100만 어절당 나타나는 환산수치로 조절하여 제시하였다.

[표 6] 연속 표현의 타입과 토큰

n-gram	2-gram	3-gram	4-gram	5-gram	6-gram	7-gram	8-gram	9-gram
문어 토큰	1399319	692786	270347	91459	26542	6909	1663	355
문어 타입	31248	29792	15733	6553	2182	628	166	38
구어 토큰	1036508	467671	161903	43478	8757	1411	228	50
구어 타입	24866	21740	10576	3748	934	169	30	5

[표 6]을 더욱 직관적으로 나타내기 위하여 다음 연속 표현들의 토큰과 타입의 분포적 양상을 히스토그램으로 살펴보도록 한다.

4.1.1 연속 표현의 토큰 비교

<그림 3>은 문어와 구어 100만 어절의 사용에서 추출되는 2-gram~9-gram 길이의 연속 표현이 나타나는 토큰을 제시하였다. 연속 표현의 토큰 수를 보면 2-gram부터 9-gram까지 모두 문어가 구어보다 많고 또 순차적으로 수치가 떨어지고 있음을 확인할 수 있다.

---

37 토큰(Token)은 사용된 모든 연속 표현의 전체 출현 수를 가리킨다. 한 연속 표현이 100번 나오면 100개로 계산한다. 그러나 타입(Type)은 중복된 경우를 모두 하나로 계산하여 서로 다른 연속 표현 유형의 수를 가리킨다.

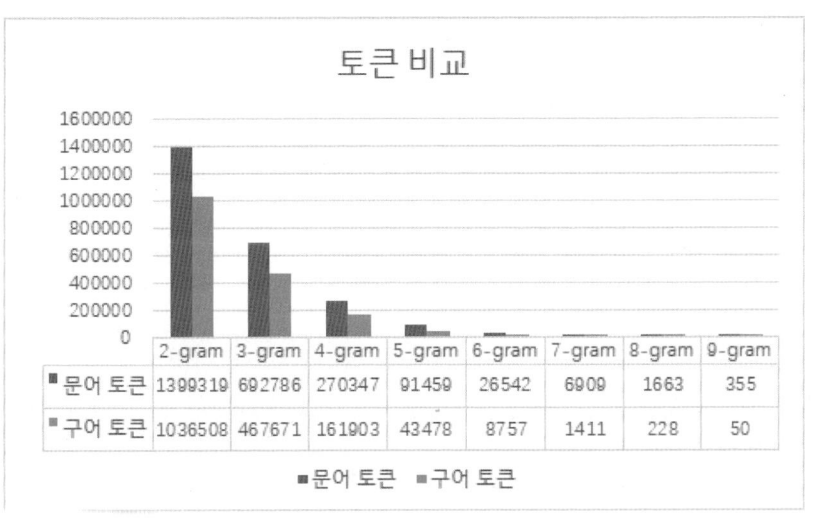

<그림 3> 연속 표현의 토큰 비교

    <그림 3>을 통해 우리는 한국어에서 연속 표현이 차지하는 대략적인 비중을 유추해 한국어 문어와 구어 사용에서의 만연성 정도를 어느 정도 파악할 수 있다. 최준(2015:50)에서 제시한 Biber et al.(1999)에서의 계산법[38]을 이용하여 연속 표현이 한국어 문어와 구어 사용에서의 n-gram의 비율을 계산할 수 있다. 2-gram의 경우 문어 사용의 72.68%, 구어 사용의 60.89%에 이르렀다. 2-gram의 사용 비율이 각 말뭉치에서 모두 60%를 넘었지만 문어와 구어

---

38 Biber et al.(1999:993-994)에서 사용 비율을 산출하는 공식은 100만 단어당으로 계산하면 아래와 같다.
{[(n-gram 출현 빈도수/1000000단어)× 구성 성분의 수(n)] /1000000단어}× 100%.
Biber et al.는 세 단어가 일상 대화에서 100만 단어당 80000회 이상, 학술 산문에서 100만 단어당 60000회 이상 사용되는 것을 기준으로 각각 해당 사용역에서의 전체 언어 단위 사용의 25%와 18%에 이르는 것으로 나타내었다(최준 2015:50).
본 연구에서는 최준(2015:15)의 방법으로 각 말뭉치에서 나타나는 형태의 총빈도를 기준으로 n-gram 구성 성분 수의 순수 출현 빈도의 비율을 계산하였다.

에서 사용의 차이는 2-gram에서 가장 많이 나타나고 n이 커질수록 차이가 점점 줄어들고 있음을 확인할 수 있다. 3-gram의 경우 문어 사용의 35.98%, 구어 사용의 27.47%에 이르고 4-gram의 경우 문어 사용의 14.04%, 구어 사용에서의 9.51%에 이르렀다. 5-gram의 경우 문어 사용에서는 4.75%, 구어 사용에서는 2.55%에 이른다. 그리고 6-gram의 경우 문어 사용에서는 1.38%, 구어 사용에서는 0.51%에 이른다. 그다음으로 7-gram부터 9-gram까지는 문어와 구어 사용에서 모두 1%를 넘지 못한 것으로 나타난다. 하여 2-gram부터 9-gram까지 연속 표현의 경우 구어보다 문어에서 더욱 만연해 있다는 것을 알 수 있다.

4.1.2 연속 표현의 타입 비교

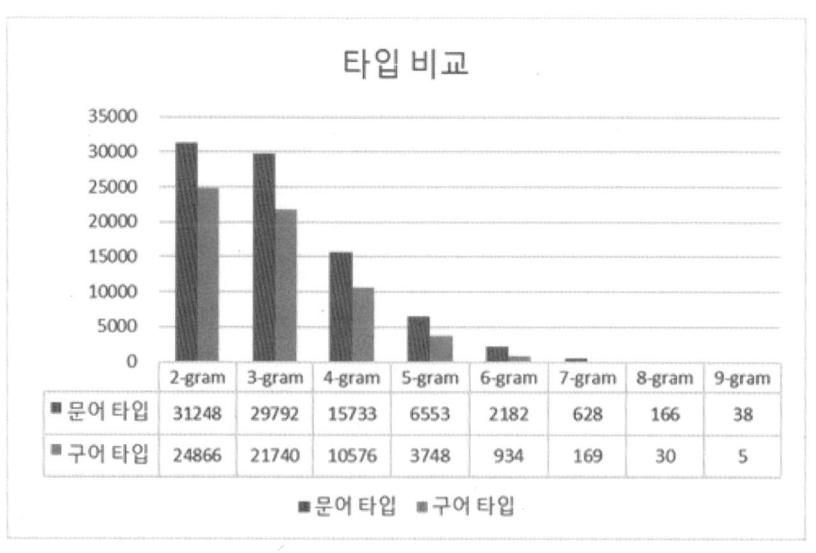

<그림 4> 연속 표현의 타입 비교

<그림 4>를 통해 대체로 구어보다 문어에서 n-gram 타입 수가 더 많다는 것을 우선적으로 확인할 수 있다. 이것은 문어에서 n-gram 유형이 더욱 다양하다는 것을 설명한다. 예상할 수 있듯이, n-gram의 타입 수는 n이 커질수록 줄어들며, 이는 문어와 구어에서 공통적으로 관찰할 수 있다. 아래 [표 7]은 연속 표현 n-gram 타입 수와 n이 커짐에 따라 타입 수의 변화를 보여준다.

[표 7] 연속 표현 n-gram 타입 수 감소율

n-gram	3-gram	4-gram	5-gram	6-gram	7-gram	8-gram	9-gram
문어 감소율	4.66%	47.19%	58.35%	66.70%	71.23%	73.64%	77.07%
구어 감소율	12.57%	51.35%	64.56%	75.09%	81.90%	82.35%	81.67%
차이	7.91%	4.16%	6.22%	8.39%	10.67%	8.72%	4.59%

위 표에서 보이듯이 연속 표현의 감소율은 3-gram부터 9-gram까지 모두 문어보다 구어의 수치가 큰 것으로 나타난다. 문어에는 7-gram에서, 구어에는 6-gram에서 70%를 넘어 제일 많이 감소되었다. 또한 문어와 구어 차이를 보면 4-gram과 9-gram의 차이가 제일 적고 7-gram에서 차이가 가장 많이 나타나고 있다.

4.1.3 연속 표현 TTR 비교

<그림 3>과 <그림 4>에서 제시하는 토큰과 타입 정보에 따라 각 길이에서 개별 n-gram 유형의 평균적인 출현 빈도수와 TTR[39](Type-Token Ratio)를 계산

---

39 Type-Token Ratio는 일반적으로 어휘적 다양성(한 텍스트 내에 얼마나 많은 다른 어휘가 쓰이고 있는가)를 측정할 때 사용된다. 따라서 어휘 밀도(Lexical density)라고 불리기도 한다. 그 계산방법은 아래와 같다.
Type-Token Ratio=(number of types/ number of tokens)*100
숫자가 클수록 텍스트 내의 다양성이 크다는 것을 의미한다.

할 수 있다.

[표 8] n-gram 유형의 평균 출현 빈도수와 TTR 비교

n-gram	2-gram	3-gram	4-gram	5-gram	6-gram	7-gram	8-gram	9-gram
문어 평균 출현 빈도수	45	23	17	14	12	11	10	9
문어 TTR	2.23%	4.30%	5.82%	7.17%	8.22%	9.09%	9.95%	10.70%
구어 평균 출현 빈도수	42	22	15	12	9	8	8	9
구어 TTR	2.40%	4.65%	6.53%	8.62%	10.66%	11.98%	13.10%	10.89%

[표 8]에서 보듯이 개별 n-gram의 평균 출현 빈도수는 2-gram부터 8-gram 까지 모두 문어가 구어보다 1-3개차이로 많이 나타났고 9-gram에서는 같게 나타났다. 구성 성분의 수가 많아질수록 문어와 구어에서의 개별 n-gram 유형의 평균적인 출현 빈도수는 점차 줄어들고 있음을 확인할 수 있다. 문어와 구어 연속 표현 TTR 값으로 텍스트 내의 언어적 다양성을 살펴보면 다음 <그림 5>와 같다.

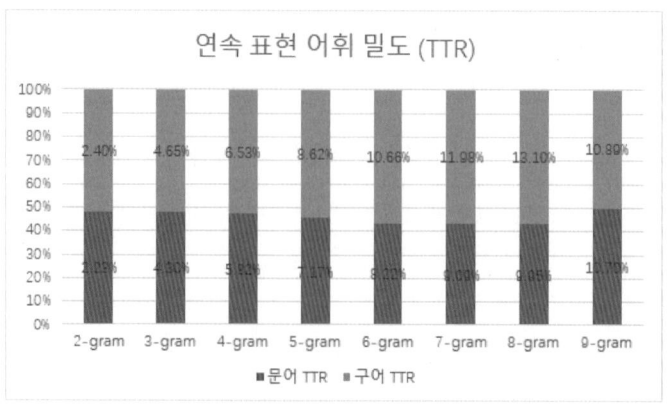

<그림 5> 연속 표현 어휘밀도 비교

<그림 5>에서 보다시피 2-gram부터 9-gram까지 구어의 어휘 밀도가 문어보다 보편적으로 높고 n이 커질수록 차이가 많이 나타나고 있음을 확인할 수 있다. 특히 6-gram부터는 차이가 2%를 넘었고 그 후로 8-gram까지 차이가 점점 커지다가 9-gram에서 비슷하게 되었다. 이는 구어가 문어보다 텍스트 내의 어휘가 더 다양하고 9-gram에 가서는 문어와 구어가 같다는 것을 설명한다.

4.2 연속 표현의 빈도 분석

이 절에서는 한국어 문어와 구어에서 사용되는 연속 표현의 출현 빈도에 기반한 전체적 분포 양상을 살펴보고자 한다. 본 연구에서는 빈도수를 적용하여 연속 표현의 출현 빈도를 계산하고 추출된 연속 표현의 목록은 한국어 사용자들에게 가장 빈번하게 노출될 가능성이 높은 목록이라는 점에서 의의가 있다. 그리고 한국어에 나타나는 연속 표현의 한 측면을 전체적인 관점에서 조망할 수 있다는 점에서 또 그 의의를 둘 수 있다.

4.2.1 연속 표현 빈도 통계적 분석

위에서 논의했듯이, 추출된 연속 표현으로 우리는 연속 표현이 말뭉치에서의 빈도수를 통계할 수 있다. 연속 표현의 빈도수 분포는 연속 표현이 그 말뭉치에서의 사용 양상을 살펴볼 수 있다. 그러나 빈도수로만 사용 양상을 본다는 것은 아주 일차적이다. 왜냐하면 말뭉치의 규모가 클수록 빈도수가 높아질 가능성이 높기 때문이다. 따라서 규모가 다른 두 말뭉치의 연속 표현을 비교하려면 절대 수치보다 상대 수치를 사용하는 것이 더욱 적합하다.

즉 절대 수치인 연속 표현의 빈도수를 통해 상대 수치인 출현 빈도를 구해서 비교를 진행하는 것이다.

아래 [표 9]는 SPSS26 통계처리 프로그램을 활용하여 문어와 구어 말뭉치에서 추출한 개별 연속 표현의 빈도수에 그 말뭉치의 총 빈도수를 나누어서 구한 개별 연속 표현이 해당 말뭉치에서 차지하는 비중, 즉 빈도를 통계학적 방법으로 계산하여 나온 수치들이다.

[표 9] 문어 및 구어 연속 표현 빈도 통계

		문어 빈도	구어 빈도
개별 수(个案数)	유효	484632	124854
평균치(均值)		0.000206	0.000801
평균치 표준 오차(均值标准误差)		0.000002966	0.000013883
중앙치(中位数)		0.00007157	0.00026012
최빈값(众数)		0.000036	0.000145
표준 편차(标准差)		0.002064703	0.00490548
왜도(偏度)		133.35	56.212
왜도 표준오차(偏度标准误差)		0.004	0.007
첨도(峰度)		27727.288	5413.79
첨도 표준 오차(峰度标准误差)		0.007	0.014
최소치(最小值)		0.000036	0.000145
최대치(最大值)		0.592208	0.652297
백분위수(百分位)	25	0.00004294	0.00017341
	50	0.00007157	0.00026012
	75	0.00012882	0.00049134

[표 9]에서 보다시피 문어와 구어에서 연속 표현 빈도는 다음과 같다. 우선, 연속 표현 빈도의 평균치를 보면 문어보다 구어에서 연속 표현 빈도가 훨씬 높지만 평균치 표준 오차도 문어보다 구어에서 더 높은 것을 확인할 수 있다. 이는 구어에서 연속 표현의 출현 빈도가 문어보다 많지만 구어에서

출현 빈도의 파동이 문어보다 크다는 것을 설명한다. 둘째, 연속 표현 빈도의 중앙치와 최빈값이 구어보다 문어에서 낮다는 것을 확인할 수 있다. 이는 문어에서 저빈도로 나타나는 연속 표현이 구어보다 많다는 것을 설명한다. 셋째, 연속 표현의 왜도 수치를 보면 문어와 구어에서 모두 0보다 크고 문어에서의 수치가 구어보다 2배 이상 크다는 것을 확인할 수 있다. 이는 문어와 구어에서의 많은 연속 표현이 평균값 이하로 출현하고 있다는 것을 의미한다. 따라서 문어에서의 연속 표현은 수치가 더 크므로 구어보다 더 많은 비중을 차지하고 있다는 것을 의미한다. 넷째, 연속 표현의 첨도 수치를 보면 역시 문어에서의 수치가 구어보다 큰 것을 확인할 수 있다. 이는 그래프에서 문어 연속 표현 빈도의 분포가 길고 꼬리가 더 굵다는 것을 설명하는데 구어보다 높고 날카롭기 때문에 데이터의 꼬리가 무겁거나 특이치(outlier)[40]가 많다는 것을 설명한다.

위에서는 문어와 구어에서 출현한 모든 연속 표현의 출현 빈도를 대상으로 분석하였다. 그러나 실제로 유의미한 연속 표현이 해당 말뭉치 안에서 어떻게 사용되는지를 보여주기에는 충분하지 못하다. 그러므로 한국어에서 가장 많이 사용되는 연속 표현의 사용 양상을 파악하기 위해 모든 연속 표현의 출현 빈도를 살펴보기 보다는 고빈도 연속 표현에 집중할 필요가 있다. 아래 [표 10]은 출현 빈도 순위 300위 내로 나타난 연속 표현을 중심으로 살펴본 것이다.

---

40 특이치(outlier)는 히스토그램 그래프의 수평축을 확장하여 데이터의 대부분이 좁은 수직 범위로 나타나도록 하여 Leptokurtic 분포의 'skinniness'을 부여한다.
(https://dining-developer.tistory.com/17)

[표 10] 문어 및 구어 상위 300위 연속 표현 빈도 비교

	N	범위	최소치	최대치	평균치		표준 편차	평방 편차	왜도		첨도	
	통계	통계	통계	통계	통계	표준 오차	통계	통계	통계	표준 오차	통계	표준 오차
문어 300 빈도	300	0.574302	0.017906	0.592208	0.050546	0.00359	0.062181	0.004	4.969	0.141	31.952	0.281
구어 300 빈도	300	0.624637	0.02766	0.652297	0.067589	0.00391	0.067715	0.005	4.996	0.141	33.617	0.281

[표 10]에서 문어와 구어 연속 표현 빈도 수치를 비교해 보면, 첫째, 연속 표현 평균치를 봤을 때 300위에서는 문어보다 구어에서 더 높은 것을 확인할 수 있다. 연속 표현의 평균치 표준 오차도 구어에서 수치가 조금 더 크지만 문어와의 차이는 전체 빈도를 대상했을 때보다 적게 나타난다. 이는 연속 표현 출현 빈도가 높을 때는 두 말뭉치에서 나타나는 연속 표현의 차이가 크지 않다는 것을 설명한다. 둘째, 문어와 구어에서의 고빈도 연속 표현 왜도 수치를 보면 전체 빈도 대상했을 때와 달리 문어보다 구어에서 왜도의 수치가 다소 높은 것을 확인할 수 있다. 이는 출현 빈도가 높을 때는 문어와 구어에서의 연속 표현이 모두 평균값 이하의 빈도로 출현하고 있다는 것을 설명한다. 그러나 구어에서 특히 더 그렇다는 것을 의미한다. 셋째, 고빈도 연속 표현의 첨도 수치를 보면 두 말뭉치에서 모두 비슷하게 나타나지만 왜도 수치와 같이 고빈도 연속 표현에서는 문어보다 구어에서 더 높게 나타났다. 이는 고빈도 연속 표현에서는 문어보다 구어에서 데이터의 꼬리가 무겁거나 특이치가 많다는 것을 의미한다. 두 가지 수치를 SPSS26 통계처리 프로그램을 활용하여 그림으로 직관적으로 제시하면 아래와 같다.

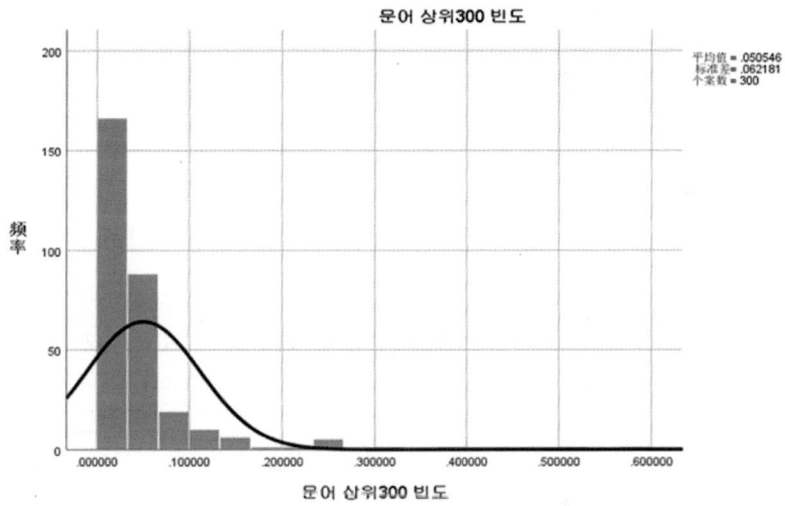

<그림 6> 문어 상위 300 빈도 히스토그램

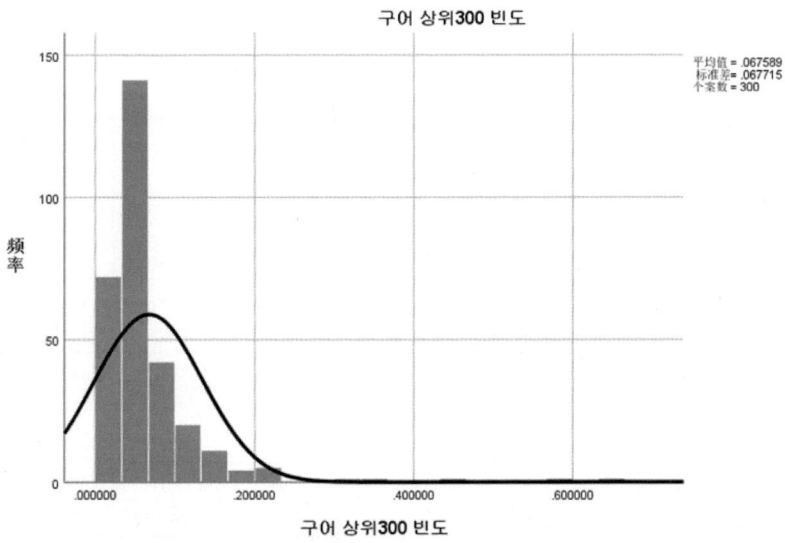

<그림 7> 구어 상위 300 빈도 히스토그램

제4장 한국어 연속 표현의 분포적 양상 75

4.2.2 문어 연속 표현 빈도

문어 말뭉치에서 추출한 2-gram에서 9-gram까지의 연속 표현 출현 빈도를 계산하고 내림차순으로 배열하여 리스트 형식으로 나타낼 수 있다. 다음으로 지프의 법칙에 적용 가능 여부를 판단하기 위하여 문어 연속 표현의 출현 빈도에 해당되는 로가리듬 빈도와 로가리듬 순위를 계산하였다. 출현 빈도 값이 가장 높은 순서대로 30개의 문어 연속 표현을 보이면 다음의 [표 11]과 같다.

[표 11] 문어 연속 표현 출현 빈도 상위 30

순위(r)	문어 형태 그램	그램수	빈도수	출현빈도(f)	LOG 순위	LOG 빈도
1	었/EP_다/EF	2	82750	0.592208	0.000000	-0.227526
2	았/EP_다/EF	2	69874	0.500060	0.301030	-0.300978
3	이/VCP_다/EF	2	52750	0.377510	0.477121	-0.423071
4	고/EC_있/VX	2	45622	0.326498	0.602060	-0.486119
5	것/NNB_이/VCP	2	36675	0.262468	0.698970	-0.580923
6	ㄹ/ETM_수/NNB	2	34939	0.250044	0.778151	-0.601983
7	는/ETM_것/NNB	2	34623	0.247783	0.845098	-0.605929
8	지/EC_않/VX	2	32857	0.235144	0.903090	-0.628666
9	이/VCP_ㄴ/ETM	2	32793	0.234686	0.954243	-0.629512
10	이/VCP_었/EP	2	28077	0.200936	1.000000	-0.696943
11	ㄴ/ETM_것/NNB	2	26399	0.188927	1.041393	-0.723706
12	수/NNB_있/VA	2	22445	0.160630	1.079181	-0.794174
13	적/XSN_이/VCP	2	21695	0.155262	1.113943	-0.808934
14	들/XSN_이/JKS	2	20404	0.146023	1.146128	-0.835578
15	ㄹ/ETM_수/NNB_있/VA	3	20185	0.144456	1.176091	-0.840265
16	것/NNB_이/VCP_다/EF	3	18758	0.134243	1.204120	-0.872107
17	이/VCP_었/EP_다/EF	3	18641	0.133406	1.230449	-0.874824
18	적/XSN_이/VCP_ㄴ/ETM	3	17903	0.128125	1.255273	-0.892368
19	있/VX_다/EF	2	16959	0.121369	1.278754	-0.915893
20	에/JKB_는/JX	2	16675	0.119336	1.301030	-0.923228

21	에/JKB_대하/VV	2	16254	0.116323	1.322219	-0.934333
22	들/XSN_은/JX	2	16241	0.116230	1.342423	-0.934681
23	있/VX_는/ETM	2	15912	0.113876	1.361728	-0.943569
24	어/EC_있/VX	2	15424	0.110383	1.380211	-0.957097
25	ㄹ/ETM_것/NNB	2	14739	0.105481	1.397940	-0.976826
26	을/JKO_하/VV	2	14564	0.104229	1.414973	-0.982013
27	어/EC_지/VX	2	14079	0.100758	1.431364	-0.996722
28	고/EC_있/VX_다/EF	3	13535	0.096865	1.447158	-1.013835
29	있/VV_는/ETM	2	13435	0.096149	1.462398	-1.017056
30	것/NNB_이/JKS	2	13194	0.094424	1.477121	-1.024917
…	…	…	…	…	…	…

[표 11]에서 보다시피, 문어 연속 표현 상위 30위에서 2-gram은 25개가 나타나고, 3-gram은 5개가 나타났다. 문어에서 과거시제를 표시하는 선어말어미와 종결어미가 결합해서 나타나는 '었/EP_다/EF, 았/EP_다/EF'의 빈도는 0.5를 초과하고 빈도 순위 1, 2위를 차지하였다. [표 11]에 따라 문어 말뭉치에서 추출한 2-gram~9-gram 연속 표현의 출현 빈도와 순위의 관계를 산포도로 나타내면 아래 그림과 같다.

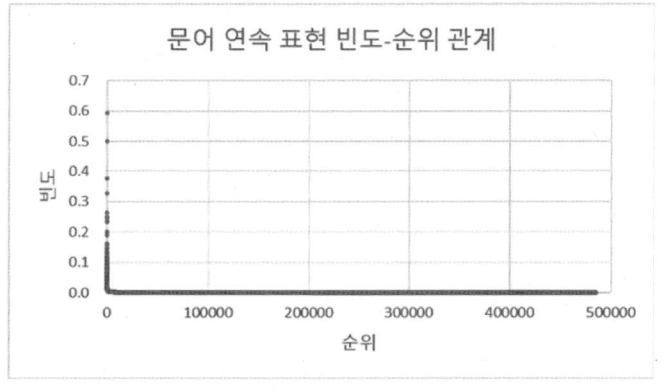

<그림 8> 문어 연속 표현 빈도-순위 관계 산포도

<그림 8>을 보면, 가로 좌표는 1부터 484632까지 문어 연속 표현을 내림차순으로 배열한 순위이고, 세로 좌표는 개별 연속 표현이 대응되는 출현 빈도를 말한다. 그림 속의 문어 연속 표현의 출현 빈도 수치를 관찰해보면 출현 빈도 0.15 이상의 연속 표현은 점상으로 분포되었고, 0.15 이하 0.1 이상의 연속 표현은 점상으로부터 점차 선상으로 연결되었고, 0.1 이하 0.01 이상의 연속 표현은 직선에 가까운 곡선으로 연결되었으며 연속 표현의 변화에 따라 출현 빈도의 수치가 급격히 떨어지고 있음을 확인할 수 있다. 그리고 0.01 이하 0.001 이상의 연속 표현은 매끈한 곡선을 이루었고 출현 빈도 수치의 변화가 그전보다 완만한 추세를 이루고 있다. 그리고 그다음부터 출현 빈도가 0.001 이하인 연속 표현의 변화 추세는 더욱 완만하고 연결된 곡선의 파동이 작아서 수치의 변화가 선명하지 않다.

또한 문어 말뭉치에서 나타난 연속 표현의 출현 빈도-순위 곡선에 해당되는 로가리듬 관계도를 그리면 아래 <그림 9>와 같다.

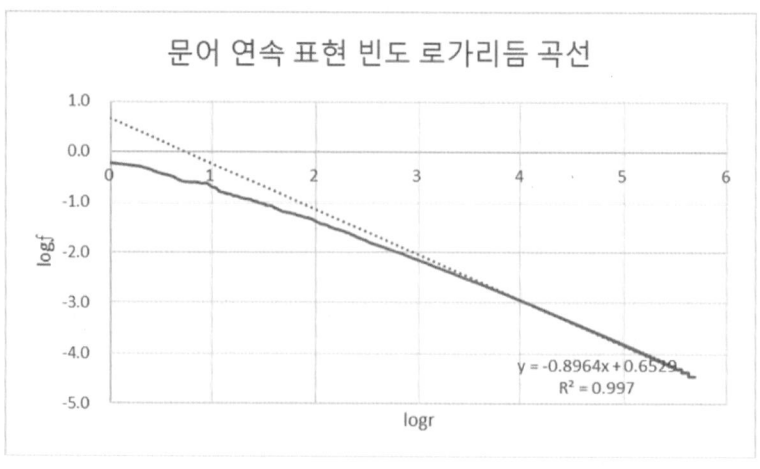

<그림 9> 문어 연속 표현 빈도 로가리듬 곡선

<그림 9>를 보면 문어 연속 표현 출현 빈도의 로가리듬 곡선은 감소함수를 형성하였다. 그리고 빈도가 높은 문어 연속 표현일 때는 고르지 않는 선형이었다가 점차 매끈한 선형으로 변하면서 완만한 하강 추세를 보였다. 그리고 선의 끝부분이 Z자로 되어가고 있음을 확인할 수 있다. 또한 로가리듬 곡선에 단순선형회귀 맞춤 곡선을 만든 결과 단순선형회귀방정식 $\log f$= $-0.8964\log r+0.6529$를 얻었고 R^2 수치는 0.99를 넘었다. 이 결과는 문어 연속 표현 출현 빈도와 순위는 아주 높은 상관관계를 갖고 지프 법칙에 적용된다는 것을 설명한다.

4.2.3 구어 연속 표현 빈도

구어 말뭉치에서 추출한 2-gram에서 9-gram까지 연속 표현 출현 빈도를 계산하고 내림차순으로 배열하여 리스트 형식으로 나타낼 수 있다. 다음으로 지프 법칙에 적용 가능 여부를 판단하기 위하여 구어 연속 표현의 출현 빈도에 해당되는 로가리듬 빈도와 로가리듬 순위를 계산하였다. 출현 빈도 값이 가장 높은 순서대로 30개의 구어 연속 표현을 보이면 다음 [표 12]와 같다.

[표 12] 구어 연속 표현 출현 빈도 상위 30

순위	구어 형태 그램	그램수	빈도수	출현 빈도	LOG 순위	LOG 빈도
1	거/NNB_이/VCP	2	22569	0.652297	0.000000	-0.185555
2	이/VCP_야/EF	2	20142	0.582151	0.301030	-0.234964
3	는/ETM_거/NNB	2	16109	0.465588	0.477121	-0.331998
4	ㄴ/ETM_거/NNB	2	12079	0.349111	0.602060	-0.457036
5	내/NP_가/JKS	2	10784	0.311683	0.698970	-0.506287
6	거/NNB_이/VCP_야/EF	3	7873	0.227548	0.778151	-0.642927
7	는/ETM_거/NNB_이/VCP	3	7866	0.227346	0.845098	-0.643313
8	뭐/NP_이/VCP	2	7312	0.211334	0.903090	-0.675031

9	ㄹ/ETM_수/NNB	2	7305	0.211132	0.954243	-0.675447
10	잖/EPX_아/EF	2	6975	0.201594	1.000000	-0.695523
11	ㄹ/ETM_거/NNB	2	6340	0.183241	1.041393	-0.736978
12	고/EC_있/VX	2	6139	0.177431	1.079181	-0.750969
13	시/EP_에요/EF	2	5969	0.172518	1.113943	-0.763165
14	이/VCP_에요/EF	2	5886	0.170119	1.146128	-0.769247
15	었/EP_어/EF	2	5698	0.164686	1.176091	-0.783344
16	하/VV_였/EP	2	5609	0.162113	1.204120	-0.790181
17	을/JKO_하/VV	2	5349	0.154599	1.230449	-0.810794
18	ㄴ/ETM_거/NNB_이/VCP	3	5325	0.153905	1.255273	-0.812747
19	들/XSN_이/JKS	2	5237	0.151362	1.278754	-0.819984
20	어/EC_주/VX	2	5134	0.148385	1.301030	-0.828611
21	하/VV_여/EC	2	5095	0.147257	1.322219	-0.831923
22	지/EC_말/VX	2	4927	0.142402	1.342423	-0.846484
23	안/MAG_되/VV	2	4868	0.140697	1.361728	-0.851716
24	았/EP_어/EF	2	4647	0.134309	1.380211	-0.871894
25	지/EC_않/VX	2	4639	0.134078	1.397940	-0.872643
26	는/ETM_것/NNB	2	4445	0.128471	1.414973	-0.891195
27	수/NNB_있/VA	2	4435	0.128182	1.431364	-0.892173
28	하/VV_는/ETM	2	4426	0.127922	1.447158	-0.893056
29	여/EC_주/VX	2	4402	0.127228	1.462398	-0.895417
30	거/NNB_같/VA	2	4369	0.126274	1.477121	-0.898685
...	...	...	...	...	...	...

[표 12]에서 보다시피 구어 연속 표현 상위 30위에서 2-gram은 27개 나타나고 3-gram은 3개 나타났다. 구어에서는 긍정지정사 '이/VCP'를 포함한 '거/NNB_이/VCP, 이/VCP_야/EF'가 빈도 0.5를 넘으면서 구어 연속 표현에서 1, 2위를 차지하였다. 1위인 '거/NNB_이/VCP'의 빈도는 0.65에 달하기까지 한다. [표 12]에 따라 2-gram~9-gram 구어 연속 표현의 출현 빈도와 순위의 관계를 산포도로 나타내면 아래 <그림 10>과 같다.

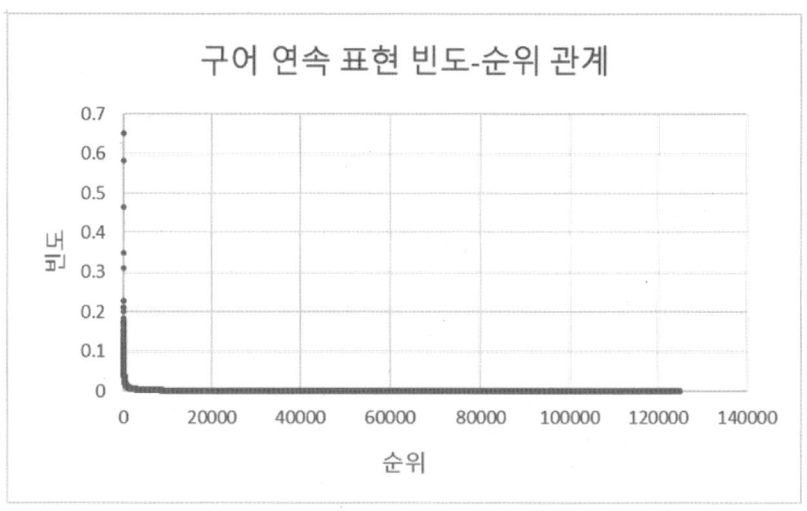

<그림 10> 구어 연속 표현 빈도-순위 관계 산포도

<그림 10>을 보면, 가로 좌표는 1부터 124854까지 구어 연속 표현을 내림차순으로 배열한 것이다. 세로 좌표는 개별 연속 표현이 대응되는 출현 빈도를 말한다. 그림 속의 구어 연속 표현의 출현 빈도 수치를 관찰해 보면 다음과 같다. 빈도 0.2 이상의 연속 표현은 점상으로 분포되었고, 0.2 이하 0.015 이상의 연속 표현은 점상으로부터 점차 선상으로 연결되면서 직선에 가까운 곡선을 이루었고 출현 빈도의 수치가 급격히 떨어져 있다. 그리고 0.015 이하 0.001 이상의 연속 표현의 출현 빈도는 매끈한 곡선을 이루었다. 빈도수 0.001 이하인 연속 표현의 출현 빈도 변화 추세는 파동이 거의 없으므로 변화가 보이지 않는 곡선으로 이루어졌다.

그리고 구어 말뭉치에서 추출한 연속 표현의 출현 빈도-순위 곡선에 해당되는 로가리듬 관계도인 <그림 11>을 그렸다.

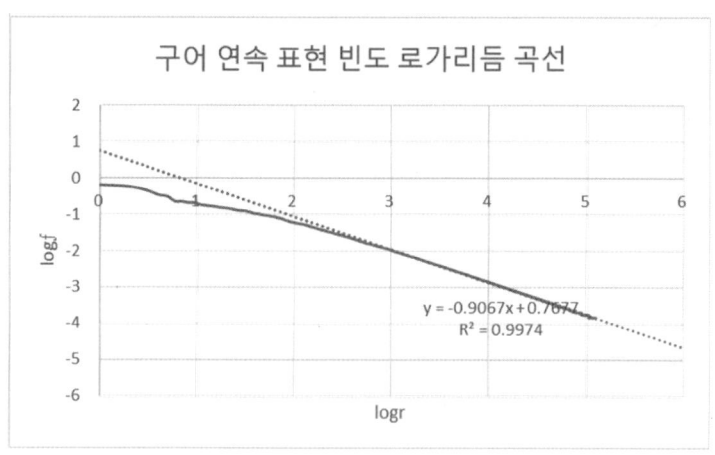

<그림 11> 구어 연속 표현 출현 빈도 로가리듬 곡선

<그림 11>을 보면 구어의 로가리듬 관계 곡선도 문어와 비슷하게 감소함수 추세를 보이고 출현 빈도가 높은 구어 연속 표현일 때는 고르지 않는 직선이었다가 매끈한 곡선으로 변하면서 완만한 하강 추세를 보였다. 구어 출현 빈도 로가리듬 곡선의 끝부분도 문어와 마찬가지로 Z자로 되어 가고 있음을 확인할 수 있다. 또한 로가리듬 곡선에 단순선형회귀 맞춤 곡선을 만든 결과 단순선형회귀방정식 $logf=-0.9067logr+0.7677$을 얻었고 R^2 수치는 0.99를 넘었다. 이 결과는 구어 연속 표현 출현 빈도와 순위는 높은 상관관계를 갖고 지프 법칙에 적용된다는 것을 설명한다.

4.2.4 연속 표현의 종합 빈도

문어와 구어 두 말뭉치에서 추출한 연속 표현의 빈도로부터 우리는 두 말뭉치에서 고빈도로 사용되는 연속 표현이 서로 다르다는 것을 알 수 있다. 따라서 우리는 두 말뭉치의 연속 표현 빈도로부터 종합 빈도를 구할 수 있다.

종합 빈도를 구하는 방법은 아래와 같다. 우선, 서로 다른 말뭉치에서 연속 표현의 빈도를 구한다. 다음, 각 말뭉치에서 얻은 개별 연속 표현의 빈도를 합해서 2로 나누면 종합 빈도를 얻을 수 있다. 마지막으로 종합 빈도 값을 내림차순으로 배열하면 아래와 같다.

[표 13] 연속 표현 종합 빈도 순위

순위	형태 연속 표현	그램	문어 빈도	구어 빈도	종합 빈도	LOG 순위	LOG 종합 빈도
1	거/NNB_이/VCP	2	0.032341	0.652297	0.342319	0	-0.185555
2	었/EP_다/EF	2	0.592208	0.045059	0.318633	0.301030	-0.234964
3	이/VCP_야/EF	2	0.030573	0.582151	0.306362	0.477121	-0.331998
4	았/EP_다/EF	2	0.500060	0.031504	0.265782	0.602060	0.457036
5	고/EC_있/VX	2	0.326498	0.177431	0.251965	0.698970	-0.506287
6	는/ETM_거/NNB	2	0.012145	0.465588	0.238866	0.778151	-0.642927
7	ㄹ/ETM_수/NNB	2	0.250044	0.211132	0.230588	0.845098	-0.643313
8	이/VCP_다/EF	2	0.377510	0.077661	0.227585	0.903090	-0.675031
9	는/ETM_것/NNB	2	0.247783	0.128471	0.188127	0.954243	-0.675447
10	지/EC_않/VX	2	0.235144	0.134078	0.184611	1	-0.695523
11	내/NP_가/JKS	2	0.045509	0.311683	0.178596	1.041393	-0.736978
12	ㄴ/ETM_거/NNB	2	0.006369	0.349111	0.177740	1.079181	-0.750969
13	이/VCP_ㄴ/ETM	2	0.234686	0.104193	0.169440	1.113943	-0.763165
14	것/NNB_이/VCP	2	0.262468	0.042862	0.152665	1.146128	-0.769247
15	들/XSN_이/JKS	2	0.146023	0.151362	0.148692	1.176091	-0.783344
16	수/NNB_있/VA	2	0.160630	0.128182	0.144406	1.204120	-0.790181
17	이/VCP_었/EP	2	0.200936	0.085031	0.142983	1.230449	-0.810794
18	ㄴ/ETM_것/NNB	2	0.188927	0.088759	0.138843	1.255273	-0.812747
19	을/JKO_하/VV	2	0.104229	0.154599	0.129414	1.278754	-0.819984
20	ㄹ/ETM_수/NNB_있/VA	3	0.144456	0.113875	0.129166	1.301030	-0.828611
21	거/NNB_이/VCP_야/EF	3	0.011565	0.227548	0.119557	1.322219	-0.831923
22	는/ETM_거/NNB_이/VCP	3	0.009941	0.227346	0.118643	1.342423	-0.846484
23	하/VV_였/EP	2	0.073835	0.162113	0.117974	1.361728	-0.851716
24	뭐/NP_이/VCP	2	0.016539	0.211334	0.113936	1.380211	-0.871894

25	것/NNB_이/JKS	2	0.094424	0.124540	0.109482	1.397940	-0.872643
26	어/EC_주/VX	2	0.063679	0.148385	0.106032	1.414973	-0.891195
27	적/XSN_이/VCP	2	0.155262	0.050463	0.102863	1.431364	-0.892173
28	잖/EPX_아/EF	2		0.201594	0.100797	1.447158	-0.893056
29	ㄹ/ETM_거/NNB	2	0.007844	0.183241	0.095542	1.462398	-0.895417
30	하/VV_는/ETM	2	0.059779	0.127922	0.093850	1.477121	-0.898685
…	…	…	…	…	…	…	…

[표 13]에서 보다시피, 연속 표현 종합 빈도 상위 30위에서 2-gram은 27개가 나타나고, 3-gram은 3개가 나타났다. 종합 빈도 순위 1위를 차지한 2-gram 연속 표현은 '거/NNB_이/VCP'이고 3-gram 연속 표현 'ㄹ/ETM_수/NNB_있/VA, 거/NNB_이/VCP_야/EF, 는/ETM_거/NNB_이/VCP'는 나란히 20, 21, 22위를 차지하였다. [표 13]에 따라 연속 표현의 종합 빈도와 순위의 관계를 산포도로 나타내면 아래 <그림 12>와 같다.

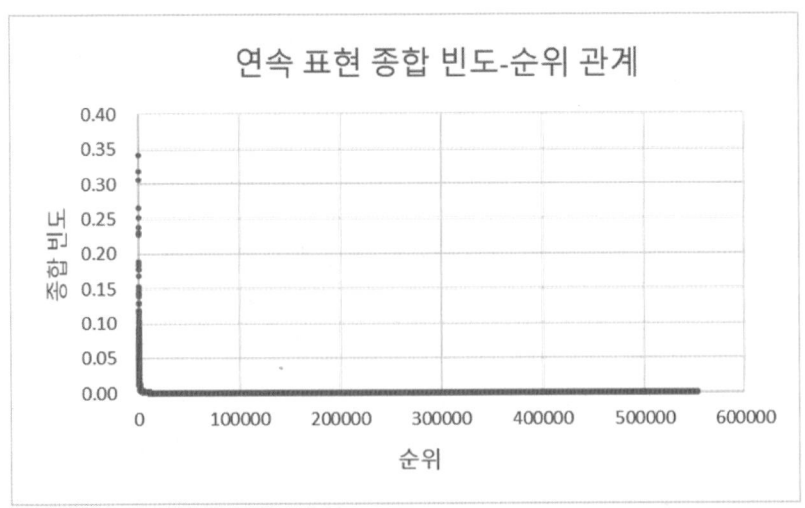

<그림 12> 연속 표현 종합 빈도-순위 관계 산포도

<그림 12>를 보면, 연속 표현 종합 빈도와 순위의 관계는 문어, 구어와 비슷한 구도를 이루었다. 가로 좌표는 1부터 551638까지 두 말뭉치에서 출현한 모든 연속 표현을 내림차순으로 배열한 것이다. 세로 좌표는 개별 연속 표현이 대응되는 종합 빈도를 말한다. 그림 속의 연속 표현 종합 빈도 수치를 관찰해 보면 빈도 0.11 이상의 연속 표현은 점상으로 분포되었고, 0.11 이하 0.01 이상의 연속 표현은 점상으로부터 점차 선상으로 연결되면서 직선에 가까운 곡선으로 연결되었으며 연속 표현의 변화에 따라 종합 빈도의 수치가 급격히 떨어지고 있음을 확인할 수 있다. 그리고 0.01 이하 0.001 이상의 연속 표현은 매끈한 곡선을 이루었고 종합 빈도 수치의 변화가 그전보다 완만한 추세를 보였다. 그리고 그다음부디 출현 빈도가 0.001 이하인 연속 표현의 변화 추세는 더욱 완만하고 연결된 곡선의 파동이 작아서 거의 수치의 변화가 나타나지 않았다.

또한 두 말뭉치에서 나타난 연속 표현의 종합 빈도-순위 곡선에 해당되는 로가리듬 관계도를 그리면 아래 <그림 13>과 같다.

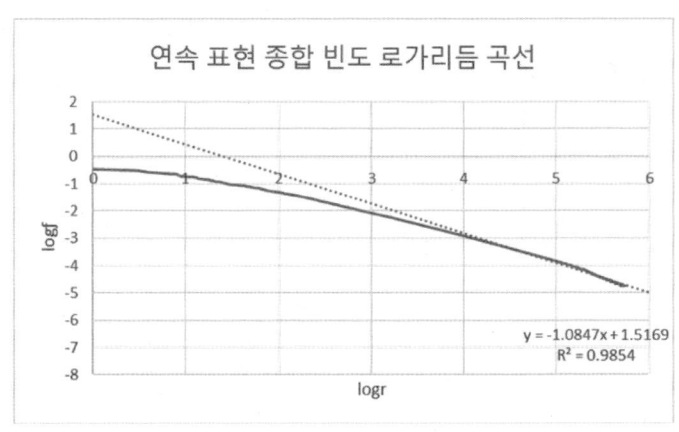

<그림 13> 연속 표현 종합 빈도 로가리듬 곡선

<그림 13>을 보면 연속 표현 종합 빈도의 로가리듬 곡선은 감소함수를 형성하였다. 그리고 빈도가 높은 연속 표현일 때는 고르지 않는 선형이었다가 점차 매끈한 선형으로 변하면서 완만한 하강 추세를 보였다. 또한 로가리듬 곡선에 단순선형회귀 맞춤 곡선을 만든 결과 단순선형회귀방정식 log$f$ =-1.0847log$r$+1.5169를 얻었고 R^2수치는 0.98을 넘었다. 이 결과는 연속 표현 종합 빈도와 순위는 상관관계를 갖고 지프 법칙에 적용된다는 것을 설명한다.

4.3 연속 표현의 분포율 분석

이 절에서는 한국어 문어와 구어에서 추출한 연속 표현 출현 분포율에 기반한 전체적 분포 양상을 살펴보고자 한다. 분포율의 높고 낮음은 연속 표현이 말뭉치 중 서로 다른 텍스트에서의 분포 균일 정도와 적용 범위를 설명하고 있다. 분포율이 높을수록 연속 표현이 말뭉치에서 분포가 더욱 균일하고 적용 범위가 넓다는 것을 표시한다. 분포율은 일차적인 빈도수로 통계한 수치의 결함을 보완할 수 있고 또한 연속 표현이 언어 사용에서의 특징을 다른 시각에서 관찰할 수 있다는 점에서 의의가 있다고 본다.

4.3.1 연속 표현 분포율 통계적 분석

아래 [표 14]는 SPSS26 통계처리 프로그램을 활용하여 문어와 구어 말뭉치에서 추출한 개별 연속 표현의 출현 텍스트 수에 그 말뭉치의 총 텍스트 수를 나누어서 구한 개별 연속 표현이 해당 말뭉치에서 차지하는 비중, 즉 분포율을 통계학적 방법으로 계산하여 나온 수치들이다.

[표 14] 문어 및 구어 연속 표현 분포율 통계

		문어 분포율	구어 분포율
개별 수(个案数)	유효	484632	124854
평균치(均值)		6.8358	3.0471
평균치 표준 오차(均值标准误差)		0.01265	0.01701
중앙치(中位数)		4	1.41
최빈값(众数)		2.5	0.88
표준 편차(标准差)		8.80883	6.01035
왜도(偏度)		4.702	7.458
왜도 표준오차(偏度标准误差)		0.004	0.007
첨도(峰度)		29.117	74.553
첨도 표준 오차(峰度标准误差)		0.007	0.014
최소치(最小值)		2.5	0.88
최대치(最大值)		100	99.47
백분위수(百分位)	25	3	1.05
	50	4	1.41
	75	6.5	2.64

[표 14]에서 보다시피, 문어와 구어에서 추출한 연속 표현의 분포율은 아래와 같은 특징들이 있다. 첫째, 평균치를 보면, 문어에서의 연속 표현 분포율이 구어보다 훨씬 높다. 하지만 평균치 표준 오차는 반대로 구어에서의 연속 표현 수치가 더욱 높은 것으로 나타난다. 이는 문어에서 연속 표현의 분포율이 구어보다 더 안정적이고 구어에서는 연속 표현의 분포율 파동이 문어보다 크다는 것을 설명한다. 둘째, 중앙치와 최빈값을 보면 문어는 4와 2.5이고 구어는 1.41과 0.88이므로 모두 문어에서의 연속 표현 수치가 더욱 높은 것으로 나타난다. 이는 낮은 분포율을 차지하는 연속 표현이 구어 말뭉치에서 더욱 많다는 것을 설명한다. 셋째, 왜도 수치를 보면 문어와 구어에서 모두 0보다 크고, 구어에서의 연속 표현 분포율 수치가 문어보다 큰 것을 확인할 수 있다. 이는 문어와 구어에서의 연속 표현 분포율이 모두 평균치 이하로

많이 출현하고 있다는 것을 설명한다. 따라서 구어에서의 연속 표현 분포율이 평균치 이하로 더 많이 나타나고 있음을 알 수 있다. 넷째, 첨도 수치를 보면 구어에서의 연속 표현 분포율이 문어보다 2배 이상 높은 것을 확인할 수 있다. 아래 SPSS26 통계처리 프로그램을 활용하여 그린 <그림 14>와 <그림 15>를 비교해 보면 더욱 직관적으로 관찰할 수 있다.

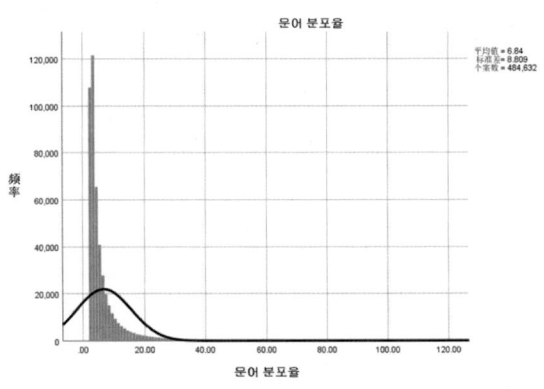

<그림 14> 문어 분포율 히스토그램

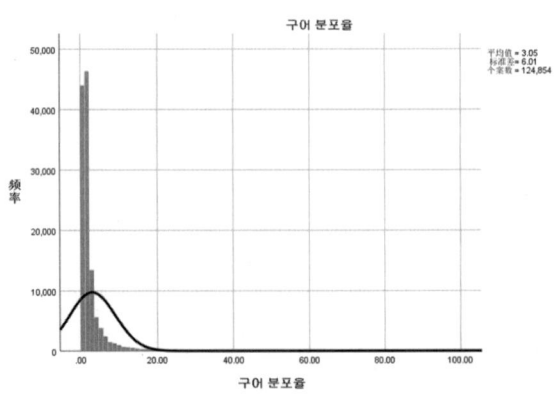

<그림 15> 구어 분포율 히스토그램

<그림 15>에서 보다시피, 구어에서 연속 표현 분포율이 문어 보다 분포가 길고 꼬리가 뚱뚱하다. 그리고 문어보다 더욱 높고 날카롭기 때문에 구어에서 낮은 분포율을 갖는 연속 표현이 더욱 많거나 특이치가 많다는 것을 설명한다.

　위에서는 문어와 구어에서의 출현한 모든 연속 표현의 분포율 대상으로 분석하였다. 아래 [표 15]는 분포율 순위 300위 내로 나타난 연속 표현을 중심으로 살펴본 것이다.

[표 15] 문어 및 구어 상위 300위 연속 표현 분포율 비교

	N	최소치	최대치	평균치		표준 편차	평방 편차	왜도		첨도	
	통계	통계	통계	통계	표준 오차	통계	통계	통계	표준 오차	통계	표준 오차
문어 300 분포율	300	100	95.27	95.27	0.14784	2.56072	6.557	0.236	0.141	-1.173	0.281
구어 300 분포율	300	99.47	75.9707	75.9707	0.62285	10.78801	116.381	0.417	0.141	-0.93	0.281

　[표 15]에서 문어와 구어에서 연속 표현 분포율 수치를 비교해 보면, 첫째, 연속 표현 분포율 평균치를 볼 때 300위에서는 구어보다 문어에서 더 높은 것을 확인할 수 있다. 연속 표현의 평균치 표준 오차도 구어에서 수치가 더 크게 나타나는데 전체 분포율을 대상했을 때보다 문어와의 차이가 더 많이 나타나고 있다. 이는 연속 표현 분포율이 높을 때는 두 말뭉치에서 나타나는 연속 표현의 차이가 크고 분포율이 낮을 때는 두 말뭉치에서 차이가 크지 않다는 것을 설명한다. 둘째, 문어와 구어에서의 고분포율 연속 표현 왜도 수치를 보면 전체 분포율을 대상으로 했을 때와 같이 문어보다 구어에서

왜도 수치가 더 높은 것을 확인할 수 있다. 이는 분포율이 높을 때는 문어와 구어에서의 연속 표현이 모두 평균값 이하의 분포로 출현하고 있다는 것을 설명한다. 그러나 구어에서 특히 더 그렇다는 것을 의미한다. 셋째, 분포율이 높은 연속 표현의 첨도 수치를 보면 두 말뭉치에서 모두 비슷하게 나타나지만 문어에서는 정수이고 구어에서는 부수이다. 이는 전체 연속 표현을 대상으로 통계한 수치와 다르다. 따라서 분포율이 높은 연속 표현에서는 구어보다 문어에서 데이터의 꼬리가 무겁거나 특이치가 많다는 것을 의미한다. SPSS26 통계처리 프로그램을 활용하여 두 가지 수치를 그림으로 직관적으로 제시하면 아래 <그림 16>, <그림 17>과 같다.

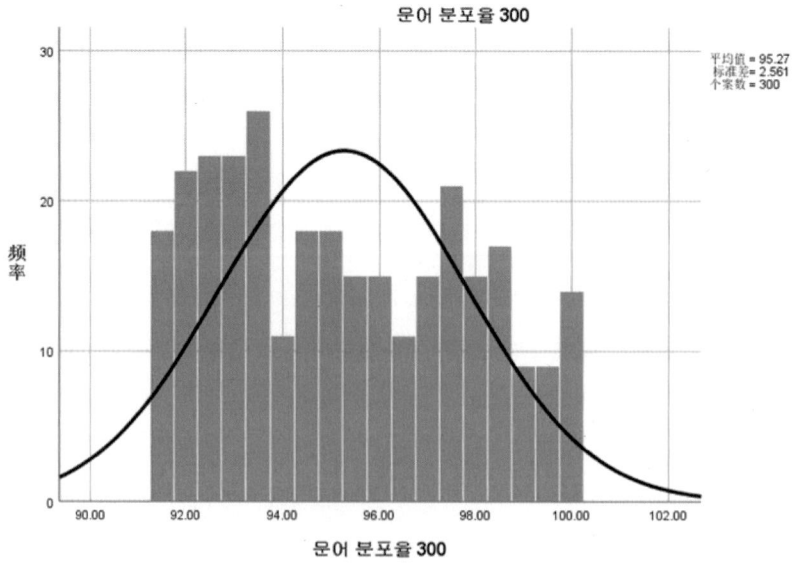

<그림 16> 문어 분포율 300 히스토그램

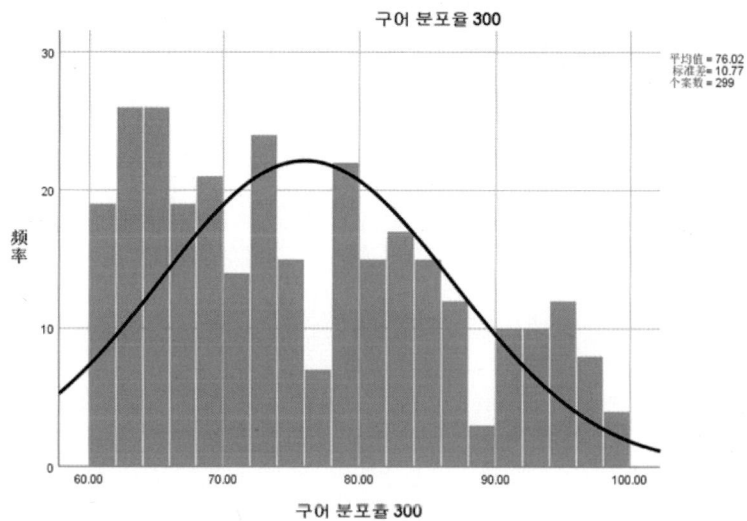

<그림 17> 구어 분포율 300 히스토그램

4.3.2 문어 연속 표현 분포율

문어 말뭉치에서 추출한 2-gram에서 9-gram까지의 연속 표현 분포율을 계산하고 내림차순으로 배열하여 리스트 형식으로 나타낼 수 있다. 다음으로 지프의 법칙에 적용 가능 여부를 판단하기 위하여 문어 연속 표현의 분포율에 해당되는 로가리듬 분포율과 로가리듬 순위를 계산하였다. 분포율 값이 가장 높은 순서대로 30개의 문어 연속 표현을 보이면 다음 [표 16]과 같다.

[표 16] 문어 연속 표현 분포율 상위 30

순위	문어 형태 그램	그램수	텍스트 수	문어 분포율	LOG 순위	LOG 분포율
1	았/EP_다/EF	2	200	100.00	0	2
2	이/VCP_다/EF	2	200	100.00	0.301029996	2
3	고/EC_있/VX	2	200	100.00	0.477121255	2

4	ㄹ/ETM_수/NNB	2	200	100.00	0.602059991	2
5	는/ETM_것/NNB	2	200	100.00	0.698970004	2
6	지/EC_않/VX	2	200	100.00	0.77815125	2
7	이/VCP_ㄴ/ETM	2	200	100.00	0.84509804	2
8	이/VCP_었/EP	2	200	100.00	0.903089987	2
9	ㄴ/ETM_것/NNB	2	200	100.00	0.954242509	2
10	들/XSN_이/JKS	2	200	100.00	1	2
11	있/VX_는/ETM	2	200	100.00	1.041392685	2
12	었/EP_던/ETM	2	200	100.00	1.079181246	2
13	아/EC_지/VX	2	200	100.00	1.113943352	2
14	고/EC_있/VX_는/ETM	3	200	100.00	1.146128036	2
15	었/EP_다/EF	2	199	99.50	1.176091259	1.997823081
16	수/NNB_있/VA	2	199	99.50	1.204119983	1.997823081
17	에/JKB_는/JX	2	199	99.50	1.230448921	1.997823081
18	같/VA_은/ETM	2	199	99.50	1.255272505	1.997823081
19	았/EP_던/ETM	2	199	99.50	1.278753601	1.997823081
20	에/JKB_도/JX	2	199	99.50	1.301029996	1.997823081
21	크/VA_ㄴ/ETM	2	199	99.50	1.322219295	1.997823081
22	아/EC_오/VX	2	199	99.50	1.342422681	1.997823081
23	ㄹ/ETM_수/NNB_있/VA	3	199	99.50	1.361727836	1.997823081
24	ㄹ/ETM_것/NNB	2	198	99.00	1.380211242	1.995635195
25	어/EC_지/VX	2	198	99.00	1.397940009	1.995635195
26	있/VV_는/ETM	2	198	99.00	1.414973348	1.995635195
27	것/NNB_은/JX	2	198	99.00	1.431363764	1.995635195
28	ㄹ/ETM_때/NNG	2	198	99.00	1.447158031	1.995635195
29	따르/VV_아/EC	2	198	99.00	1.462397998	1.995635195
30	지/VX_었/EP	2	198	99.00	1.477121255	1.995635195
…	…	…		…	…	…

[표 16]에서 보다시피, 문어 연속 표현 분포율 상위 30위에 2-gram이 28개 나타나고, 3-gram이 2개 나타났다. 그리고 '았/EP_다/EF, 이/VCP_다/EF, 고

/EC_있/VX, ㄹ/ETM_수/NNB, 는/ETM_것/NNB, 지/EC_않/VX, 이/VCP_ㄴ/ETM, 이/VCP_었/EP, ㄴ/ETM_것/NNB, 들/XSN_이/JKS, 있/VX_는/ETM, 었/EP_던/ETM, 아/EC_지/VX, 고/EC_있/VX_는/ETM' 등 14개 연속 표현이 분포율 100%에 달한다. 또한 빈도에서 1위인 '었/EP_다/EF'는 분포율 99.5%로 15위를 차지하였다. 기타 연속 표현의 순위를 봐도 빈도로 통계했을 때와 많은 차이를 보였다. 아래 <그림 18>은 위에서 제시한 목록에 따라 문어 연속 표현의 분포율과 순위의 관계를 산포도로 그린 것이다.

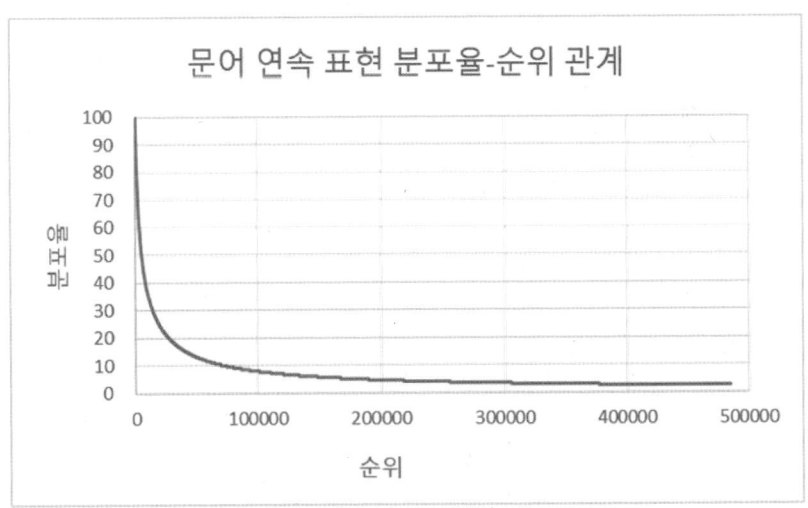

<그림 18> 문어 연속 표현 분포율-순위 관계 산포도

<그림 18>에서 보다시피, 가로 좌표는 문어 연속 표현을 1부터 484633까지 내림차순으로 배열한 것이고, 세로 좌표는 개별 연속 표현이 대응되는 분포율을 말한다. 그림 속의 문어 연속 표현의 분포율은 100부터 70까지 직선에 가까운 곡선으로 연결되었으며 연속 표현의 변화에 따라 분포율의

수치가 급격히 떨어지고 있음을 확인할수 있다. 그리고 70부터 2까지는 매끈한 곡선을 이루었고 분포율 수치의 변화가 그전보다 완만한 하강 추세를 이루고 있음을 확인할 수 있다. 그리고 2 이하부터는 아주 완만한 추세를 보이고 연결된 곡선은 아주 작은 차이로 수치가 떨어지고 있음을 알 수 있다.

또한 문어 말뭉치에서 나타난 연속 표현의 분포율-순위 곡선에 해당되는 로가리듬 곡선을 그리면 아래 <그림 19>와 같다.

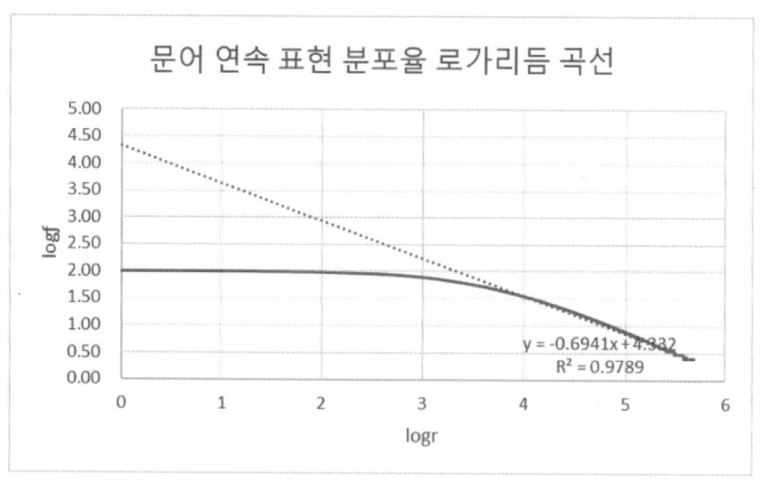

<그림 19> 문어 연속 표현 분포율 로가리듬 곡선

<그림 19>를 보면, 문어 연속 표현 분포율 로가리듬 곡선 처음에는 직선에 가까운 곡선이었다가 눈금 2부터 완만한 하강 추세인 곡선으로 유지하면서 선의 끝부분이 Z자로 변하고 있음을 확인할 수 있다. 또한 로가리듬 곡선에 단순선형회귀 맞춤 곡선을 만든 결과 단순선형회귀방정식 log$f$=-0.6941 log$r$+4.332을 얻었고 R^2 수치는 0.97을 넘었다. 이 결과는 문어 연속 표현 분포율과 순위는 높은 상관관계를 갖고 지프 법칙에 적용된다는 것을 설명한다.

4.3.3 구어 연속 표현 분포율

구어 말뭉치에서 추출한 2-gram부터 9-gram까지 연속 표현 분포율을 계산하고 내림차순으로 배열하여 리스트 형식으로 나타낼 수 있다. 다음으로 지프의 법칙에 적용 가능 여부를 판단하기 위하여 구어 연속 표현의 분포율에 해당되는 로가리듬 분포율과 로가리듬 순위를 계산하였다. 분포율 값이 가장 높은 순서대로 30개의 구어 연속 표현을 보이면 다음 [표 17]과 같다.

[표 17] 구어 연속 표현 분포율 상위 30

순위	구어 형태 그램	그램수	텍스트 수	구어 분포율	LOG 순위	LOG 분포율
1	거/NNB_이/VCP	2	566	99.47	0.000000	1.997704
2	는/ETM_거/NNB	2	566	99.47	0.301030	1.997704
3	ㄴ/ETM_거/NNB	2	565	99.30	0.477121	1.996936
4	을/JKO_하/VV	2	561	98.59	0.602060	1.993851
5	는/ETM_거/NNB_이/VCP	3	557	97.89	0.698970	1.990743
6	뭐/NP_이/VCP	2	556	97.72	0.778151	1.989963
7	ㄹ/ETM_수/NNB	2	555	97.54	0.845098	1.989181
8	고/EC_있/VX	2	554	97.36	0.903090	1.988397
9	들/XSN_이/JKS	2	552	97.01	0.954243	1.986827
10	지/EC_말/VX	2	552	97.01	1.000000	1.986827
11	잖/EPX_아/EF	2	547	96.13	1.041393	1.982875
12	ㄹ/ETM_때/NNG	2	547	96.13	1.079181	1.982875
13	어/EC_주/VX	2	545	95.78	1.113943	1.981284
14	는/ETM_것/NNB	2	545	95.78	1.146128	1.981284
15	지/EC_않/VX	2	544	95.61	1.176091	1.980487
16	ㄴ/ETM_거/NNB_이/VCP	3	544	95.61	1.204120	1.980487
17	내/NP_가/JKS	2	539	94.73	1.230449	1.976476
18	았/EP_어/EF	2	539	94.73	1.255273	1.976476
19	하/VV_ㄹ/ETM	2	539	94.73	1.278754	1.976476
20	것/NNB_이/JKS	2	538	94.55	1.301030	1.975670
21	었/EP_어요/EF	2	538	94.55	1.322219	1.975670
22	되/VV_었/EP	2	537	94.38	1.342423	1.974862

23	여/EC_주/VX	2	535	94.02	1.361728	1.973242
24	고/EC_싶/VX	2	535	94.02	1.380211	1.973242
25	이/VCP_지/EF	2	533	93.67	1.397940	1.971615
26	어/EC_보/VX	2	533	93.67	1.414973	1.971615
27	ㄹ/ETM_수/NNB_있/VA	3	531	93.32	1.431364	1.969982
28	나/NP_의/JKG	2	530	93.15	1.447158	1.969164
29	은/ETM_거/NNB	2	530	93.15	1.462398	1.969164
30	이/VCP_야/EF	2	529	92.97	1.477121	1.968343
…	…	…	…	…	…	…

[표 17]에서 보다시피, 구어 연속 표현 분포율 상위 30위에 2-gram은 27개 나타나고 3-gram은 3개 나타났다. 그리고 순위를 보면 역시 '거/NNB_이/VCP'가 '는/ETM_거/NNB'와 함께 1위를 차지하였지만 빈도에서 2위였던 '이/VCP_야/EF'는 분포율 92.97%로 30위를 차지하였다. 기타 연속 표현도 빈도 순위와 많은 차이를 보였다. 아래 <그림 20>은 [표 17]에 따라 구어 연속 표현의 분포율과 순위의 관계를 산포도로 그린 것이다.

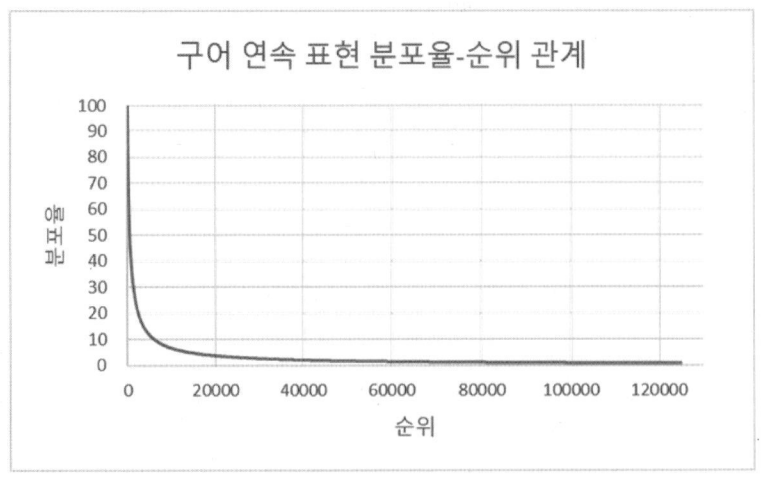

<그림 20> 구어 연속 표현 분포율-순위 관계 산포도

<그림 20>에서 보다시피, 가로 좌표는 구어 연속 표현을 1부터 124854까지 내림차순으로 배열한 것이다. 세로 좌표는 개별 연속 표현이 대응되는 분포율을 말한다. 그림 속의 구어 연속 표현의 분포율은 100부터 50까지 직선에 가까운 곡선으로 연결되었으며 연속 표현의 변화에 따라 분포율의 수치가 급격히 떨어지고 있다는 것을 알 수 있다. 그리고 50부터 2까지는 매끈한 곡선을 이루면서 분포율 수치의 변화가 그전보다 완만한 하강 추세를 이루고 있음을 확인할 수 있다. 그리고 2 이하부터는 변화 추세가 아주 완만하고 연결된 곡선이 아주 작은 차이로 수치가 떨어지고 있으므로 거의 변화가 없음을 확인할 수 있다.

또한 구어 말뭉치에서 나타난 연속 표현의 분포율-순위 곡선에 해당되는 로가리듬 곡선을 그리면 아래 <그림 21>과 같다.

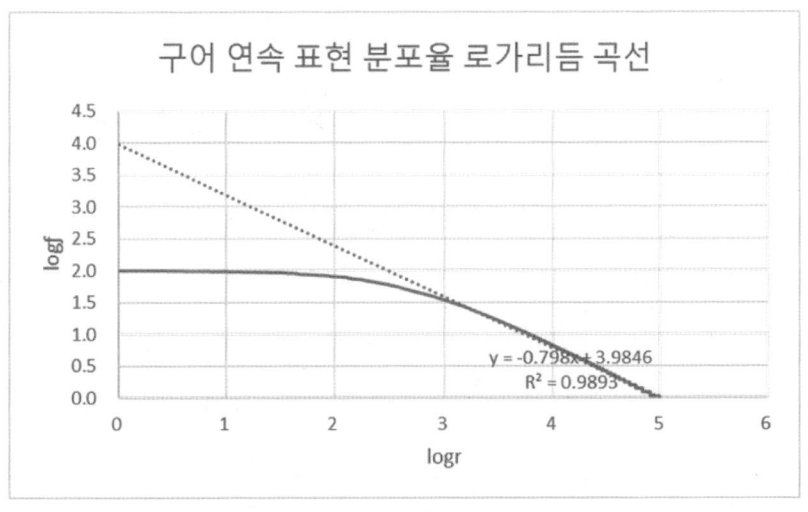

<그림 21> 구어 연속 표현 분포율 로가리듬 곡선

<그림 21>을 보면 구어 연속 표현 분포율의 로가리듬 곡선은 문어와 비슷하다. 분포율이 높은 구어 연속 표현일 때는 직선에 가까운 곡선을 유지하다가 눈금1에서 서서히 하강 추세를 보이면서 완만한 곡선을 유지했고 선의 끝부분은 문어와 마찬가지로 Z자로 되면서 곡선이 떨어지고 있음을 확인할 수 있다. 또한 로가리듬 곡선에 단순선형회귀 맞춤 곡선을 만든 결과 단순선형회귀방정식 $\log f=-0.798\log r+3.9846$을 얻었고 R^2 수치는 0.98을 넘었다. 이 결과는 구어 연속 표현 분포율과 순위는 높은 상관관계를 갖고 지프 법칙에 적용된다는 것을 설명한다.

4.3.4 연속 표현의 종합 분포율

문어와 구어 두 말뭉치에서 추출한 연속 표현의 분포율로부터 우리는 두 말뭉치에서 고분포율로 사용되는 연속 표현이 서로 다르다는 것을 알 수 있다. 따라서 우리는 두 말뭉치의 연속 표현 분포율로부터 종합 분포율을 구할 수 있다. 종합 분포율을 구하는 방법은 종합 빈도를 구하는 방법과 같다. 우선, 문어와 구어 말뭉치에서의 연속 표현 분포율을 구한다. 다음, 각 말뭉치에서 얻은 개별 연속 표현의 분포율을 합해서 2로 나누면 종합 분포율을 구할 수 있다. 마지막으로 종합 분포율 값을 내림차순으로 배열하면 다음과 같다.

[표 18] 연속 표현 종합 분포율 순위

순위	형태 연속 표현	그램	문어 분포율	구어 분포율	종합 분포율	LOG 순위	LOG 종합 분포율
1	ㄹ/ETM_수/NNB	2	100.00	97.54	98.77	0.000000	1.994624
2	고/EC_있/VX	2	100.00	97.36	98.68	0.301030	1.994237
3	들/XSN_이/JKS	2	100.00	97.01	98.51	0.477121	1.993463

4	을/JKO_하/VV	2	98.00	98.59	98.30	0.602060	1.992540
5	는/ETM_것/NNB	2	100.00	95.78	97.89	0.698970	1.990743
6	지/EC_않/VX	2	100.00	95.61	97.80	0.778151	1.990353
7	ㄹ/ETM_때/NNG	2	99.00	96.13	97.57	0.845098	1.989302
8	어/EC_주/VX	2	98.00	95.78	96.89	0.903090	1.986284
9	되/VV_었/EP	2	98.50	94.38	96.44	0.954243	1.984248
10	ㄹ/ETM_수/NNB_있/VA	3	99.50	93.32	96.41	1.000000	1.984126
11	것/NNB_이/JKS	2	98.00	94.55	96.28	1.041393	1.983518
12	하/VV_ㄹ/ETM	2	97.50	94.73	96.11	1.079181	1.982786
13	수/NNB_있/VA	2	99.50	92.27	95.88	1.113943	1.981744
14	이/VCP_었/EP	2	100.00	91.04	95.52	1.146128	1.980087
15	ㄴ/ETM_것/NNB	2	100.00	90.33	95.17	1.176091	1.978486
16	어/EC_보/VX	2	96.50	93.67	95.09	1.204120	1.978119
17	이/VCP_ㄴ/ETM	2	100.00	90.16	95.08	1.230449	1.978085
18	하/VV_여/EC	2	96.50	92.97	94.74	1.255273	1.976511
19	같/VA_은/ETM	2	99.50	87.87	93.69	1.278754	1.971678
20	지/EC_말/VX	2	89.00	97.01	93.01	1.301030	1.968512
21	를/JKO_하/VV	2	97.50	87.70	92.60	1.322219	1.966606
22	하/VV_는/ETM	2	98.00	86.64	92.32	1.342423	1.965303
23	고/EC_싶/VX	2	90.50	94.02	92.26	1.361728	1.965024
24	게/EC_되/VV	2	98.00	85.94	91.97	1.380211	1.963647
25	이/JKC_아니/VCN	2	97.50	85.59	91.54	1.397940	1.961632
26	나/NP_의/JKG	2	89.50	93.15	91.32	1.414973	1.960580
27	때문/NNB_에/JKB	2	97.50	84.71	91.11	1.431364	1.959542
28	사람/NNG_들/XSN	2	95.00	86.99	91.00	1.447158	1.959029
29	어/EC_있/VX	2	98.50	83.30	90.90	1.462398	1.958574
30	내/NP_가/JKS	2	87.00	94.73	90.86	1.477121	1.958391
…	…	…	…	…	…	…	…

[표 18]에서 보다시피, 연속 표현 종합 분포율 상위 30위에서 2-gram은 29개가 나타나고, 3-gram은 1개가 나타났다. 종합 분포율에서는 종합 빈도 순위와 달리 'ㄹ/ETM_수/NNB'가 1위를 차지하였다. 그리고 유일하게 3-

gram 연속 표현 'ㄹ/ETM_수/NNB_있/VA'만 종합 분포율 상위 30위에 들었다. [표 18]에 따라 연속 표현 종합 분포율과 순위의 관계를 산포도로 나타내면 아래 <그림 22>와 같다.

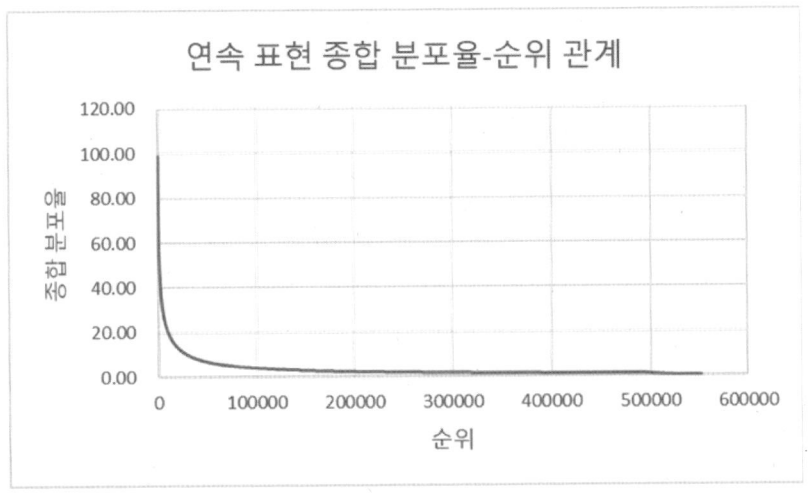

<그림 22> 연속 표현 종합 분포율-순위 관계

<그림 22>를 보면 연속 표현 종합 분포율과 순위 관계는 문어, 구어와 비슷한 구도를 이루었다. 가로 좌표는 1부터 551638까지 두 말뭉치에서 출현한 모든 연속 표현을 내림차순으로 배열한 것이다. 세로 좌표는 개별 연속 표현이 대응되는 종합 분포율을 말한다. 그림 속의 연속 표현 종합 분포율 수치를 관찰해 보면 분포율 40 이상의 연속 표현은 98.77부터 40까지 직선에 가까운 곡선으로 연결되었으며 연속 표현의 변화에 따라 분포율의 수치가 급격히 떨어지고 있음을 확인할 수 있다. 그리고 40부터 2까지는 매끈한 곡선을 이루었고 분포율 수치의 변화가 그전보다 완만한 하강 추세를 이루고

있음을 확인할 수 있다. 그리고 2 이하부터는 아주 완만한 추세를 보이고 연결된 곡선은 아주 작은 차이로 수치가 떨어지고 있음을 확인할 수 있다.

또한 두 말뭉치에서 나타난 연속 표현의 종합 분포율-순위 곡선에 해당되는 로가리듬 곡선을 그리면 아래 <그림 23>과 같다.

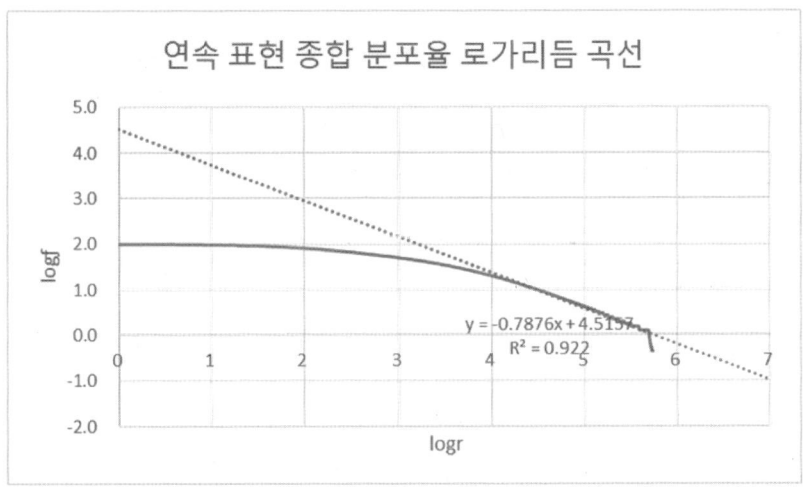

<그림 23> 연속 표현 종합 분포율 로가리듬 곡선

<그림 23>을 보면 연속 표현 종합 분포율의 로가리듬 곡선은 감소함수를 형성하였다. 그리고 분포율이 높은 연속 표현일 때는 직선에 가까운 곡선이었다가 눈금 1.5부터 완만한 하강 추세인 곡선으로 유지하면서 선의 끝부분이 Z자로 변하면서 마지막은 하락 추세를 보였다. 또한 로가리듬 곡선에 단순선형회귀 맞춤 곡선을 만든 결과 단순현형회귀방정식 $logf=-0.7876logr+4.5157$을 얻었고 R^2 수치는 0.922에 달했다. 이 결과는 연속 표현 종합 분포율과 순위는 높은 상관관계를 갖고 지프 법칙에 적용된다는 것을 설명한다.

4.4 연속 표현의 사용도 분석

이 절에서는 한국어 문어와 구어에서 추출한 연속 표현 사용도에 기반한 전체적 분포 양상을 살펴보고자 한다. 앞서 논의는 규모가 서로 다른 문어와 구어 말뭉치를 대상으로 연속 표현의 출현 빈도와 분포율을 계산하여 연구를 진행하였다. 하지만 앞서 논의한 바와 같이, 출현 빈도와 분포율의 작용은 다르고 서로 다른 장단점이 있으므로 이 절에서는 두 가지를 모두 고려한 사용도를 구하여 연속 표현을 고찰할 것이다. 사용도는 일차적인 빈도수와 출현 텍스트 수로 통계한 수치의 결함을 보완할 수 있고 이차적인 출현 빈도와 분포율로 통계한 수치를 종합적으로 사용하여 더욱 전면적이고 정확하게 연속 표현 사용 양상을 고찰할 수 있다는 점에서 의의가 있다.

4.4.1 연속 표현 사용도 통계적 분석

아래 [표 19]는 SPSS26 통계처리 프로그램을 활용하여 문어와 구어 말뭉치에서 추출한 연속 표현의 출현 빈도와 분포율을 곱해서 구한 개별 연속 표현이 해당 말뭉치에서의 사용도를 통계학적 방법으로 계산하여 나온 수치들이다.

[표 19] 문어 및 구어 연속 표현 사용도 통계

		문어 사용도	구어 사용도
개별 수(个案数)	유효	484632	124854
평균치(均値)		2063.35	8009.26
평균치 표준 오차(均値标准误差)		74.499	443.337
중앙치 (中位数)		67	133
최빈값 (众数)		23	46
표준 편차 (标准差)		51862.926	156651.69
왜도 (偏度)		144.205	72.929

왜도 표준오차 (偏度标准误差)		0.004	0.007
첨도 (峰度)		31049.056	8074.05
첨도 표준 오차 (峰度标准误差)		0.007	0.014
최소치 (最小値)		23	46
최대치 (最大値)		15274409	23543324
백분위수(百分位)	25	33	66
	50	67	133
	75	221	470

 [표 19]에서 보인 바와 같이, 문어와 구어 말뭉치에서 연속 표현의 사용도는 차이가 있다. 우선, 연속 표현 사용도의 평균치를 보면 문어보다 구어에서 훨씬 높다. 그리고 평균치 표준 오차도 문어보다 구어에서 수치가 더욱 높게 나왔다. 이는 구어에서 연속 표현 사용도가 문어보다 높지만 파동이 문어보다 크다는 것을 의미한다. 둘째, 연속 표현 사용도의 중앙치와 최빈값을 보면 모두 구어가 문어보다 더 높다는 것을 확인할 수 있다. 이는 문어에서 사용도가 낮은 연속 표현이 구어보다 많이 나타나고 있음을 의미한다. 셋째, 연속 표현의 왜도 수치를 보면 문어에서의 수치가 구어보다 크다는 것을 확인할 수 있다. 이는 문어와 구어에서의 많은 연속 표현이 사용도 평균값 이하로 나타나고 있음을 의미한다. 따라서 문어에서 왜도의 수치가 더 크므로 구어보다 낮은 사용도의 연속 표현이 더 많이 나타나고 있음을 의미한다. 넷째, 연속 표현 사용도의 첨도 수치를 보면 역시 문어는 구어보다 3배 정도 크게 나타나고 있음을 확인할 수 있다. 이는 그래프에서 문어 연속 표현 사용도의 그래프 분포가 구어보다 높고 날카롭기 때문에 데이터의 꼬리가 더 굵고 특이치가 더 많다는 것을 설명한다.
 출현 빈도와 마찬가지로 다음은 가장 높은 사용도인 연속 표현의 사용 양상을 파악하기 위해 상위 300인 연속 표현을 사용도 위주로 살펴볼 것이다.

[표 20] 문어 및 구어 상위 300위 연속 표현 사용도 비교

	N	최소치	최대치	평균치		표준 편차	평방 편차	왜도		첨도	
	통계	통계	통계	통계	표준 오차	통계	통계	통계	표준 오차	통계	표준 오차
문어 사용도	300	411523	15274409	1252188	93235.62	1614888	2.60786E+12	4.979	0.141	31.934	0.281
구어 사용도	300	579988	23543324	1999533	141842.8	2456790	6.03582E+12	4.956	0.141	33.094	0.281

[표 20]에서 보다시피, 첫째, 상위 300 위 연속 표현 사용도 평균치를 보면 역시 문어보다 구어가 많고 평균치 표준 오차도 구어에서의 수치가 더 크지만 전체 연속 표현 사용도를 대상했을 때보다 문어와의 차이는 적다. 이는 연속 표현이 사용도가 높을 때는 문어와 구어가 비슷하다는 것을 설명한다. 둘째, 연속 표현 사용도의 왜도 수치를 보면 역시 문어의 수치가 더 크지만 구어와의 차이는 아주 작다. 셋째, 연속 표현 사용도 첨도 수치를 보면 전체 순위의 사용도를 대상했을 때와 달리 작은 차이이지만 구어가 문어보다 더 많이 나왔다. 이는 고사용도 연속 표현일 때 그래프에서 구어의 분포가 더 높고 날카로울 뿐만 아니라 데이터의 꼬리가 더 굵다는 것을 설명한다. SPSS26 통계처리 프로그램을 활용하여 두 가지 수치를 히스토그램으로 직관적으로 제시하면 아래 <그림 24>, <그림 25>와 같다.

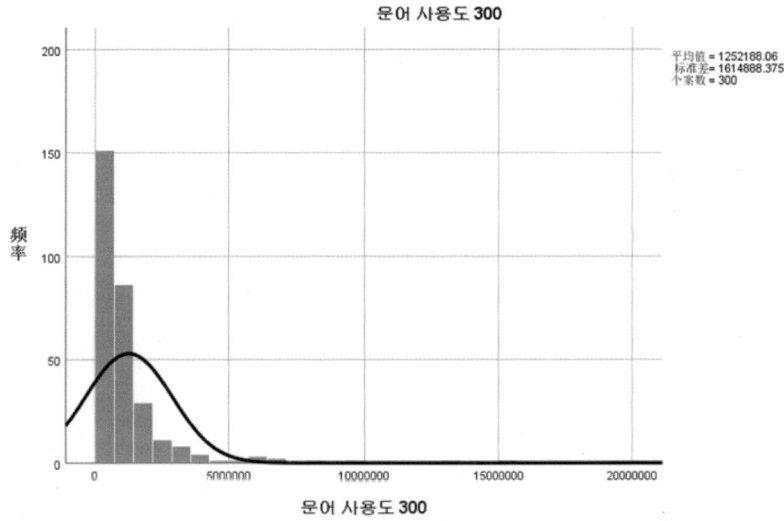

<그림 24> 문어 상위 300 빈도 히스토그램

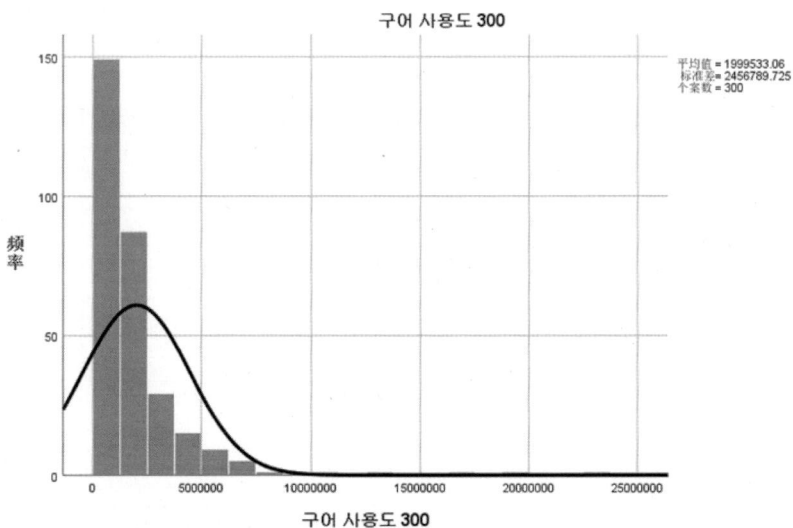

<그림 25> 구어 상위 300 빈도 히스토그램

제4장 한국어 연속 표현의 분포적 양상 **105**

4.4.2 문어 연속 표현 사용도

위에서 구한 연속 표현의 출현 빈도와 분포율을 곱하면 사용도를 구할 수 있다. 문어 말뭉치에서 추출한 2-gram에서 9-gram까지의 연속 표현 사용도를 계산하고 내림차순으로 배열하여 리스트 형식으로 나타낼 수 있다. 다음으로 지프 법칙에 적용 가능 여부를 판단하기 위하여 문어 연속 표현의 사용도에 해당되는 로가리듬 사용도와 로가리듬 순위를 계산하였다. 사용도 값이 가장 높은 순서대로 30개의 문어 연속 표현을 보이면 다음 [표 21]과 같다.

[표 21] 문어 연속 표현 사용도 상위 30

순위	형태 그램	그램 수	출현 빈도	분포율	문어 사용도	log 순위	log 사용도
1	었/EP_다/EF	2	0.592208	99.50	15274409	0.000000	7.183964
2	았/EP_다/EF	2	0.500060	100.00	12962505	0.301030	7.112689
3	이/VCP_다/EF	2	0.377510	100.00	9785788	0.477121	6.990596
4	고/EC_있/VX	2	0.326498	100.00	8463455	0.602060	6.927548
5	것/NNB_이/VCP	2	0.262468	98.50	6701618	0.698970	6.826180
6	ㄹ/ETM_수/NNB	2	0.250044	100.00	6481624	0.778151	6.811684
7	는/ETM_것/NNB	2	0.247783	100.00	6423002	0.845098	6.807738
8	지/EC_않/VX	2	0.235144	100.00	6095387	0.903090	6.785001
9	이/VCP_ㄴ/ETM	2	0.234686	100.00	6083514	0.954243	6.784154
10	이/VCP_었/EP	2	0.200936	100.00	5208636	1.000000	6.716724
11	ㄴ/ETM_것/NNB	2	0.188927	100.00	4897346	1.041393	6.689961
12	수/NNB_있/VA	2	0.160630	99.50	4143011	1.079181	6.617316
13	들/XSN_이/JKS	2	0.146023	100.00	3785199	1.113943	6.578089
14	적/XSN_이/VCP	2	0.155262	93.00	3742967	1.146128	6.573216
15	ㄹ/ETM_수/NNB_있/VA	3	0.144456	99.50	3725848	1.176091	6.571225
16	것/NNB_이/VCP_다/EF	3	0.134243	96.00	3340651	1.204120	6.523831
17	이/VCP_었/EP_다/EF	3	0.133406	96.00	3319814	1.230449	6.521114
18	적/XSN_이/VCP_ㄴ/ETM	3	0.128125	93.00	3088745	1.255273	6.489782
19	에/JKB_는/JX	2	0.119336	99.50	3077955	1.278754	6.488262
20	있/VX_다/EF	2	0.121369	95.50	3004533	1.301030	6.477777

21	에/JKB_대하/VV	2	0.116323	98.00	2955015	1.322219	6.470560
22	있/VX_는/ETM	2	0.113876	100.00	2951876	1.342423	6.470098
23	들/XSN_은/JX	2	0.116230	97.50	2937587	1.361728	6.467991
24	어/EC_있/VX	2	0.110383	98.50	2818426	1.380211	6.450007
25	ㄹ/ETM_것/NNB	2	0.105481	99.00	2706927	1.397940	6.432477
26	을/JKO_하/VV	2	0.104229	98.00	2647769	1.414973	6.422880
27	어/EC_지/VX	2	0.100758	99.00	2585713	1.431364	6.412580
28	있/VV_는/ETM	2	0.096149	99.00	2467438	1.447158	6.392246
29	것/NNB_이/JKS	2	0.094424	98.00	2398700	1.462398	6.379976
30	것/NNB_은/JX	2	0.092792	99.00	2381302	1.477121	6.376815
…	…	…	…	…	…	…	…

[표 21]에서 보다시피, 문어 연속 표현 사용도 상위 30위에 2-gram은 26개 나타나고 3-gram은 4개 나타났다. 사용도 순위 상위 12까지 연속 표현 빈도 순위와 같다. 하지만 빈도 순위에서 14위인 '들/XSN_이/JKS'가 13위인 '적/XSN_이/VCP'보다 분포율이 높아 사용도에서는 순위가 뒤바뀌졌다. [표 21]에 따라 문어 말뭉치에서 추출한 연속 표현의 사용도와 순위의 관계를 산포도로 나타내면 아래 <그림 26>과 같다.

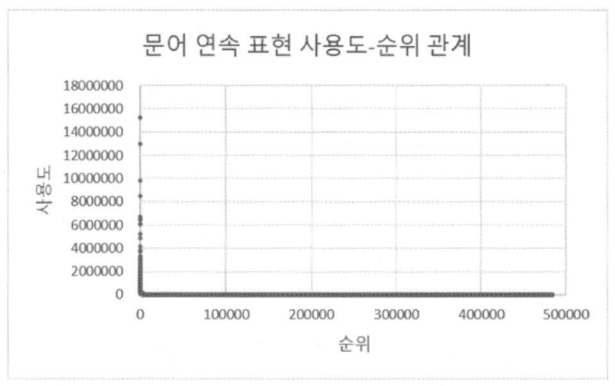

<그림 26> 문어 연속 표현 사용도-순위 관계 산포도

<그림 26>을 보면, 가로 좌표는 1부터 484632까지 문어 연속 표현을 내림차순으로 배열한 것이고, 세로 좌표는 개별 연속 표현이 대응되는 사용도를 말한다. 그림 속의 문어 연속 표현의 사용도 수치를 관찰해 보면 사용도 300만 이상의 연속 표현은 점상으로 분포되었고, 300만 이하 22만 이상의 연속 표현은 직선에 가까운 곡선으로 연결되었으며 사용도의 수치가 급격히 떨어지고 있음을 확인할 수 있다. 그리고 22만 이하 2천 이상의 연속 표현은 매끈한 곡선을 이루면서 사용도의 변화가 그전보다 완만한 추세를 이루고 있다. 그리고 사용도 2000 이하의 연속 표현은 거의 변화가 없어 연결된 점은 직선에 가깝다.

문어 연속 표현의 사용도-순위 곡선에 해당되는 로가리듬 관계 곡선을 그리면 다음 <그림 27>과 같은데 전반적으로 감소함수를 유지하였다.

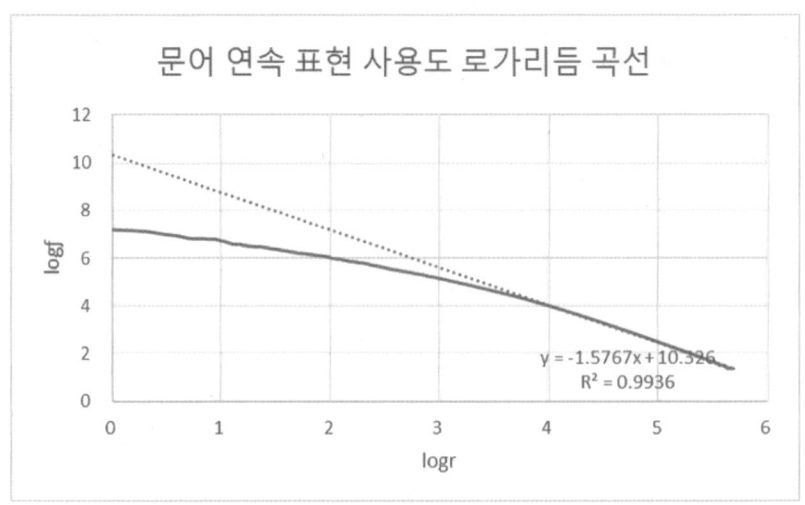

<그림 27> 문어 연속 표현 사용도 로가리듬 곡선

<그림 27>을 보면 문어 연속 표현 사용도의 로가리듬 관계 곡선은 출현 빈도와 분포율의 로가리듬 관계 곡선과 비슷한 구도를 갖고 있다. 문어 연속 표현 사용도 로가리듬 곡선도 정수 7.2로부터 점점 감소되고 있다. 그리고 사용도가 높은 문어 연속 표현일 때는 고르지 않는 선형에서 점점 매끈한 곡선으로 변하면서 완만한 하강 추세를 보였다. 그리고 선의 끝부분은 마찬가지로 고르지 않은 선으로 변하고 있음을 확인할 수 있다. 또한 로가리듬 곡선에 단순선형회귀 맞춤 곡선을 만든 결과 단순선형회귀방정식 $\log f = -1.5767 \log r + 10.326$을 얻었고 R^2 수치는 0.99를 넘었다. 이 결과는 문어 연속 표현 사용도와 순위는 높은 상관관계를 갖고 지프 법칙에 적용된다는 것을 설명한다.

4.4.3 구어 연속 표현 사용도

구어 말뭉치에서 추출한 2-gram에서 9-gram까지 연속 표현 사용도를 계산하고 내림차순으로 배열하여 리스트 형식으로 나타낼 수 있다. 다음으로 지프의 법칙에 적용 가능 여부를 판단하기 위하여 구어 연속 표현의 사용도에 해당되는 로가리듬 사용도와 로가리듬 순위를 계산하였다. 사용도 값이 가장 높은 순서대로 30개 구어 연속 표현을 보이면 다음 [표 22]와 같다.

[표 22] 구어 연속 표현 사용도 상위 30

순위	형태 그램	그램 수	출현 빈도	분포율	구어 사용도	log 순위	log 사용도
1	거/NNB_이/VCP	2	0.652297	99.47	23543324	0.000000	7.371868
2	이/VCP_야/EF	2	0.582151	92.97	19638002	0.301030	7.293097
3	는/ETM_거/NNB	2	0.465588	99.47	16804440	0.477121	7.225424
4	ㄴ/ETM_거/NNB	2	0.349111	99.30	12578199	0.602060	7.099618
5	내/NP_가/JKS	2	0.311683	94.73	10712915	0.698970	7.029908

6	는/ETM_거/NNB_이/VCP	3	0.227346	97.89	8075105	0.778151	6.907148
7	뭐/NP_이/VCP	2	0.211334	97.72	7492901	0.845098	6.874650
8	ㄹ/ETM_수/NNB	2	0.211132	97.54	7472264	0.903090	6.873452
9	거/NNB_이/VCP_야/EF	3	0.227548	89.98	7429323	0.954243	6.870949
10	잖/EPX_아/EF	2	0.201594	96.13	7031866	1.000000	6.847071
11	고/EC_있/VX	2	0.177541	97.36	6268252	1.041393	6.797146
12	시/EP_에요/EF	2	0.172518	92.97	5819642	1.079181	6.764896
13	ㄹ/ETM_거/NNB	2	0.183241	87.17	5795754	1.113943	6.763110
14	을/JKO_하/VV	2	0.154599	98.59	5530628	1.146128	6.742774
15	이/VCP_에요/EF	2	0.170119	87.35	5391575	1.176091	6.731716
16	ㄴ/ETM_거/NNB_이/VCP	3	0.153905	95.61	5338971	1.204120	6.727458
17	들/XSN_이/JKS	2	0.151362	97.01	5327957	1.230449	6.726561
18	었/EP_어/EF	2	0.164686	87.70	5240371	1.255273	6.719362
19	어/EC_주/VX	2	0.148385	95.78	5156932	1.278754	6.712391
20	지/EC_말/VX	2	0.142402	97.01	5012572	1.301030	6.700061
21	하/VV_여/EC	2	0.147257	92.97	4967512	1.322219	6.696139
22	하/VV_였/EP	2	0.162113	82.78	4869063	1.342423	6.687445
23	지/EC_않/VX	2	0.134078	95.61	4651171	1.361728	6.667562
24	았/EP_어/EF	2	0.134309	94.73	4616368	1.380211	6.664300
25	는/ETM_것/NNB	2	0.128471	95.78	4464854	1.397940	6.649807
26	안/MAG_되/VV	2	0.140697	85.41	4360395	1.414973	6.639526
27	여/EC_주/VX	2	0.127228	94.02	4340531	1.431364	6.637543
28	수/NNB_있/VA	2	0.128182	92.27	4291330	1.447158	6.632592
29	것/NNB_이/JKS	2	0.124540	94.55	4272655	1.462398	6.630698
30	나/NP_의/JKG	2	0.125552	93.15	4243310	1.477121	6.627705
...	...	...	...	...	...	...	...

[표 22]에서 보다시피, 구어 연속 표현 사용도 상위 30위에서 2-gram은 27개 나타나고 3-gram은 3개 나타났다. 구어 연속 표현 사용도의 순위를 보면 상위 5위까지는 빈도 순위와 같다. 하지만 6위부터는 분포율의 영향으로 순위가 조금씩 다르다. [표 22]에 따라 구어 연속 표현 사용도와 순위의 관계를 산포도로 그리면 아래 <그림 28>과 같다.

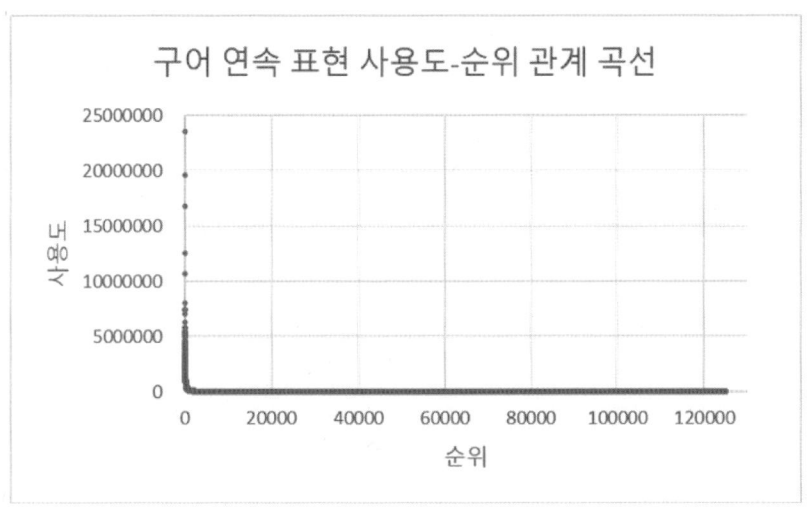

<그림 28> 구어 연속 표현 사용도-순위 관계 곡선

　<그림 28>을 보면, 가로 좌표는 구어 연속 표현을 내림차순으로 배열한 것이고, 세로 좌표는 개별 연속 표현이 대응되는 사용도를 말한다. 그림 속의 구어 연속 표현 사용도의 수치를 관찰해 보면, 500만 이상의 연속 표현은 점상으로 분포되었고, 500만 이하 250만 이상의 연속 표현은 직선에 가까운 곡선을 이루었고 사용도 수치가 급격히 떨어져 있음을 확인할 수 있다. 그리고 250만 이하 1만 이상의 연속 표현의 사용도는 매끈한 곡선을 이루면서 완만히 하강하는 추세를 보였다. 그리고 1만 이하부터 연속 표현의 사용도는 거의 변화가 없는 직선을 이루었다.

　따라서 구어 연속 표현의 사용도-순위 곡선에 해당되는 로가리듬 관계 곡선을 그리면 <그림 29>와 같다.

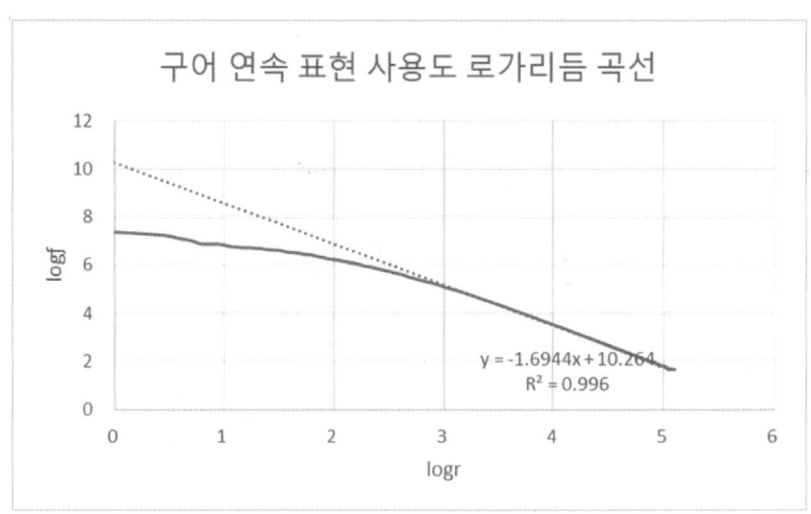

<그림 29> 구어 연속 표현 사용도 로가리듬 곡선

    <그림 29>를 보면 구어 연속 표현 사용도의 로가리듬 관계 곡선도 출현 빈도와 분포율의 로가리듬 관계 곡선과 비슷한 구도로 선형감소함수를 유지하고 있다. 사용도가 높은 구어 연속 표현일 때는 고르지 않는 선형에서 점차 매끈한 곡선으로 변하면서 완만한 하강 추세를 보였다. 그리고 선의 끝부분은 문어와 마찬가지로 고르지 않는 곡선으로 변하면서 수치가 떨어지고 있음을 확인할 수 있다. 또한 로가리듬 곡선에 단순선형회귀 맞춤 곡선을 만든 결과 단순선형회귀방정식 $\log f = -1.6944 \log r + 10.264$를 얻었고 R^2 수치는 0.99를 넘었다. 이 결과는 구어 연속 표현 사용도와 순위는 높은 상관관계를 갖고 지프 법칙에 적용된다는 것을 설명한다.

4.4.4 연속 표현의 종합 사용도

문어와 구어 두 말뭉치에서 추출한 연속 표현의 사용도로부터 우리는 두 말뭉치에서 고사용도로 출현한 연속 표현이 서로 다르다는 것을 확인할 수 있다. 따라서 우리는 두 말뭉치의 연속 표현 사용도로부터 종합 사용도를 구할 수 있다. 종합 사용도를 구하는 방법은 종합 빈도와 종합 분포율을 구하는 방법과 같다. 우선 서로 다른 말뭉치에서 연속 표현의 사용도를 구한다. 다음, 각 말뭉치에서 얻은 개별 연속 표현의 사용도를 합해서 2로 나누면 종합 사용도를 얻을 수 있다. 마지막으로 종합 사용도 값을 내림차순으로 배열하면 아래와 같다.

[표 23] 연속 표현 종합 사용도 순위

순위	형태 연속 표현	그램	문어 사용도	구어 사용도	종합 사용도	log 순위	log사용도
1	거/NNB_이/VCP	2	570065	23543324	12056694	0	7.081228
2	이/VCP_야/EF	2	475506	19638002	10056754	0.301030	7.002458
3	는/ETM_거/NNB	2	198333	16804440	8501387	0.477121	6.929490
4	었/EP_다/EF	2	15274409	1321731	8298070	0.602060	6.918977
5	고/EC_있/VX	2	8463455	6268252	7365853	0.698970	6.867223
6	ㄹ/ETM_수/NNB	2	6481624	7472264	6976944	0.778151	6.843665
7	았/EP_다/EF	2	12962505	835716	6899111	0.845098	6.838793
8	ㄴ/ETM_거/NNB	2	79251	12578199	6328725	0.903090	6.801316
9	이/VCP_다/EF	2	9785788	2144345	5965066	0.954243	6.775615
10	내/NP_가/JKS	2	1026317	10712915	5869616	1	6.768610
11	는/ETM_것/NNB	2	6423002	4464854	5443928	1.041393	6.735912
12	지/EC_않/VX	2	6095387	4651171	5373279	1.079181	6.730239
13	이/VCP_ㄴ/ETM	2	6083514	3408487	4746000	1.113843	6.676328
14	들/XSN_이/JKS	2	3785199	5327957	4556578	1.146128	6.658639
15	수/NNB_있/VA	2	4143011	4291330	4217170	1.176091	6.625021
16	는/ETM_거/NNB_이/VCP	3	149453	8075105	4112279	1.204120	6.614083

17	을/JKO_하/VV	2	2647769	5530628	4089199	1.230449	6.611638
18	이/VCP_었/EP	2	5208636	2808739	4008688	1.255273	6.603002
19	뭐/NP_이/VCP	2	342976	7492901	3917938	1.278754	6.593058
20	ㄴ/ETM_것/NNB	2	4897346	2909256	3903301	1.301030	6.591432
21	것/NNB_이/VCP	2	6701618	1085102	3893360	1.322219	6.590325
22	ㄹ/ETM_수/NNB_있/VA	3	3725848	3855936	3790892	1.342423	6.578741
23	거/NNB_이/VCP_야/EF	3	134905	7429323	3782114	1.361728	6.577735
24	잖/EPX_아/EF	2		7031866	3515933	1.380211	6.546041
25	어/EC_주/VX	2	1617677	5156932	3387304	1.397940	6.529854
26	하/VV_였/EP	2	1875655	4869063	3372359	1.414973	6.527934
27	것/NNB_이/JKS	2	2398700	4272655	3335677	1.431364	6.523184
28	ㄹ/ETM_거/NNB	2	112844	5795754	2954299	1.447158	6.470454
29	하/VV_여/EC	2	883641	4967512	2925576	1.462398	6.466211
30	시/EP_에요/EF	2		5819642	2909821	1.477121	6.463866
…	…	…	…	…	…	…	…

[표 23]에서 보다시피, 연속 표현 종합 사용도 상위 30위에서 2-gram은 27개가 나타나고, 3-gram은 3개가 나타났다. 종합 사용도에서 1위는 종합 빈도와 마찬가지로 '거/NNB_이/VCP'가 차지하고, 종합 분포율에서 1위를 차지한 'ㄹ/ETM_수/NNB'는 종합 사용도에서는 6위를 차지하였다. 그리고 종합 빈도 상위 30에서 출현한 3-gram 연속 표현 '는/ETM_거/NNB_이/VCP, ㄹ/ETM_수/NNB_있/VA, 거/NNB_이/VCP_야/EF'는 종합 사용도 상위 30위에도 출현하였지만 순위는 분포율의 영향으로 동일하지는 않았다. [표 23]에 따라 연속 표현의 종합 사용도와 순위의 관계를 산포도로 나타내면 아래 그림과 같다.

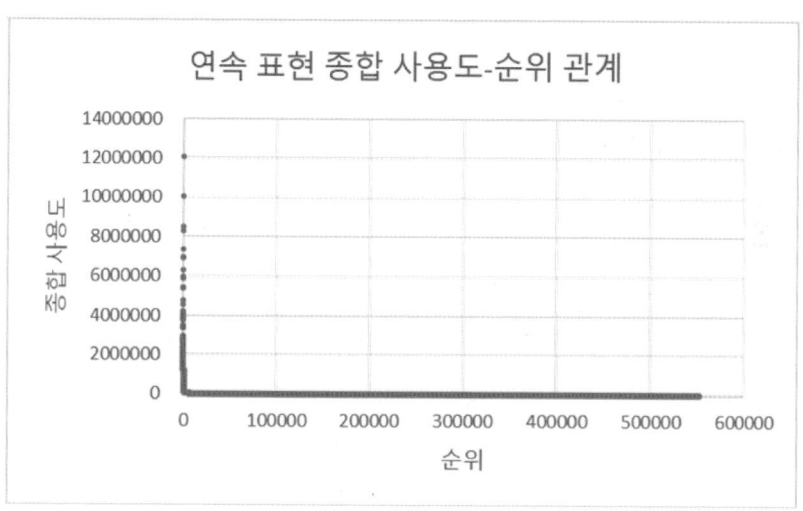

<그림 30> 연속 표현 종합 사용도-순위 관계 산포도

<그림 30>을 보면, 연속 표현 종합 사용도와 순위 관계는 문어, 구어와 비슷한 구도를 이루었다. 가로 좌표는 역시 1부터 551638까지 두 말뭉치에서 출현한 모든 연속 표현을 내림차순으로 배열한 것이다. 세로 좌표는 개별 연속 표현이 대응되는 종합 사용도를 말한다. 그림 속의 연속 표현 종합 사용도 수치를 관찰해 보면 종합 사용도 300만 이상의 연속 표현은 점상으로 분포되었고, 300만 이하 50만 이상의 연속 표현은 직선에 가까운 곡선으로 연결되었으며 종합 사용도 수치가 급격히 떨어지고 있음을 확인할 수 있다. 그리고 50만 이하 1만 이상의 연속 표현은 매끈한 곡선을 이루면서 종합 사용도의 변화가 그전보다 완만한 추세를 이루고 있다. 그리고 종합 사용도 1만 이하의 연속 표현은 거의 변화가 없어 연결된 점은 직선에 가깝다.

연속 표현의 종합 사용도-순위 곡선에 해당되는 로가리듬 곡선을 그리면 다음 <그림 31>과 같다.

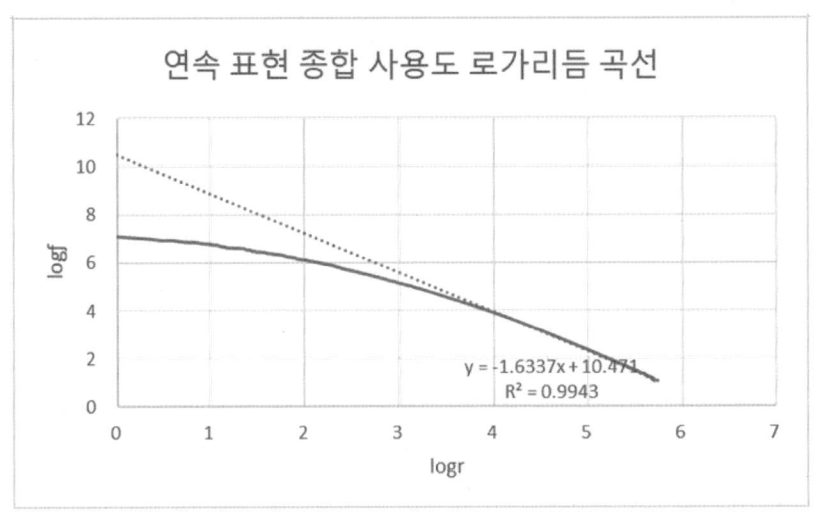

<그림 31> 연속 표현 사용도 로가리듬 곡선

<그림 31>을 보면 연속 표현 종합 사용도 로가리듬 곡선은 문어, 구어와 마찬가지로 감소함수를 형성하였다. 종합 사용도가 높은 연속 표현은 고르지 않는 선형에서 점점 매끈한 곡선으로 변하면서 완만한 하강 추세를 보였다. 그리고 선의 끝부분은 마찬가지로 고르지 않는 Z자로 변하고 있음을 확인할 수 있다. 또한 연속 표현 종합 사용도 로가리듬 곡선에 단순선형회귀 맞춤 곡선을 만든 결과 단순선형회귀방정식 $\log f=-1.6337\log r+10.471$을 얻었고 R^2 수치는 0.99를 넘었다. 이 결과는 연속 표현 종합 사용도와 순위는 아주 높은 상관관계를 갖고 있을 뿐만 아니라 지프 법칙에 적용된다는 것을 설명한다.

4.5 소결

이 부분에서는 문어와 구어 말뭉치에서 추출한 연속 표현의 출현 빈도,

분포율, 사용도를 통계학적 분석을 진행하여 실험한 결과, 우리는 아래와 같은 결론을 얻을 수 있다.

첫째, 문어와 구어 말뭉치의 규모의 차이로 빈도수는 다르지만, 통계된 연속 표현의 빈도, 분포율, 사용도의 수치를 보면 모두 저빈도, 저분포율, 저사용도의 연속 표현이 대다수를 차지하고 고빈도, 고분포율, 고사용도의 연속 표현이 소수를 차지하고 있다는 것을 알 수 있다. 기존 연구를 보면 저빈도 단어가 전체 말뭉치의 대부분을 차지하고 있는데 연속 표현에서도 적용된다는 것을 설명한다. 그리고 문어와 구어 말뭉치 대상으로 연속 표현의 종합 빈도, 종합 분포율, 종합 사용도에 대한 연구는 효과적인 통계의 방법을 사용함으로써 통계적 언어 모델이 한국어의 기본구성(基本結構)과 내적규칙(內在規律)을 더욱 진실되게 시뮬레이션하는 데에 의의가 있다고 본다.

둘째, 문어와 구어 말뭉치에서 추출한 연속 표현의 빈도-순위, 분포율-순위, 사용도-순위의 관계 곡선은 모두 $f=K/r^a$(K는 상수이고, a≈1)인 다항식감소함수를 형성하고, 해당되는 로가리듬 곡선은 모두 선형감소함수를 형성한다. 따라서 우리는 지프의 법칙이 언어 단위인 단어뿐만 아니라 확장된 언어 단위인 연속 표현에서도 적용된다는 결론을 내릴 수 있다. 그리고 지프 법칙은 말뭉치 규모에 따라 변하지 않는다는 것도 확인할 수 있다. 이로부터 우리는 한국어 기타 언어 단위에서나 기타 통계 수치에서도 이러한 통계 규칙이 존재할 수 있다고 예측할 수 있다. 통계를 기초로 한 한국어 전산언어모델의 작업에서 우리는 반드시 지프 법칙과 같은 이러한 유형에 주의를 기울여야 한다.

셋째, 연속 표현 출현 빈도, 분포율, 사용도와 순위의 관계 산포도, 로가리듬 곡선은 문어와 구어에서 비슷한 구도를 갖고 나아가 문어와 구어를 결합한 종합 빈도, 종합 분포율, 종합 사용도에서도 비슷한 구도를 갖고 있음을 확인할 수 있다. 그러나 그림에 표기된 눈금이나 단순선형회귀반정식이나 R^2 값으로 보면 수치가 모두 다르게 나타났다. 이는 통계적 방법에 따라, 즉 출현 빈도, 분포율, 사용도에 따라 상용 연속 표현의 순위가 변하고 있을 뿐만 아니라 문어와 구어에서 출현한 상용 연속 표현 순위도 다르다는 것을 설명한다. 이는 제시한 연속 표현 목록에서도 확인할 수 있다. 그리고 로가리듬 곡선 R^2 값으로 보면 종합 사용도(0.9943), 종합 빈도(0.9854), 종합 분포율(0.9220)의 순위로 되었다. 이는 세 가지 통계적 방법이 모두 지프 법칙에 적용되지만 사용도로 연속 표현을 통계했을 때 제일 실제 언어를 반영할 수 있다는 것을 설명한다.

넷째, 문어와 구어의 출현 빈도, 분포율, 사용도의 로가리듬 곡선을 보면 모두 높은 빈도, 분포율, 사용도의 연속 표현일 때는 선형에 가깝지만 끝부분에서 어느 한 임계치에 달하면 함수는 전환점이 생기면서 Z자로 변한다. 이는 통계량의 부족으로 통계결과가 진실과 어긋나고 있다는 것을 설명한다. 다시 말해서, 저빈도, 저분포율, 저사용도의 연속 표현 통계수치는 믿음직하지 못하다는 것을 설명한다.

이상 연속 표현의 분포적 양상으로 우리는 연속 표현이 실제 언어 환경에서의 실증 사용도를 알아볼 수 있었다. 본 연구에서 통계된 연속 표현의 사용도는 여러 분야에서 활용될 수 있다. 특히 외국어로서의 한국어 언어 교육에서 유용한 자료로 쓰일 수 있다. Leech는 '빈도가 높을수록 언어학습에 있어서 더욱 중요하다'고 하였다. 이 논의에서는 또 언어 모델의 빈도로부터 파생된 분산도(分散度), 피복도(覆蓋度) 등을 강조하였다. 여기서 말하는 '빈도', '분산도', '피복도' 등을 종합적으로 고려해서 보면 실질적으로 사용도와 비슷하다. 따라서 연속 표현의 사용도가 높을수록 언어 교육에서 더 높은 가치를 갖는다고 볼 수 있다. 이러한 관점은 지프 분포에 대한 수용으로 언어학습의 효율을 높일 수 있다. 이러한 사용도가 가장 높은 연속 표현을 학습자들에게 빈번하게 노출함으로써 학습과정에서 고사용도 연속 표현을 빈번하게 접하고 사용하게 될 것이다. 또한 지프 분포를 지도 원칙으로 삼아 학습자로 하여금 우선 먼저 고사용도의 연속 표현을 장악함으로써 효율적으로 사용도가 높지 않는 연속 표현이 나타나는 언어 환경을 이해할 수 있다고 본다.

제5장 한국어 연속 표현의 특성

앞 장에서는 문어와 구어 말뭉치에서 추출한 연속 표현의 출현 빈도, 분포율, 사용도 등 통계 방법으로 연속 표현의 분포적 양상을 살펴보고 지프 법칙에 적용되는지를 알아보았다. 이 장에서는 지프 분포에 따라 각 말뭉치에서의 연속 표현 사용도 순위를 정하고, 사용도 순위가 가장 높은 연속 표현을 비교하면서 문어와 구어 연속 표현의 특성을 살펴보고 여러 분야 연구에 활용될 수 있는 범용 연속 표현 목록을 제시하고자 한다.

5.1 연속 표현의 사용도 순위

본 연구에서의 연속 표현 사용도 순위는 빈도 순위(frequency-rank)[41]와 같은 방법으로 빈도수 대신 사용도를 이용하여 순위를 정한다. 즉 같은 사용도

---

41 같은 빈도수를 하나의 빈급으로 본다. 빈도 순위법은 동일한 말뭉치 조사 범위에서 모든 단어를 빈도의 높고 낮음에 따라 순위를 정하는 한 가지 방법이다. 간단한 비유를 하자면, 빈도 순위는 체육시합에서 같은 성적을 얻은 선수는 같은 순위로 병렬하는 것과 마찬가지다. 苏新春(2010: 320)을 참조.

의 연속 표현을 같은 순위로 정하는 것이다. 사용도 순위는 저사용도 연속 표현의 대량 중복, 순위가 성기거나 같은 사용도 연속 표현 간의 순위 거리가 먼 문제들을 극복하고 한정된 순위로 수량이 거대한 연속 표현 간의 서열문제를 제시할 수 있다. 사용도 순위는 가장 직관적이며 간략하게 사용도를 제시한 것이다. 사용도 순위는 연속 표현 장르별 비교를 진행할 때 말뭉치 규모의 크기에 영향 받지 않는 장점을 갖고 있다. 그리고 동일한 연속 표현이 말뭉치의 종류에 따라 독립성을 유지해야 할 때 각자 언어 자료 환경에서의 순위를 계산하는 것도 아주 중요하다. 이는 더 간편하고 직접적으로 연속 표현의 특징을 찾아낼 수 있기 때문이다.

본 연구에서 사용도 순위를 정하는 방법을 문어 3-gram 연속 표현으로 예를 들어 설명하면 아래와 같다. 앞 장에서 통계한 바와 같이 문어 3-gram 연속 표현 타입 수는 167224개이다. 따라서 3-gram 연속 표현을 사용도에 따라 내림차순으로 배열하면 1부터 167224까지 순위를 맥일 수 있다. 하지만 22671개의 연속 표현의 사용도가 23이므로 1부터 22671까지의 순위는 무의미하다. 그러므로 사용도가 23인 연속 표현을 모두 하나의 순위로 취한다. 이러한 방법으로 연속 표현을 통계하면 167224개의 연속 표현은 4931개의 사용도 순위를 얻을 수 있다.

우리는 또 두 말뭉치의 연속 표현의 종합 사용도 순위를 구할 수 있다. 종합 사용도 순위를 구하는 방법은 아래와 같다. 우선, 서로 다른 말뭉치에서 연속 표현의 사용도를 구한다. 다음으로, 각 말뭉치에서 얻은 개별 연속 표현의 사용도를 합해서 평균 사용도를 구한다. 마지막으로 평균 사용도 순위 값을 내림차순으로 배열한 후 같은 수는 한 순위로 취하여 종합 사용도 순위를 얻는다. 연속 표현 종합 사용도 순위는 범용 연속 표현 목록을 추출하는 중요한 조건이다. 범용 연속 표현 목록은 개별 연속 표현의 출현 빈도, 분포율을 고려했을 뿐만 아니라 문어와 구어 두 가지 말뭉치를 모두 고려한 목록이므로 더욱 상용적인 연속 표현을 제시하고, 연구 목적에 따라 목록을 사용할 수 있다는 점에서 의의가 있다고 본다.

5.2 2-gram~9-gram 연속 표현의 특성

이 절에서는 문어와 구어 말뭉치에서 추출한 2-gram~9-gram 연속 표현을 n의 길이에 따라 문어와 구어 말뭉치에서 사용도 순위 상위 20개를 골라 제시하였다. 그다음 문어와 구어 말뭉치에서의 사용도와 순위를 표시하였다. 그리고 순위 차에 따라 문어와 구어에서 자주 사용되는 연속 표현의 특성을 찾아내려고 한다. 연속 표현 특성을 드러내는 방법에는 두 가지가 있다. 한 가지는 문어 혹은 구어 말뭉치에서만 나타나는 사용도가 가장 높은 연속 표현들이고, 다른 한 가지는 공동으로 나타나는 연속 표현의 순위 차이로 그 특성을 알아 볼 수 있다. 연속 표현의 순위가 같거나 비슷하다는 것은 두 연속 표현 집단에서의 지위가 비슷하다는 것을 의미한다. 언어 자료의 크기에 따라 순위가 다르고 같은 순위를 표시하는 의의도 다르지만 높은 순위일 때 현저한 차이를 보이지 않으면 모두 기초적인 연속 표현이라고 할 수 있다. 하지만 연속 표현의 순위의 차이가 클수록 해당 특징이 더욱 선명하다는 것을 의미한다. 마지막으로 연속 표현의 범용 목록을 사용도 순위에 따라 제시한다.

5.2.1 2-gram 연속 표현

통계에 따르면 문어 2-gram 연속 표현 타입 수는 175398개로 전체 연속 표현 타입 수의 36.19%를 차지하고 8570개의 순위로 나뉘었고 구어 2-gram 연속 표현 타입 수는 50019개로 전체 연속 표현 타입 수의 40.06%를 차지하고 4452개의 순위로 나뉜다. 두 말뭉치에서 공동으로 사용되는 타입 수는 29041개인데 문어 연속 표현 타입 수의 16.56%를 차지하고 구어 연속 표현 타입 수의 58.06%를 차지한다.

다음 [표 24]는 두 가지 말뭉치에서 추출된 2-gram 연속 표현 사용도 순위 상위 20위를 중심으로 비교한 것이다. 문어와 구어 연속 표현 순위가 모두 표시되어 있는 것은 공동으로 사용되는 연속 표현이고 순위에 빈칸으로 표시되어 있는 것은 해당 말뭉치에서 나타나지 않는 연속 표현임을 의미한다.[42]

[표 24] 문어 및 구어 2-gram 연속 표현 사용도 순위 비교

문어 2-gram	사용도	문어 순위	구어 순위	구어 2-gram	사용도	구어 순위	문어 순위
었/EP_다/EF	15274409	1	126	거/NNB_이/VCP	23543324	1	171
았/EP_다/EF	12962505	2	191	이/VCP_야/EF	19638002	2	199
이/VCP_다/EF	9785788	3	71	는/ETM_거/NNB	16804440	3	510
고/EC_있/VX	8463455	4	9	ㄴ/ETM_거/NNB	12578199	4	1178
것/NNB_이/VCP	6701618	5	154	내/NP_가/JKS	10712915	5	84
ㄹ/ETM_수/NNB	6481624	6	7	뭐/NP_이/VCP	7492901	6	272
는/ETM_것/NNB	6423002	7	22	ㄹ/ETM_수/NNB	7472264	7	6
지/EC_않/VX	6095387	8	20	잖/EPX_아/EF	7031866	8	
이/VCP_ㄴ/ETM	6083514	9	36	고/EC_있/VX	6268252	9	4
이/VCP_었/EP	5208636	10	52	시/EP_에요/EF	5819642	10	
ㄴ/ETM_것/NNB	4897346	11	47	ㄹ/ETM_거/NNB	5795754	11	855
수/NNB_있/VA	4143011	12	25	을/JKO_하/VV	5530628	12	22
들/XSN_이/JKS	3785199	13	14	이/VCP_에요/EF	5391575	13	712
적/XSN_이/VCP	3742967	14	145	들/XSN_이/JKS	5327957	14	13
에/JKB_는/JX	3077955	15	121	었/EP_어/EF	5240371	15	1087
있/VX_다/EF	3004533	16	1820	어/EC_주/VX	5156932	16	43

---

42 2-gram~9-gram 같은 방법으로 표기 하였음.

에/JKB_대하/VV	2955015	17	98	지/EC_말/VX	5012572	17	273
있/VX_는/ETM	2951876	18	114	하/VV_여/EC	4967512	18	103
들/XSN_은/JX	2937587	19	112	하/VV_였/EP	4869063	19	35
어/EC_있/VX	2818426	20	85	지/EC_않/VX	4651171	20	8

[표 24]를 비교해 보면, 첫째, 전반적으로 모든 연속 표현이 고르게 분포되어 있음을 보여 준다. 그리고 '고/EC_있/VX, ㄹ/ETM_수/NNB, 들/XSN_이/JKS' 등과 같은 연속 표현들은 두 말뭉치에서 모두 높은 순위를 차지하고 있다. 이러한 2-gram 연속 표현들은 한국어에서 많이 사용되지만 문어와 구어의 특성은 드러내지 못한다. 둘째, 문어에서 가장 많이 사용되는 2-gram 연속 표현은 과거를 나타내는 '었/EP_다/EF, 았/EP_다/EF'이고 구어에서 가장 많이 사용되는 연속 표현은 '것'의 축약형 '거'를 포함한 '거/NNB_이/VCP'이다. 또 '거/NNB_이/VCP'의 원형인 '것/NNB_이/VCP'는 문어에서 5위를 차지하고 있고 구어에서도 154위를 차지하고 있어 두 말뭉치에서 모두 많이 사용되고 있음을 확인할 수 있다. 셋째, '있/VX_다/EF'는 문어에서의 순위는 높지만 구어에서는 순위가 비교적 낮고, 구어적 축약형 '거'를 포함한 'ㄴ/ETM_거/NNB'는 구어에서 순위는 높지만 문어에서는 순위가 비교적 낮다. 넷째, 2-gram 연속 표현 '잖/EPX_아/EF', '시/EP_에요/EF'는 구어에서만 사용되고 있음을 확인할 수 있다.

두 가지 말뭉치에서 공동으로 나타난 2-gram 연속 표현 대상으로 우리는 사용도 순위 차이를 구할 수 있다. 다음 [표 25]는 문어 말뭉치에서 상위 순위에 위치하고 있지만 구어 말뭉치에서는 하위 순위에 위치하고 있는 순위 차가 가장 많은 2-gram 연속 표현 상위 10위를 제시한 것이다.

[표 25] 문어 2-gram 연속 표현 위주로 순위 차 상위 10

순위	2-gram	사용도	문어 순위	구어 순위	순위 차
1	도/JX_있/VV	893727	100	4342	-4242
2	있/VV_다는/ETM	326248	287	4440	-4153
3	았/EP_으나/EC	312711	307	4447	-4140
4	있/VV_다/EF	2080266	30	4166	-4136
5	등/NNB_의/JKG	338931	276	4356	-4080
6	었/EP_으며/EC	273205	359	4433	-4074
7	이/NP_들/XSN	521721	182	4239	-4057
8	이/NP_에/JKB	292961	323	4378	-4055
9	이/JKS_있/VV	2027936	33	4087	-4054
10	등/NNB_이/JKS	280975	346	4378	-4032

[표 25]에서 보다시피 문어에서 높은 사용도를 보이는 2-gram 연속 표현은 동사 '있/VV'을 포함한 '도/JX_있/VV, 있/VV_다는/ETM, 있/VV_다/EF' 등 연속 표현이 많이 사용되고 있다. 그리고 과거시제를 표시하는 선어말어미에 연결어미와 결합한 '았/EP_으나/EC, 었/EP_으며/EC' 등 연속 표현이 사용되고 있다. 반대로 이러한 연속 표현들은 구어에서 나타나고 있지만 빈번하게 사용되지 않는다.

다음 [표 26]은 구어 말뭉치에서 상위 순위에 위치하고 있지만 문어 말뭉치에서는 하위 순위에 위치하고 있는 순위 차가 가장 많은 2-gram 연속 표현 상위 10위를 제시한 것이다.

[표 26] 구어 2-gram 연속 표현 위주로 순위 차 상위 10

순위	2-gram	사용도	구어 순위	문어 순위	순위 차
1	거/NNB_이/JKS	2664575	58	8562	8504
2	거/NNB_는/JX	545387	267	8479	8212
3	갖/VX_고/EC	442555	315	8523	8208

4	있/VA_는/ETM	3000823	45	8220	8175
5	이런/MM_거/NNB	874080	179	8342	8163
6	라/EC_그러/VV	493987	288	8418	8130
7	잠깐/MAG_만/JX	316906	395	8525	8130
8	거/NNB_같/VA	4146945	28	8014	7986
9	거/NNB_를/JKO	175120	624	8570	7946
10	만/JX_요/JX	178115	619	8551	7932

[표 26]에서 보다시피, 구어에서 높은 사용도를 보이는 2-gram 연속 표현은 '것'의 축약형인 '거'를 포함한 '거/NNB_이/JKS, 거/NNB_는/JX, 이런/MM_거/NNB, 거/NNB_같/VA, 거/NNB_를/JKO' 등이 있다. 그리고 보조사 '만/JX'를 포함한 '잠깐/MAG_만/JX, 만/JX_요/JX' 등 2-gram 연속 표현이 구어에서의 순위가 높다.

한국어 2-gram 연속 표현을 종합 사용도 순위를 정하는 방법에 따라 통계하면 총 28008개의 순위로 나뉘고 범용 2-gram 연속 표현 상위 순위 20위를 제시하면 아래와 같다.

[표 27] 한국어 2-gram 연속 표현 범용 목록 상위 20

종합 순위	평균 사용도	2-gram 연속 표현	문어 순위	구어 순위
1	12056694	거/NNB_이/VCP	171	1
2	10056754	이/VCP_야/EF	199	2
3	8501387	는/ETM_거/NNB	510	3
4	8298070	었/EP_다/EF	1	126
5	7365853	고/EC_있/VX	4	9
6	6976944	ㄹ/ETM_수/NNB	6	7
7	6899111	았/EP_다/EF	2	191
8	6328725	ㄴ/ETM_거/NNB	1178	4
9	5965066	이/VCP_다/EF	3	71
10	5869616	내/NP_가/JKS	84	5
11	5443928	는/ETM_것/NNB	7	22

12	5373279	지/EC_않/VX	8	20
13	4746000	이/VCP_ㄴ/ETM	9	36
14	4556578	들/XSN_이/JKS	13	14
15	4217170	수/NNB_있/VA	12	25
16	4089199	을/JKO_하/VV	22	12
17	4008688	이/VCP_었/EP	10	52
18	3917938	뭐/NP_이/VCP	272	6
19	3903301	ㄴ/ETM_것/NNB	11	47
20	3893360	것/NNB_이/VCP	5	154

5.2.2 3-gram 연속 표현

통계에 따르면 문어 3-gram 연속 표현 타입 수는 167223개로 전체 연속 표현 타입 수의 34.51%를 차지하고 4931개의 순위로 나뉘었고 구어 3-gram 연속 표현 타입 수는 43732개로 전체 연속 표현 타입 수의 35.03%를 차지하고 2494개의 순위로 나뉜다. 두 말뭉치에서 공동으로 사용되는 타입 수는 22308개인데 문어 연속 표현 타입 수의 10.58%를 차지하고 구어 연속 표현 타입 수의 44.17%를 차지한다.

다음 [표 28]은 두 가지 말뭉치에서 추출된 3-gram 연속 표현 사용도 순위 상위 20위를 중심으로 비교한 것이다.

[표 28] 문어 및 구어 3-gram 연속 표현 사용도 순위 비교

문어 3-gram	사용도	문어 순위	구어 순위	구어 3-gram	사용도	구어 순위	문어 순위
ㄹ/ETM_수/NNB_있/VA	3725848	1	5	는/ETM_거/NNB_이/VCP	8075105	1	218
것/NNB_이/VCP_다/EF	3340651	2	667	거/NNB_이/VCP_야/EF	7429323	2	246
이/VCP_었/EP_다/EF	3319814	3	1071	ㄴ/ETM_거/NNB_이/VCP	5338971	3	587
적/XSN_이/VCP_ㄴ/ETM	3088745	4	70	ㄹ/ETM_거/NNB_이/VCP	3964794	4	357

고/EC_있/VX_다/EF	2322594	5	924	ㄹ/ETM_수/NNB_있/VA	3855936	5	1
고/EC_있/VX_는/ETM	1953262	6	25	거/NNB_이/VCP_에요/EF	2275808	6	831
에/JKB_대하/VV_ㄴ/ETM	1740196	7	90	뭐/NP_이/VCP_야/EF	1859428	7	2478
는/ETM_것/NNB_이/VCP	1594835	8	292	하/VV_여/EC_주/VX	1720690	8	189
ㄴ/ETM_것/NNB_이/VCP	1434175	9	388	하/VV_는/ETM_거/NNB	1654513	9	2377
ㄹ/ETM_것/NNB_이/VCP	1399609	10	220	하/VV_여/EC_보/VX	1460929	10	290
있/VX_었/EP_다/EF	1363072	11	2159	는/ETM_것/NNB_이/JKS	1293959	11	16
고/EC_있/VX_었/EP	1269331	12	84	지/EC_말/VX_아/EF	1283340	12	3428
ㄹ/ETM_수/NNB_없/VA	1252972	13	40	거/NNB_이/VCP_지/EF	1078263	13	1808
지/EC_않/VX_았/EP	1187292	14	91	ㄴ/ETM_거/NNB_같/VA	1044467	14	4841
수/NNB_있/VA_는/ETM	1114470	15	22	이/JKS_뭐/NP_이/VCP	995502	15	867
는/ETM_것/NNB_이/JKS	1099177	16	11	을/ETM_거/NNB_이/VCP	993021	16	625
하/VX_였/EP_다/EF	985212	17	2351	되/VV_는/ETM_서/NNB	950613	17	2906
하/VV_였/EP_다/EF	910626	18	403	ㄹ/ETM_터/NNB_이/VCP	891082	18	207
는/ETM_것/NNB_은/JX	889720	19	611	이/VCP_라고/EC_하/VV	875137	19	47
기/ETN_도/JX_하/VX	889299	20	131	말/NNG_이/VCP_야/EF	852477	20	638

[표 28]을 비교해 보면, 첫째, 'ㄹ/ETM_수/NNB_있/VA, 는/ETM_것/NNB_이/JKS, 수/NNB_있/VA_는/ETM'와 같은 3-gram 연속 표현은 두 말뭉치에서 모두 높은 순위에 위치하고 있다. 둘째, 문어에서는 'ㄹ/ETM_수/NNB_있/VA, ㄹ/ETM_수/NNB_없/VA', 구어에서는 '는/ETM_거/NNB_이/VCP, ㄴ/ETM_거/NNB_이/VCP'와 같은 연속 표현이 가장 많이 사용되고 있음을 확인할 수 있다. 셋째, 3-gram에서도 문어에서는 의존명사 '것/NNB'이 포함되어 있는 '것/NNB_이/VCP_다/EF, 는/ETM_것/NNB_이/VCP, ㄴ/ETM_것/NNB_이/VCP, ㄹ/ETM_것/NNB_이/VCP' 등 연속 표현의 순위가 높고 구어에서는 '것'의 축약형인 '거'가 포함되어 있는 '거/NNB_이/VCP_야/EF, ㄴ/ETM_거/NNB_이/VCP, ㄹ/ETM_거/NNB_이/VCP, 거/NNB_이/VCP_에요/EF, 거/NNB_이/VCP_지/EF' 등 연속 표현의 순위가 높은 것을 확인할 수

있다. 따라서 우리는 구어에서 '거/NN_이/VCP' 뒤에 종결어미 '-야/EF, -에요/EF, -지/EF'가 가장 많이 같이 사용되고 있음을 알 수 있다. 넷째, 문어 연속 표현 상위 순위에서 구어와 가장 많이 차이가 나는 연속 표현은 '있/VX_었/EP_다/EF, 하/VX_였/EP_다/EF'인데, 두 연속 표현 모두 보조 동사를 포함한 선어말어미 '-았/었/였/EP'와 종결어미 '-다/EF'가 결합한 연속 표현임을 확인할 수 있다. 구어 연속 표현 상위 순위에서 문어와 가장 많이 차이가 나는 연속 표현은 'ㄴ/ETM_거/NNB_같/VA'이다. 이는 구어에서는 발화자가 상대에게 자기의 관점이나 추측을 많이 표현하기 때문이라고 본다.

두 가지 말뭉치에서 공동으로 나타난 3-gram 연속 표현 대상으로 우리는 사용도 순위 차이를 구할 수 있다. 다음 [표 29]는 문어 말뭉치에서 상위 순위에 위치하고 있지만 구어 말뭉치에서는 하위 순위에 위치하고 있는 두 말뭉치에서 순위 차가 가장 많은 3-gram 연속 표현 상위 10위를 제시한 것이다.

[표 29] 문어 3-gram 연속 표현 위주로 순위 차 상위 10

순위	3-gram	사용도	문어 순위	구어 순위	순위 차
1	시작하/VV_였/EP_다/EF	293036	88	2482	-2394
2	이/JKS_있/VV_었/EP	282221	94	2486	-2392
3	아야/EC_하/VX_ㄴ다/EF	316011	78	2455	-2377
4	말하/VV_였/EP_다/EF	885735	21	2379	-2358
5	오/VX_았/EP_다/EF	296523	85	2443	-2358
6	때문/NNB_이/VCP_다/EF	634620	34	2378	-2344
7	하/VX_였/EP_다/EF	985212	17	2351	-2334
8	그/NP_들/XSN_은/JX	212481	147	2480	-2333
9	가/JKS_있/VV_었/EP	176836	180	2491	-2311
10	그/NP_들/XSN_의/JKG	195194	158	2456	-2298

[표 29]에서도 보다시피, 문어에서는 '-다/EF, -ㄴ다/EF'와 같은 종결어미를 포함한 '시작하/VV_였/EP_다/EF, 아야/EC_하/VX_ㄴ다/EF, 때문/NNB_이/VCP_다/EF' 등 연속 표현의 순위가 높다. 그리고 문어에서는 선어말어미 '-였/EP'을 포함한 연속 표현의 순위가 높은데 가장 많이 결합되서 사용되는 동사는 '시작하/VV'와 '말하/VV'이고 보조동사는 '하/VX'라는 것을 알 수 있다.

다음 [표 30]은 구어 말뭉치에서 상위 순위에 위치하고 있지만 문어 말뭉치에서는 하위 순위에 위치하고 있는 두 말뭉치에서 순위 차가 가장 많은 3-gram 연속 표현 상위 10위를 제시한 것이다.

[표 30] 구어 3-gram 연속 표현 위주로 순위 차 상위 10

순위	3-gram	사용도	구어 순위	문어 순위	순위 차
1	ㄹ/ETM_거/NNB_같/VA	714281	29	4919	4890
2	는/ETM_거/NNB_같/VA	504443	49	4907	4858
3	ㄴ/ETM_거/NNB_같/VA	1044467	14	4841	4827
4	을/ETM_거/NNB_같/VA	242769	106	4929	4823
5	이/VCP_라/EC_그러/VV	174726	158	4859	4701
6	뭐/NP_이/VCP_지/EF	138134	197	4858	4661
7	시/EP_ㄴ/ETM_거/NNB	209408	128	4731	4603
8	지/EC_말/VX_고/EF	94438	268	4821	4553
9	주/VX_는/ETM_거/NNB	127518	206	4753	4547
10	는/ETM_거/NNB_보/VV	104759	250	4793	4543

[표 30]에서 보다시피 구어에서는 추측을 나타나는 형용사 '-같/VA'가 포함되어 있는 'ㄹ/ETM_거/NNB_같/VA, 는/ETM_거/NNB_같/VA, ㄴ/ETM_거/NNB_같/VA, 을/ETM_거/NNB_같/VA' 등 3-gram 연속 표현이 문어보다 높은 순위임을 확인할 수 있다.

한국어 3-gram 연속 표현을 종합 사용도 순위를 정하는 방법에 따라 통계하면 총 17452개의 순위로 나뉘고 범용 3-gram 연속 표현 상위 순위 20위를 제시하면 아래와 같다.

[표 31] 한국어 3-gram 연속 표현 범용 목록 상위 20

종합 순위	평균 사용도	3-gram 연속 표현	문어 순위	구어 순위
1	4112279	는/ETM_거/NNB_이/VCP	218	1
2	3790892	ㄹ/ETM_수/NNB_있/VA	1	5
3	3782114	거/NNB_이/VCP_야/EF	246	2
4	2697407	ㄴ/ETM_거/NNB_이/VCP	587	3
5	2030870	ㄹ/ETM_거/NNB_이/VCP	357	4
6	1745289	적/XSN_이/VCP_ㄴ/ETM	4	70
7	1684973	것/NNB_이/VCP_다/EF	2	667
8	1666908	이/VCP_었/EP_다/EF	3	1071
9	1356093	고/EC_있/VX_는/ETM	6	25
10	1196568	는/ETM_것/NNB_이/JKS	16	11
11	1170324	고/EC_있/VX_다/EF	5	924
12	1156409	거/NNB_이/VCP_에요/EF	831	6
13	1022670	에/JKB_대하/VV_ㄴ/ETM	7	90
14	960371	수/NNB_있/VA_는/ETM	15	22
15	944727	하/VV_여/EC_주/VX	189	8
16	933782	뭐/NP_이/VCP_야/EF	2478	7
17	927250	ㄹ/ETM_수/NNB_없/VA	13	40
18	840283	는/ETM_것/NNB_이/VCP	8	292
19	831641	하/VV_는/ETM_거/NNB	2377	9
20	798602	고/EC_있/VX_었/EP	12	84

5.2.3 4-gram 연속 표현

통계에 따르면 문어 4-gram 연속 표현 타입 수는 88312개로 전체 연속 표현 타입 수의 18.22%를 차지하고 2673개의 순위로 나뉘었고 구어 4-gram 연속 표현 타입 수는 21275개로 전체 연속 표현 타입 수의 17.04%를 차지하고 1214개의 순위로 나뉜다. 두 말뭉치에서 공동으로 사용되는 타입 수는 7082개인데 문어 연속 표현 타입 수의 8.02%를 차지하고 구어 연속 표현 타입 수의 33.29%를 차지한다.

다음 [표 32]는 두 가지 말뭉치에서 추출된 4-gram 연속 표현 사용도 순위 상위 20위를 중심으로 비교한 것이다.

[표 32] 문어 및 구어 4-gram 연속 표현 사용도 순위 비교 상위 20

문어 4-gram	사용도	문어 순위	구어 순위
ㄹ/ETM_수/NNB_있/VA_는/ETM	1005367	1	5
고/EC_있/VX_었/EP_다/EF	818603	2	1020
는/ETM_것/NNB_이/VCP_다/EF	645386	3	1142
ㄴ/ETM_것/NNB_이/VCP_다/EF	633445	4	962
ㄹ/ETM_수/NNB_있/VA_다/EF	617785	5	327
지/EC_않/VX_았/EP_다/EF	596993	6	1025
ㄹ/ETM_것/NNB_이/VCP_다/EF	576242	7	503
기/ETN_때문/NNB_이/VCP_다/EF	574145	8	1169
고/EC_있/VX_는/ETM_것/NNB	445111	9	228
것/NNB_이/VCP_었/EP_다/EF	420431	10	
하/VV_ㄹ/ETM_수/NNB_있/VA	395958	11	10
을/ETM_것/NNB_이/VCP_다/EF	377715	12	879
ㄹ/ETM_수/NNB_없/VA_는/ETM	369968	13	70
기/ETN_도/JX_하/VX_였/EP	360796	14	842
어/EC_있/VX_었/EP_다/EF	334516	15	1211
어/EC_지/VX_었/EP_다/EF	296866	16	997
던/ETM_것/NNB_이/VCP_다/EF	291002	17	
ㄹ/ETM_수/NNB_도/JX_있/VA	258920	18	8
는/ETM_것/NNB_이/JKC_아니/VCN	257352	19	84
ㄹ/ETM_수/NNB_있/VA_었/EP	251522	20	234

구어 4-gram	사용도	구어 순위	문어 순위
는/ETM_거/NNB_이/VCP_야/EF	2456428	1	232
ㄴ/ETM_거/NNB_이/VCP_야/EF	1544363	2	682
ㄹ/ETM_거/NNB_이/VCP_야/EF	1140101	3	399
하/VV_는/ETM_거/NNB_이/VCP	852941	4	1018
ㄹ/ETM_수/NNB_있/VA_는/ETM	691902	5	1
는/ETM_거/NNB_이/VCP_에요/EF	548116	6	1050
되/VV_는/ETM_거/NNB_이/VCP	506461	7	1300
ㄹ/ETM_수/NNB_도/JX_있/VA	425359	8	18
는/ETM_거/NNB_이/VCP_지/EF	337058	9	1376
하/VV_ㄹ/ETM_수/NNB_있/VA	330807	10	11
ㄴ/ETM_거/NNB_이/VCP_에요/EF	303294	11	1821
ㄹ/ETM_터/NNB_이/VCP_니까/EC	263270	12	1343
을/ETM_거/NNB_이/VCP_야/EF	263189	13	803
ㄹ/ETM_거/NNB_이/VCP_에요/EF	238263	14	1040
하/VV_ㄹ/ETM_거/NNB_이/VCP	223097	15	1641
되/VV_ㄴ/ETM_거/NNB_이/VCP	221779	16	1733
하/VV_ㄴ/ETM_거/NNB_이/VCP	211502	17	2419
ㄹ/ETM_수/NNB_가/JKS_없/VA	207145	18	23
있/VA_는/ETM_거/NNB_이/VCP	206599	19	
가/VV_았/EP_다/EC_오/VV	162934	20	588

[표 32]를 비교해 보면, 첫째, 문어와 구어에서 모두 높은 순위를 차지한 4-gram 연속 표현은 'ㄹ/ETM_수/NNB_있/VA_는/ETM, 하/VV_ㄹ/ETM_수/NNB_있/VA, ㄹ/ETM_수/NNB_도/JX_있/VA'이다. 따라서 우리는 3-gram 연속 표현 'ㄹ/ETM_수/NNB_있/VA' 앞에 동사 '하/VV'가 가장 많이 출현하고, 뒤에는 관형형전성어미 '는/ETM'가 가장 많이 출현하고, 중간에는 보조사 '-도/JX'를 포함해서 가장 많이 사용되고 있음을 확인할 수 있다. 둘째, 4-gram 연속 표현에서도 문어에서는 '것'이 포함되어 있는 '는/ETM_것/NNB_이/VCP_다/EF, ㄴ/ETM_것/NNB_이/VCP_다/EF, ㄹ/ETM_것/NNB_

이/VCP_다/EF, 것/NNB_이/VCP_었/EP_다/EF, 을/ETM_것/NNB_이/VCP_다/EF, 던/ETM_것/NNB_이/VCP_다/EF' 등 연속 표현들이 순위가 높다. 그리고 구어에서는 '것'의 축약형 '거'가 포함되어 있는 '는/ETM_거/NNB_이/VCP_야/EF, ㄴ/ETM_거/NNB_이/VCP_야/EF, ㄹ/ETM_거/NNB_이/VCP_야/EF, 는/ETM_거/NNB_이/VCP_에요/EF, ㄴ/ETM_거/NNB_이/VCP_에요/EF' 등 연속 표현들이 높은 순위를 차지하였다. 그리고 구어에서 의존명사 '터/NNB'를 포함한 'ㄹ/ETM_터/NNB_이/VCP_니까/EC' 연속 표현도 높은 순위를 차지하고 있다. 셋째, 문어에서 순위가 가장 많이 차이가 나는 4-gram 연속 표현은 '어/EC_있/VX_었/EP_다/EF'이고 구어에서는 '하/VV_ㄴ/ETM_거/NNB_이/VCP'이다. 4-gram 연속 표현에서도 문어에서는 과거형이 많이 나타나고 구어에서는 현재진행형이 많이 나타나고 있음을 확인할 수 있다.

두 가지 말뭉치에서 공동으로 나타난 4-gram 연속 표현 대상으로 우리는 사용도 순위 차이를 구할 수 있다. 다음 [표 33]은 문어 말뭉치에서 상위 순위에 위치하고 있지만 구어 말뭉치에서는 하위 순위에 위치하고 있는 두 말뭉치에서 순위 차가 가장 많은 4-gram 연속 표현 상위 10위를 제시한 것이다.

[표 33] 문어 4-gram 연속 표현 위주로 순위 차 상위 10

순위	4-gram	사용도	문어 순위	구어 순위	순위 차
1	어/EC_있/VX_었/EP_다/EF	334516	15	1211	-1196
2	기/ETN_시작하/VV_었/EP_다/EF	247913	21	1213	-1192
3	기/ETN_때문/NNB_이/VCP_다/EF	574145	8	1169	-1161
4	수/NNB_있/VA_었/EP_다/EF	119377	58	1209	-1151
5	가/JKS_없/VA_었/EP_다/EF	123718	56	1206	-1150
6	고/EC_말/VX_았/EP_다/EF	112402	66	1213	-1147
7	지/EC_못하/VX_었/EP_다/EF	136834	45	1191	-1146

8	는/ETM_것/NNB_이/VCP_다/EF	645386	3	1142	-1139
9	아/EC_지/VX_었/EP_다/EF	147828	37	1176	-1139
10	았/EP_기/ETN_때문/NNB_이/VCP	116782	60	1199	-1139

[표 33]에서 보다시피, 문어에서는 원인을 표시하는 '기/ETN_때문/NNB_이/VCP'를 포함한 '기/ETN_때문/NNB_이/VCP_다/EF, 았/EP_기/ETN_때문/NNB_이/VCP' 등 연속 표현들이 구어와의 순위 차이가 비교적 컸다. 그리고 보조동사 '있/VX, 말/VX, 못하/VX, 지/VX'와 선어말어미 '-았/었/였/EP'로 결합한 '어/EC_있/VX_었/EP_다/EF, 고/EC_말/VX_았/EP_다/EF, 지/EC_못하/VX_였/EP_다/EF, 아/EC_지/VX_었/EP_다/EF' 등 연속 표현들이 구어와의 순위 차이가 컸다.

다음 [표 34]는 구어 말뭉치에서 상위 순위에 위치하고 있지만 문어 말뭉치에서는 하위 순위에 위치하고 있는 두 말뭉치에서 순위 차가 가장 많은 4-gram 연속 표현 상위 10위를 제시한 것이다.

[표 34] 구어 4-gram 연속 표현 위주로 순위 차 상위 10

순위	4-gram	사용도	구어 순위	문어 순위	순위 차
1	뭐/NP_하/VV_는/ETM_거/NNB	106271	35	2666	2631
2	뭐/NP_이/VCP_라/EC_그러/VV	65747	61	2672	2611
3	하/VV_지/EC_말/VX_아/EF	114690	33	2626	2593
4	안/MAG_되/VV_는/ETM_거/NNB	51123	82	2643	2561
5	시/EP_ㄴ/ETM_거/NNB_이/VCP	67268	58	2614	2556
6	어/EC_주/VX_는/ETM_거/NNB	30455	129	2670	2541
7	면/EC_안/MAG_되/VV_어요/EF	32408	123	2661	2538
8	되/VV_ㄹ/ETM_거/NNB_아니/VCN	42700	96	2633	2537
9	ㄹ/ETM_거/NNB_이/VCP_면/EC	29106	133	2668	2535
10	ㄹ/ETM_거/NNB_이/VCP_니까/EC	25834	147	2670	2523

[표 34]에서 보다시피, 구어에서는 '무엇'의 축약형인 '뭐'를 포함한 '뭐/NP_하/VV_는/ETM_거/NNB, 뭐/NP_이/VCP_라/EC_그러/VV' 등 연속 표현들이 문어보다 높은 순위를 차지하였다. 그리고 부사 '안/MAG'을 포함한 '안/MAG_되/VV_는/ETM_거/NNB, 면/EC_안/MAG_되/VV_어요/EF' 등 연속 표현들이 문어보다 순위가 높다는 것을 확인할 수 있다.

한국어 4-gram 연속 표현을 종합 사용도 순위를 정하는 방법에 따라 통계하면 총 7694개의 순위로 나뉘고 범용 4-gram 연속 표현 상위 순위 20위를 제시하면 아래와 같다.

[표 35] 한국어 4-gram 연속 표현 범용 목록 상위20

종합 순위	평균 사용도	4-gram 연속 표현	문어 순위	구어 순위
1	1247114	는/ETM_거/NNB_이/VCP_야/EF	232	1
2	848635	ㄹ/ETM_수/NNB_있/VA_는/ETM	1	5
3	778051	ㄴ/ETM_거/NNB_이/VCP_야/EF	682	2
4	580291	ㄹ/ETM_거/NNB_이/VCP_야/EF	399	3
5	429814	하/VV_는/ETM_거/NNB_이/VCP	1018	4
6	409799	고/EC_있/VX_었/EP_다/EF	2	1020
7	363382	하/VV_ㄹ/ETM_수/NNB_있/VA	11	10
8	342140	ㄹ/ETM_수/NNB_도/JX_있/VA	18	8
9	322861	는/ETM_것/NNB_이/VCP_다/EF	3	1142
10	317391	ㄴ/ETM_것/NNB_이/VCP_다/EF	4	962
11	314303	ㄹ/ETM_수/NNB_있/VA_다/EF	5	327
12	298980	지/EC_않/VX_았/EP_다/EF	6	1025
13	291172	ㄹ/ETM_것/NNB_이/VCP_다/EF	7	503
14	287184	기/ETN_때문/NNB_이/VCP_다/EF	8	1169
15	277264	는/ETM_거/NNB_이/VCP_에요/EF	1050	6
16	255549	되/VV_는/ETM_거/NNB_이/VCP	1300	7
17	231073	고/EC_있/VX_는/ETM_것/NNB	9	228
18	218664	ㄹ/ETM_수/NNB_가/JKS_없/VA	23	18
19	214642	ㄹ/ETM_수/NNB_없/VA_는/ETM	13	70
20	210215	것/NNB_이/VCP_었/EP_다/EF	10	

5.2.4 5-gram 연속 표현

통계에 따르면 문어 5-gram 연속 표현 타입 수는 36783개로 전체 연속 표현 타입 수의 7.59%를 차지하고 1375개의 순위로 나뉘었고 구어 5-gram 연속 표현 타입 수는 7539개로 전체 연속 표현 타입 수의 6.04%를 차지하고 471개의 순위로 나뉜다. 두 말뭉치에서 공동으로 사용되는 5-gram 연속 표현 타입 수는 1670개인데 문어 연속 표현 타입 수의 4.54%를 차지하고 구어 연속 표현 타입 수의 22.15%를 차지한다.

다음 [표 36]은 두 가지 말뭉치에서 추출된 5-gram 연속 표현 사용도 순위 상위 20위를 중심으로 비교한 것이다.

[표 36] 문어 및 구어 5-gram 연속 표현 사용도 순위 비교 상위 20

문어 5-gram	사용도	문어 순위	구어 순위
기/ETN_도/JX_하/VX_였/EP_다/EF	233379	1	
었/EP_던/ETM_것/NNB_이/VCP_다/EF	150516	2	
는/ETM_것/NNB_이/VCP_었/EP_다/EF	148729	3	
고/EC_있/VX_는/ETM_것/NNB_이/VCP	123648	4	343
ㄹ/ETM_수/NNB_있/VA_을/ETM_것/NNB	117507	5	148
ㄹ/ETM_수/NNB_있/VA_었/EP_다/EF	101991	6	466
ㄹ/ETM_수/NNB_있/VA_는/ETM_것/NNB	99005	7	52
았/EP_던/ETM_것/NNB_이/VCP_다/EF	97940	8	
하/VV_ㄹ/ETM_수/NNB_있/VA_다/EF	93665	9	366
지/EC_않/VX_을/ETM_수/NNB_없/VA	92031	10	
있/VX_는/ETM_것/NNB_이/VCP_다/EF	80921	11	
ㄴ/ETM_것/NNB_이/VCP_었/EP_다/EF	79785	12	
는/ETM_것/NNB_이/JKC_아니/VCN_라/EC	79518	13	105
었/EP_기/ETN_때문/NNB_이/VCP_다/EF	77857	14	
수/NNB_있/VA_을/ETM_것/NNB_이/VCP	73508	15	386
하/VX_ㄹ/ETM_것/NNB_이/VCP_다/EF	73508	15	460
이/VCP_ㄴ/ETM_것/NNB_이/VCP_다/EF	72637	16	

	사용도	구어 순위	문어 순위
다/EC_고/JKQ_말하/VV_였/EP_다/EF	72028	17	
ㄹ/ETM_수/NNB_가/JKS_없/VA_었/EP	69911	18	143
하/VV_ㄹ/ETM_수/NNB_있/VA_는/ETM	68660	19	8
구어 5-gram	사용도	구어 순위	문어 순위
하/VV_는/ETM_거/NNB_이/VCP_야/EF	208885	1	684
뭐/NP_하/VV_는/ETM_거/NNB_이/VCP	101079	2	1368
ㄹ/ETM_수/NNB_있/VA_는/ETM_거/NNB	74179	3	1193
되/VV_는/ETM_거/NNB_이/VCP_야/EF	59192	4	997
고/EC_있/VX_는/ETM_거/NNB_이/VCP	57887	5	483
어떻게/MAG_되/VV_ㄴ/ETM_거/NNB_이/VCP	55083	6	
되/VV_ㄴ/ETM_거/NNB_이/VCP_야/EF	50339	7	1230
하/VV_ㄹ/ETM_수/NNB_있/VA_는/ETM	45524	8	19
하/VV_ㄴ/ETM_거/NNB_이/VCP_야/EF	43961	9	1351
하/VV_ㄹ/ETM_거/NNB_이/VCP_야/EF	36201	10	1179
ㄹ/ETM_수/NNB_있/VA_을/ETM_거/NNB	26805	11	841
오/VV_ㄴ/ETM_거/NNB_이/VCP_야/EF	25478	12	1345
수/NNB_있/VA_는/ETM_거/NNB_이/VCP	23709	13	1143
있/VX_는/ETM_거/NNB_이/VCP_야/EF	22883	14	864
는/ETM_거/NNB_이/VCP_잖/EPX_아/EF	22393	15	
하/VV_는/ETM_거/NNB_이/VCP_에요/EF	22288	16	1351
는/ETM_거/NNB_이/JKC_아니/VCN_라/EC	21713	17	
안/MAG_되/VV_는/ETM_거/NNB_이/VCP	20790	18	1363
되/VV_ㄹ/ETM_거/NNB_아니/VCN_야/EF	20616	19	
시/EP_는/ETM_거/NNB_이/VCP_에요/EF	20012	20	1316

[표 36]을 비교해 보면, 첫째, 5-gram 연속 표현에서는 '하/VV_ㄹ/ETM_수/NNB_있/VA_는/ETM'이 문어와 구어에서 모두 높은 순위를 차지하고 있다. 둘째, 문어 상위 순위에서 역시 'ㄹ/ETM_수/NNB_있/VA'를 포함한 5-gram 연속 표현들이 있지만 가장 많이 사용되고 있는 연속 표현은 '기/ETN_도/JX_하/VX_였/EP_다/EF'로 바뀌였다. 셋째, 5-gram 연속 표현부터는 문어에서 높은 순위로 사용되는 연속 표현들은 구어에서는 출현하지 않았다. 그

리고 구어에서 높은 순위로 사용되는 연속 표현들은 문어에서 낮은 순위로 사용되거나 사용되지 않았다.

두 가지 말뭉치에서 공동으로 나타난 5-gram 연속 표현 대상으로 우리는 사용도 순위 차이를 구할 수 있다. 다음 [표 37]은 문어 말뭉치에서 상위 순위에 위치하고 있지만 구어 말뭉치에서는 하위 순위에 위치하고 있는 두 말뭉치에서 순위 차가 가장 많은 5-gram 연속 표현 상위 10위를 제시한 것이다.

[표 37] 문어 5-gram 연속 표현 위주로 순위 차 상위 10

순위	5-gram	사용도	문어 순위	구어 순위	순위 차
1	ㄹ/ETM_수/NNB_있/VA_었/EP_다/EF	101991	6	466	-460
2	기/ETN_로/JKB_하/VV_였/EP_다/EF	62917	21	470	-449
3	하/VX_ㄹ/ETM_것/NNB_이/VCP_다/EF	73508	15	460	-445
4	ㄹ/ETM_수/NNB_없/VA_었/EP_다/EF	61592	24	456	-432
5	보/VV_ㄹ/ETM_수/NNB_있/VA_다/EF	40195	39	464	-425
6	고/EC_있/VX_기/ETN_때문/NNB_이/VCP	33667	51	468	-417
7	지/EC_않/VX_을/ETM_것/NNB_이/VCP	37550	43	459	-416
8	ㄹ/ETM_수/NNB_밖에/JX_없/VA_었/EP	44627	36	448	-412
9	어야/EC_하/VX_ㄹ/ETM_것/NNB_이/VCP	38116	40	443	-403
10	이/VCP_라/EC_하/VV_ㄹ/ETM_수/NNB	27393	67	457	-390

[표 37]에서 보다시피, 문어에서는 'ㄹ/ETM_수/NNB_있/VA_다/EF' 앞에 동사 '보/VV'가 출현하는 연속 표현과 중간에 보조사 '밖에/JX'를 포함한 'ㄹ/ETM_수/NNB_밖에/JX_없/VA_었/EP'와 같은 연속 표현들이 구어보다 높은 순위를 차지하고 있음을 확인할 수 있다. 그리고 문어에서는 '잖/EPX' 보다 '지/EC_않/VX'로 풀이된 '지/EC_않/VX_을/ETM_것/NNB_이/VCP'와 같은 연속 표현이 구어보다 높은 순위로 사용되고 있다.

다음 [표 38]은 구어 말뭉치에서 상위 순위에 위치하고 있지만 문어 말뭉치에서는 하위 순위에 위치하고 있는 두 말뭉치에서 순위 차가 가장 많은 5-gram 연속 표현 상위 10위를 제시한 것이다.

[표 38] 구어 5-gram 연속 표현 위주로 순위 차 상위 10

순위	5-gram	사용도	구어 순위	문어 순위	순위 차
1	뭐/NP_하/VV_는/ETM_거/NNB_이/VCP	101079	2	1368	1366
2	안/MAG_되/VV_는/ETM_거/NNB_이/VCP	20790	18	1363	1345
3	어/EC_주/VX_는/ETM_거/NNB_이/VCP	12341	32	1375	1343
4	하/VV_ㄴ/ETM_거/NNB_이/VCP_야/EF	43961	9	1351	1342
5	하/VV_는/ETM_거/NNB_이/VCP_에요/EF	22288	16	1351	1335
6	오/VV_ㄴ/ETM_거/NNB_이/VCP_야/EF	25478	12	1345	1333
7	되/VV_는/ETM_거/NNB_이/VCP_에요/EF	11084	37	1367	1330
8	가/VV_ㄴ/ETM_거/NNB_이/VCP_야/EF	10992	38	1360	1322
9	ㄹ/ETM_줄/NNB_알/VV_았/EP_어/EF	7612	62	1374	1312
10	좀/MAG_하/VV_여/EC_주/VX_시/EP	8941	50	1360	1310

[표 38]에서 보다시피, 구어에서는 'ㄴ/ETM_거/NNB_이/VCP_야/EF' 앞에 '하다/VV, 오/VV, 가/VV' 등 동사들이 출현하는 '하/VV_ㄴ/ETM_거/NNB_이/VCP_야/EF, 오/VV_ㄴ/ETM_거/NNB_이/VCP_야/EF, 가/VV_ㄴ/ETM_거/NNB_이/VCP_야/EF' 등 연속 표현들이 문어보다 높은 순위를 차지하고 있다. 그리고 '는/ETM_거/NNB_이/VCP_에요/EF' 앞에 '하다/VV, 되다/VV' 동사들이 출현하는 '하/VV_는/ETM_거/NNB_이/VCP_에요/EF, 되/VV_는/ETM_거/NNB_이/VCP_에요/EF' 등 연속 표현들이 문어보다 높은 순위를 차지한다. 마지막으로 구어에서 의존명사 '줄/NNB'을 포함한 'ㄹ/ETM_줄/NNB_알/VV_았/EP_어/EF'와 같은 연속 표현도 문어보다 훨씬 높은 순위를 차지하고 있음을 확인할 수 있다.

한국어 5-gram 연속 표현을 종합 사용도 순위를 정하는 방법에 따라 통계하면 총 2840개의 순위로 나뉘고 범용 5-gram 연속 표현 상위 순위 20위를 제시하면 아래와 같다.

[표 39] 한국어 5-gram 연속 표현 범용 목록 상위 20

종합 순위	평균 사용도	5-gram 연속 표현	문어 순위	구어 순위
1	233379	기/ETN_도/JX_하/VX_였/EP_다/EF	1	
2	210989	하/VV_는/ETM_거/NNB_이/VCP_야/EF	684	1
3	150516	었/EP_던/ETM_것/NNB_이/VCP_다/EF	2	
4	148729	는/ETM_것/NNB_이/VCP_었/EP_다/EF	3	
5	124400	고/EC_있/VX_는/ETM_것/NNB_이/VCP	4	343
6	120849	ㄹ/ETM_수/NNB_있/VA_을/ETM_것/NNB	5	148
7	114184	하/VV_ㄹ/ETM_수/NNB_있/VA_는/ETM	19	8
8	107775	ㄹ/ETM_수/NNB_있/VA_는/ETM_것/NNB	7	52
9	102069	ㄹ/ETM_수/NNB_있/VA_었/EP_다/EF	6	466
10	101123	뭐/NP_하/VV_는/ETM_거/NNB_이/VCP	1368	2
11	97940	았/EP_던/ETM_것/NNB_이/VCP_다/EF	8	
12	94261	하/VV_ㄹ/ETM_수/NNB_있/VA_다/EF	9	366
13	92031	지/EC_않/VX_을/ETM_수/NNB_없/VA	10	
14	84605	는/ETM_것/NNB_이/JKC_아니/VCN_라/EC	13	105
15	80921	있/VX_는/ETM_것/NNB_이/VCP_다/EF	11	
16	79785	ㄴ/ETM_것/NNB_이/VCP_었/EP_다/EF	12	
17	77857	었/EP_기/ETN_때문/NNB_이/VCP_다/EF	14	
18	74567	ㄹ/ETM_수/NNB_있/VA_는/ETM_거/NNB	1193	3
19	73987	수/NNB_있/VA_을/ETM_것/NNB_이/VCP	15	386
20	73609	하/VX_ㄹ/ETM_것/NNB_이/VCP_다/EF	15	460

5.2.5 6-gram 연속 표현

통계에 따르면 문어 6-gram 연속 표현 타입 수는 12249개로 전체 연속 표현 타입 수의 2.53%를 차지하고 646개의 순위로 나뉘었고 구어 6-gram 연속 표현 타입 수는 1878개로 전체 연속 표현 타입 수의 1.50%를 차지하고

167개의 순위로 나뉜다. 두 말뭉치에서 공동으로 사용되는 6-gram 연속 표현 타입 수는 256개인데 문어 연속 표현 타입 수의 2.09%를 차지하고 구어 연속 표현 타입 수의 13.63%를 차지한다.

다음 [표 40]은 두 가지 말뭉치에서 추출된 6-gram 연속 표현 사용도 순위 상위 20위를 중심으로 비교한 것이다.

[표 40] 문어 및 구어 6-gram 연속 표현 사용도 순위 비교 상위 20

문어 6-gram	사용도	문어 순위	구어 순위
ㄹ/ETM_수/NNB_있/VA_을/ETM_것/NNB_이/VCP	65374	1	104
고/EC_있/VX_는/ETM_것/NNB_이/VCP_다/EF	57657	2	
이/VCP_라고/EC_하/VV_ㄹ/ETM_수/NNB_있/VA	48600	3	14
ㄹ/ETM_수/NNB_가/JKS_없/VA_었/EP_다/EF	44717	4	
어야/EC_하/VX_ㄹ/ETM_것/NNB_이/VCP_다/EF	34301	5	
수/NNB_있/VA_을/ETM_것/NNB_이/VCP_다/EF	32650	6	166
것/NNB_으로/JKB_알리/VV_어/EC_지/VX_었/EP	31849	7	
으로/JKB_알리/VV_어/EC_지/VX_었/EP_다/EF	31084	8	
ㄴ/ETM_것/NNB_으로/JKB_알리/VV_어/EC_지/VX	27304	9	
ㄹ/ETM_수/NNB_있/VA_는/ETM_것/NNB_이/VCP	23608	10	145
지/EC_않/VX_을/ETM_수/NNB_없/VA_었/EP	23280	11	
이/VCP_라/EC_하/VV_ㄹ/ETM_수/NNB_있/VA	22134	12	164
고/EC_있/VX_기/ETN_때문/NNB_이/VCP_다/EF	21711	13	
어야/EC_하/VX_ㄹ/ETM_것/NNB_이/VCP_다/EF	20555	14	
라고/EC_하/VV_ㄹ/ETM_수/NNB_있/VA_다/EF	19457	15	
게/EC_되/VV_ㄴ/ETM_것/NNB_이/VCP_다/EF	18778	16	
ㄹ/ETM_수/NNB_밖에/JX_없/VA_었/EP_다/EF	18232	17	
지/EC_않/VX_을/ETM_수/NNB_없/VA_다/EF	15135	18	
게/EC_되/VV_ㄹ/ETM_것/NNB_이/VCP_다/EF	14655	19	149
지/EC_않/VX_을/ETM_것/NNB_이/VCP_다/EF	14279	20	167
구어 6-gram	사용도	구어 순위	문어 순위
뭐/NP_하/VV_는/ETM_거/NNB_이/VCP_야/EF	39899	1	
어떻게/MAG_되/VV_ㄴ/ETM_거/NNB_이/VCP_야/EF	19958	2	
ㄹ/ETM_수/NNB_있/VA_는/ETM_거/NNB_이/VCP	17531	3	502

제5장 한국어 연속 표현의 특성 143

고/EC_있/VX_는/ETM_거/NNB_이/VCP_야/EF	11678	4	354
ㄹ/ETM_수/NNB_있/VA_을/ETM_거/NNB_이/VCP	8544	5	284
지금/MAG_뭐/NP_하/VV_는/ETM_거/NNB_이/VCP	6967	6	
ㄹ/ETM_수/NNB_도/JX_있/VA_는/ETM_거/NNB	6740	7	
수/NNB_도/JX_있/VA_는/ETM_거/NNB_이/VCP	6642	8	
오/VV_았/EP_다/EC_가/VV_았/EP_다/EC	6359	9	60
ㄹ/ETM_수/NNB_있/VA_을/ETM_거/NNB_같/VA	5308	10	
았/EP_다/EC_가/VV_았/EP_다/EC_하/VV	4517	11	104
하/VV_ㄹ/ETM_수/NNB_있/VA_는/ETM_거/NNB	4055	12	646
하/VV_고/EC_있/VX_는/ETM_거/NNB_이/VCP	3483	13	542
이/VCP_라고/EC_하/VV_ㄹ/ETM_수/NNB_있/VA	3450	14	3
뭐/NP_하/VV_는/ETM_짓/NNG_이/VCP_야/EF	3244	15	
좀/MAG_하/VV_여/EC_주/VX_시/EP_에요/EF	3082	16	
어/EC_버리/VX_ㄹ/ETM_거/NNB_이/VCP_야/EF	3000	17	642
하/VV_여/EC_주/VX_ㄹ/ETM_수/NNB_있/VA	2774	18	484
어/EC_주/VX_ㄹ/ETM_터/NNB_이/VCP_니까/EC	2731	19	623
면/EC_안/MAG_되/VV_는/ETM_거/NNB_이/VCP	2720	20	

[표 40]을 비교해 보면, 첫째, 6-gram 연속 표현에는 구어와 문어에서 동시에 높은 순위를 차지하는 연속 표현은 '이/VCP_라고/EC_하/VV_ㄹ/ETM_수/NNB_있/VA' 하나뿐이다. 둘째, 상위 순위에서 문어와 구어에서 공동으로 출현하는 연속 표현의 수가 많이 줄어들었는데 문어에서는 7개, 구어에서는 11개뿐이다. 공동으로 출현하는 연속 표현을 살펴보면 3-gram에서 상위 순위를 차지하는 연속 표현들이 결합해서 나타난다. 예를 들면 'ㄹ/ETM_수/NNB_있/VA'와 '을/ETM_것/NNB_이/VCP', 'ㄹ/ETM_수/NNB_있/VA'와 '는/ETM_것/NNB_이/VCP', '하/VV_ㄹ/ETM_수/NNB'와 '있/VA_는/ETM_거/NNB' 등 연속 표현들이 6-gram에서도 높은 순위를 차지하고 있다. 셋째, 구어에서 1, 2위를 차지하는 '뭐/NP_하/VV_는/ETM_거/NNB_이/VCP_야/EF, 어떻게/MAG_되/VV_ㄴ/ETM_거/NNB_이/VCP_야/EF' 등 연속 표현은

온전한 한마디 대화 내용으로 사용될 수 있지만 문어에서는 아직 온전한 문구로 사용할 수 있는 연속 표현은 상위 순위에 출현하지 않았다.

두 가지 말뭉치에서 공동으로 나타난 6-gram 연속 표현을 대상으로 우리는 사용도 순위 차이를 구할 수 있다. 다음 [표 41]은 문어 말뭉치에서 상위 순위에 위치하고 있지만 구어 말뭉치에서는 하위 순위에 위치하고 있는 두 말뭉치에서 순위 차가 가장 많은 6-gram 연속 표현 상위 10위를 제시한 것이다.

[표 41] 문어 6-gram 연속 표현 위주로 순위 차 상위 10

순위	6-gram	사용도	문어 순위	구어 순위	순위 차
1	수/NNB_있/VA_을/ETM_것/NNB_이/VCP_다/EF	32650	6	166	-160
2	이/VCP_라/EC_하/VV_ㄹ/ETM_수/NNB_있/VA	22134	12	164	-152
3	지/EC_않/VX_을/ETM_것/NNB_이/VCP_다/EF	14279	20	167	-147
4	ㄹ/ETM_수/NNB_있/VA_는/ETM_것/NNB_이/VCP	23608	10	145	-135
5	ㄹ/ETM_수/NNB_있/VA_었/EP_던/ETM_것/NNB	10504	33	164	-131
6	게/EC_되/VV_ㄹ/ETM_것/NNB_이/VCP_다/EF	14655	19	149	-130
7	ㄹ/ETM_수/NNB_있/VA_게/EC_되/VV_었/EP	11944	24	152	-128
8	ㄹ/ETM_수/NNB_없/VA_는/ETM_일/NNG_이/VCP	9392	39	153	-114
9	ㄹ/ETM_수/NNB_있/VA_을/ETM_것/NNB_이/VCP	65374	1	104	-103
10	고/EC_있/VX_는/ETM_것/NNB_이/JKC_아니/VCN	4600	69	167	-98

[표 41]에서 보다시피, 문어에서는 '지/EC_않/VX_을/ETM_것/NNB_이/VCP_다/EF, 게/EC_되/VV_ㄹ/ETM_것/NNB_이/VCP_다/EF, ㄹ/ETM_수/NNB_있/VA_을/ETM_것/NNB_이/VCP'와 같은 주장을 나타내는 표현들이 구어보다 높은 순위를 차지하고 있음을 확인할 수 있다.

다음 [표 42]는 구어 말뭉치에서 상위 순위에 위치하고 있지만 문어 말뭉치에서는 하위 순위에 위치하고 있는 순위 차이가 가장 많은 6-gram 연속 표현 상위 10위를 제시한 것이다.

[표 42] 구어 6-gram 연속 표현 위주로 순위 차 상위 10

순위	6-gram	사용도	구어 순위	문어 순위	순위 차
1	하/VV_ㄹ/ETM_수/NNB_있/VA_는/ETM_거/NNB	4055	12	646	634
2	어/EC_버리/VX_ㄹ/ETM_거/NNB_이/VCP_야/EF	3000	17	642	625
3	하/VV_시/EP_는/ETM_거/NNB_이/VCP_에요/EF	2228	28	645	617
4	게/EC_되/VV_ㄹ/ETM_거/NNB_이/VCP_야/EF	2709	21	626	605
5	어/EC_주/VX_ㄹ/ETM_터/NNB_이/VCP_니까/EC	2731	19	623	604
6	면/EC_되/VV_는/ETM_거/NNB_이/VCP_야/EF	1438	44	639	595
7	그것/NP_이/JKS_무슨/MM_소리/NNG_이/VCP_야/EF	1603	41	631	590
8	고/EC_있/VX_었/EP_던/ETM_거/NNB_이/VCP	1060	51	641	590
9	는/ETM_것/NNB_이/JKS_좋/VA_을/ETM_NNB	2000	29	617	588
10	어/EC_있/VX_는/ETM_거/NNB_이/VCP_야/EF	1095	49	634	585

[표 42]에서 보다시피, 구어에서는 '거/NNB_이/VCP_야/EF'를 포함한 '어/EC_버리/VX_ㄹ/ETM_거/NNB_이/VCP_야/EF, 게/EC_되/VV_ㄹ/ETM_거/NNB_이/VCP_야/EF, 면/EC_되/VV_는/ETM_거/NNB_이/VCP_야/EF, 어/EC_있/VX_는/ETM_거/NNB_이/VCP_야/EF' 등 연속 표현들이 구어에서 높은 순위를 차지하고 있다. 그리고 온전한 한마디 대화 내용으로 사용할 수 있는 '그것/NP_이/JKS_무슨/MM_소리/NNG_이/VCP_야/EF'도 문어보다 높은 순위로 사용되고 있음을 확인할 수 있다.

한국어 6-gram 연속 표현을 종합 사용도 순위를 정하는 방법에 따라 통계하면 총 968개의 순위로 나뉘고 범용 6-gram 연속 표현 상위 순위 20위를 제시하면 아래와 같다.

[표 43] 한국어 6-gram 연속 표현 범용 목록 상위 20

종합 순위	평균 사용도	6-gram 연속 표현	문어 순위	구어 순위
1	32897	ㄹ/ETM_수/NNB_있/VA_을/ETM_것/NNB_이/VCP	1	104

2	28829	고/EC_있/VX_는/ETM_것/NNB_이/VCP_다/EF	2	
3	26025	이/VCP_라고/EC_하/VV_ㄹ/ETM_수/NNB_있/VA	3	14
4	22358	ㄹ/ETM_수/NNB_가/JKS_없/VA_었/EP_다/EF	4	
5	19949	뭐/NP_하/VV_는/ETM_거/NNB_이/VCP_야/EF		1
6	17151	아야/EC_하/VX_ㄹ/ETM_것/NNB_이/VCP_다/EF	5	
7	16353	수/NNB_있/VA_을/ETM_것/NNB_이/VCP_다/EF	6	166
8	15924	것/NNB_으로/JKB_알리/VV_어/EC_지/VX_었/EP	7	
9	15542	으로/JKB_알리/VV_어/EC_지/VX_었/EP_다/EF	8	
10	13652	ㄴ/ETM_것/NNB_으로/JKB_알리/VV_어/EC_지/VX	9	
11	11885	ㄹ/ETM_수/NNB_있/VA_는/ETM_것/NNB_이/VCP	10	145
12	11640	지/EC_않/VX_을/ETM_수/NNB_없/VA_었/EP	11	
13	11100	이/VCP_라/EC_하/VV_ㄹ/ETM_수/NNB_있/VA	12	164
14	10855	고/EC_있/VX_기/ETN_때문/NNB_이/VCP_다/EF	13	
15	10277	이야/EC_히/VX_ㄹ/ETM_것/NNB_이/VCP_다/EF	14	
16	9979	어떻게/MAG_되/VV_ㄴ/ETM_거/NNB_이/VCP_야/EF		2
17	9728	라고/EC_하/VV_ㄹ/ETM_수/NNB_있/VA_다/EF	15	
18	9389	게/EC_되/VV_ㄴ/ETM_것/NNB_이/VCP_다/EF	16	
19	9116	ㄹ/ETM_수/NNB_밖에/JX_없/VA_었/EP_다/EF	17	
20	8941	ㄹ/ETM_수/NNB_있/VA_는/ETM_거/NNB_이/VCP	502	3

5.2.6 7-gram 연속 표현

통계에 따르면 문어 7-gram 연속 표현 타입 수는 3524개로 전체 연속 표현 타입 수의 0.73%를 차지하고 295개의 순위로 나뉘었고 구어 7-gram 연속 표현 타입 수는 340개로 전체 연속 표현 타입 수의 0.27%를 차지하고 56개의 순위로 나뉜다. 두 말뭉치에서 공동으로 사용되는 7-gram 연속 표현 타입 수는 30개인데 문어 연속 표현 타입 수의 0.85%를 차지하고 구어 연속 표현 타입 수의 8.82%를 차지한다.

다음 [표 44]는 두 가지 말뭉치에서 추출된 7-gram 연속 표현 사용도 순위 상위 20위를 중심으로 비교한 것이다.

[표 44] 문어 및 구어 7-gram 연속 표현 사용도 순위 비교 상위 20

문어 7-gram	사용도	문어 순위	구어 순위
것/NNB_으로/JKB_알리/VV_어/EC_지/VX_었/EP_다/EF	29502	1	
ㄹ/ETM_수/NNB_있/VA_을/ETM_것/NNB_이/VCP_다/EF	28751	2	
이/VCP_라고/EC_하/VV_ㄹ/ETM_수/NNB_있/VA_다/EF	19048	3	
ㄴ/ETM_것/NNB_으로/JKB_알리/VV_어/EC_지/VX_었/EP	16093	4	
지/EC_않/VX_을/ETM_수/NNB_없/VA_었/EP_다/EF	12355	5	
이/VCP_라/EC_하/VV_ㄹ/ETM_수/NNB_있/VA_다/EF	12119	6	
ㄹ/ETM_수/NNB_있/VA_는/ETM_것/NNB_이/VCP_다/EF	9417	7	
ㄹ/ETM_수/NNB_있/VA_기/ETN_때문/NNB_이/VCP_다/EF	8448	8	
고/EC_있/VX_다/EC_고/JKQ_말하/VV_였/EP_다/EF	6556	9	
고/EC_있/VX_었/EP_던/ETM_것/NNB_이/VCP_다/EF	6489	10	
는/ETM_것/NNB_으로/JKB_알리/VV_어/EC_지/VX_었/EP	4393	11	
으로/JKB_알리/VV_어/EC_지/VX_어/EC_있/VX_다/EF	4163	12	
있/VX_는/ETM_것/NNB_으로/JKB_알리/VV_어/EC_지/VX	3871	13	
것/NNB_으로/JKB_밝히/VV_어/EC_지/VX_었/EP_다/EF	3810	14	
이/VCP_ㄴ/ETM_것/NNB_으로/JKB_알리/VV_어/EC_지/VX	3506	15	
고/EC_있/VX_는/ETM_것/NNB_으로/JKB_알리/VV_어/EC	3489	16	
ㄹ/ETM_수/NNB_있/VA_다는/ETM_것/NNB_이/VCP_다/EF	3409	17	
오/VV_았/EP_다/EC_가/VV_았/EP_다/EC_하/VV	3311	18	2
ㄹ/ETM_수/NNB_있/VA_었/EP_던/ETM_것/NNB_은/JX	3139	19	
것/NNB_으로/JKB_알리/VV_어/EC_지/VX_어/EC_있/VX	3071	20	
구어 7-gram	사용도	구어 순위	문어 순위
ㄹ/ETM_수/NNB_도/JX_있/VA_는/ETM_거/NNB_이/VCP	5485	1	
오/VV_았/EP_다/EC_가/VV_았/EP_다/EC_하/VV	4156	2	18
지금/MAG_뭐/NP_하/VV_는/ETM_거/NNB_이/VCP_야/EF	2516	3	
좋/VA_은/ETM_말/NNG_로/JKB_하/VV_ㄹ/ETM_때/NNG	851	4	
하/VV_여/EC_주/VX_ㄹ/ETM_수/NNB_있/VA_는/ETM	774	5	227
하/VV_고/EC_있/VX_는/ETM_거/NNB_이/VCP_야/EF	737	6	280
는/ETM_것/NNB_이/JKS_좋/VA_을/ETM_거/NNB_이/VCP	735	7	275
죽이/VV_어/EC_버리/VX_ㄹ/ETM_거/NNB_이/VCP_야/EF	697	8	
ㄹ/ETM_수/NNB_있/VA_는/ETM_거/NNB_이/VCP_야/EF	664	9	
무슨/MM_짓/NNG_을/JKO_하/VV_ㄴ/ETM_거/NNB_이/VCP	658	10	
뭐/NP_하/VV_시/EP_는/ETM_거/NNB_이/VCP_에요/EF	627	11	

ㄹ/ETM_수/NNB_있/VA_을/ETM_거/NNB_이/VCP_야/EF	627	11	257
같/VA_은/ETM_소리/NNG_하/VV_고/EC_있/VX_네/EF	597	12	
짓/NNG_을/JKO_하/VV_ㄴ/ETM_거/NNB_이/VCP_야/EF	564	13	
ㄹ/ETM_수/NNB_있/VA_을/ETM_거/NNB_이/VCP_ㅂ니다/EF	490	14	
알/VV_아서/EC_하/VV_ㄹ/ETM_터/NNB_이/VCP_니까/EC	472	15	
무슨/MM_소리/NNG_하/VV_는/ETM_거/NNB_이/VCP_야/EF	442	16	
고/EC_있/VX_었/EP_던/ETM_거/NNB_이/VCP_야/EF	442	16	
ㄹ/ETM_수/NNB_가/JKS_있/VA_는/ETM_거/NNB_이/VCP	439	17	
ㄹ/ETM_수/NNB_있/VA_는/ETM_거/NNB_이/VCP_죠/EF	431	18	

[표 44]를 비교해 보면, 첫째, '오/VV_았/EP_다/EC_가/VV_았/EP_다/EC_하/VV' 연속 표현이 문어와 구어에서 모두 높은 순위를 차지하고 있다. 둘째, 문어에서 7-gram 연속 표현에서는 '섯/NNB_으로/JKB_일리/VV_어/EC_지/VX_었/EP_다/EF, 으로/JKB_알리/VV_어/EC_지/VX_어/EC_있/VX_다/EF, 고/EC_있/VX_다/EC_고/JKQ_말하/VV_였/EP_다/EF, 것/NNB_으로/JKB_밝히/VV_어/EC_지/VX_었/EP_다/EF'와 같이 사실을 알리는 연속 표현들이 높은 순위를 차지하고 있음을 확인할 수 있다. 셋째, 구어 7-gram 연속 표현에서는 '지금/MAG_뭐/NP_하/VV_는/ETM_거/NNB_이/VCP_야/EF, 죽이/VV_어/EC_버리/VX_ㄹ/ETM_거/NNB_이/VCP_야/EF, 뭐/NP_하/VV_시/EP_는/ETM_거/NNB_이/VCP_에요/EF, 알/VV_아서/EC_하/VV_ㄹ/ETM_터/NNB_이/VCP_니까/EC, 무슨/MM_소리/NNG_하/VV_는/ETM_거/NNB_이/VCP_야/EF' 등과 같이 온전한 의미를 표시하는 문구가 점점 늘어났다.

두 가지 말뭉치에서 공동으로 나타난 7-gram 연속 표현 대상으로 우리는 사용도 순위 차이를 구할 수 있다.

[표 45] 문어 7-gram 연속 표현 위주로 순위 차 상위 10

순위	7-gram	사용도	문어 순위	구어 순위	순위 차
1	ㄹ/ETM_수/NNB_있/VA_는/ETM_것/NNB_이/JKC_아니/VCN	1727	42	49	-7
2	이/VCP_라고/EC_하/VV_ㄹ/ETM_수/NNB_있/VA_는/ETM	2510	24	29	-5
3	오/VV_았/EP_다/EC_가/VV_았/EP_다/EC_하/VV	3311	18	2	16
4	는/ETM_것/NNB_을/JKO_보/VV_ㄹ/ETM_수/NNB_있/VA	518	124	56	68
5	이/VCP_라고/EC_하/VV_ㄹ/ETM_수/NNB_있/VA_겠/EP	476	132	55	77
6	가/JKS_하/VV_ㄹ/ETM_수/NNB_있/VA_는/ETM_일/NNG	467	135	53	82
7	하/VV_여/EC_보/VX_ㄴ/ETM_적/NNB_이/JKS_없/VA	464	136	40	96
8	았/EP_다/EC_가/VV_았/EP_다/EC_하/VV_는/ETM	370	162	36	126
9	내/NP_가/JKS_하/VV_ㄹ/ETM_수/NNB_있/VA_는/ETM	327	176	41	135
10	는/ETM_것/NNB_이/JKS_좋/VA_을/ETM_것/NNB_같/VA	250	201	43	158

[표 45]에서 보다시피, 7-gram 연속 표현에서부터는 문어에서 상위 순위를 차지하고 구어에서 하위 순위를 차지하는 연속 표현이 거의 없다. 다음 [표 46]은 구어 말뭉치에서 상위 순위에 위치하고 있지만 문어 말뭉치에서는 하위 순위에 위치하고 있는 순위 차이가 가장 많은 7-gram 연속 표현 상위 10위를 제시한 것이다.

[표 46] 구어 7-gram 연속 표현 위주로 순위 차 상위 10

순위	7-gram	사용도	구어 순위	문어 순위	순위 차
1	하/VV_고/EC_있/VX_는/ETM_거/NNB_이/VCP_야/EF	737	6	280	274
2	는/ETM_것/NNB_이/JKS_좋/VA_을/ETM_거/NNB_이/VCP	735	7	275	268
3	ㄹ/ETM_수/NNB_있/VA_을/ETM_거/NNB_이/VCP_에요/EF	407	21	288	267
4	보/VV_ㄹ/ETM_수/NNB_있/VA_을/ETM_거/NNB_이/VCP	90	48	295	247
5	ㄹ/ETM_수/NNB_있/VA_을/ETM_거/NNB_이/VCP_야/EF	627	11	257	246
6	았/EP_다/EC_가/VV_았/EP_다/EC_하/VV_면서/EC	133	43	287	244
7	먹이/VV_어/EC_주/VX_고/EC_재우/VV_어/EC_주/VX	66	53	292	239
8	도/JX_하/VV_여/EC_보/VX_ㄴ/ETM_적/NNB_이/JKS	46	56	295	239
9	내/NP_가/JKS_하/VV_고/EC_싶/VX_은/ETM_말/NNG	46	56	295	239
10	하/VV_ㄹ/ETM_수/NNB_있/VA_을/ETM_거/NNB_이/VCP	118	45	283	238

[표 46]에서 보다시피, 구어에서는 역시 의존명사 '거/NNB'를 포함한 연속 표현이 문어보다 높은 순위를 차지하고, '먹이/VV_어/EC_주/VX_고/EC_재우/VV_어/EC_주/VX'와 같은 연속 표현이 문어보다 높은 순위를 차지하고 있다.

한국어 7-gram 연속 표현을 종합 사용도 순위를 정하는 방법에 따라 통계하면 총 368개의 순위로 나뉘고 범용 7-gram 연속 표현 상위 순위 20위를 제시하면 아래와 같다.

[표 47] 한국어 7-gram 연속 표현 범용 목록 상위 20

종합 순위	평균 사용도	7-gram 연속 표현	문어 순위	구어 순위
1	14751	것/NNB_으로/JKB_알리/VV_어/EC_지/VX_었/EP_다/EF	1	
2	14375	ㄹ/ETM_수/NNB_있/VA_을/ETM_것/NNB_이/VCP_다/EF	2	
3	9524	이/VCP_라고/EC_하/VV_ㄹ/ETM_수/NNB_있/VA_다/EF	3	
4	8047	ㄴ/ETM_것/NNB_으로/JKB_알리/VV_어/EC_지/VX_었/EP	4	
5	6178	지/EC_않/VX_을/ETM_수/NNB_없/VA_었/EP_다/EF	5	
6	6059	이/VCP_라/EC_하/VV_ㄹ/ETM_수/NNB_있/VA_다/EF	6	
7	4708	ㄹ/ETM_수/NNB_있/VA_는/ETM_것/NNB_이/VCP_다/EF	7	
8	4224	ㄹ/ETM_수/NNB_있/VA_기/ETN_때문/NNB_이/VCP_다/EF	8	
9	3734	오/VV_았/EP_다/EC_가/VV_았/EP_다/EC_하/VV	18	2
10	3278	고/EC_있/VX_다/EC_고/JKQ_말하/VV_였/EP_다/EF	9	
11	3245	고/EC_있/VX_었/EP_던/ETM_것/NNB_이/VCP_다/EF	10	
12	2742	ㄹ/ETM_수/NNB_도/JX_있/VA_는/ETM_거/NNB_이/VCP		1
13	2196	는/ETM_것/NNB_으로/JKB_알리/VV_어/EC_지/VX_었/EP	11	
14	2081	으로/JKB_알리/VV_어/EC_지/VX_어/EC_있/VX_다/EF	12	
15	1935	있/VX_는/ETM_것/NNB_으로/JKB_알리/VV_어/EC_지/VX	13	
16	1905	것/NNB_으로/JKB_밝히/VV_어/EC_지/VX_었/EP_다/EF	14	
17	1753	이/VCP_ㄴ/ETM_것/NNB_으로/JKB_알리/VV_어/EC_지/VX	15	
18	1745	고/EC_있/VX_는/ETM_것/NNB_으로/JKB_알리/VV_어/EC	16	
19	1704	ㄹ/ETM_수/NNB_있/VA_다는/ETM_것/NNB_이/VCP_다/EF	17	
20	1569	ㄹ/ETM_수/NNB_있/VA_었/EP_던/ETM_것/NNB_은/JX	19	

5.2.7 8-gram 연속 표현

통계에 따르면 문어 8-gram 연속 표현 타입 수는 929개로 전체 연속 표현 타입 수의 0.19%를 차지하고 122개의 순위로 나뉘었고 구어 8-gram 연속 표현 타입 수는 60개로 전체 연속 표현 타입 수의 0.05%를 차지하고 19개의 순위로 나뉜다. 두 말뭉치에서 공동으로 사용되는 8-gram 연속 표현 타입 수는 4개인데 문어 연속 표현 타입 수의 0.43%를 차지하고 구어 연속 표현 타입 수의 6.67%를 차지한다.

다음 [표 48]은 두 가지 말뭉치에서 추출된 8-gram 연속 표현 사용도 순위 상위 20위를 중심으로 비교한 것이다.

[표 48] 문어 및 구어 8-gram 연속 표현 사용도 순위 비교 상위 20

문어 8-gram	사용도	문어 순위	구어 순위
ㄴ/ETM_것/NNB_으로/JKB_알리/VV_어/EC_지/VX_었/EP_다/EF	14771	1	
는/ETM_것/NNB_으로/JKB_알리/VV_어/EC_지/VX_었/EP_다/EF	4040	2	
고/EC_있/VX_는/ETM_것/NNB_으로/JKB_알리/VV_어/EC_지/VX	3489	3	
것/NNB_으로/JKB_알리/VV_어/EC_지/VX_어/EC_있/VX_다/EF	2532	4	
이/VCP_ㄴ/ETM_것/NNB_으로/JKB_알리/VV_어/EC_지/VX_었/EP	2179	5	
것/NNB_으로/JKB_알리/VV_어/EC_지/VX_고/EC_있/VX_다/EF	1959	6	
있/VX_는/ETM_것/NNB_으로/JKB_알리/VV_어/EC_지/VX_었/EP	1853	7	
ㄹ/ETM_수/NNB_도/JX_있/VA_을/ETM_것/NNB_이/VCP_다/EF	1806	8	
ㄴ/ETM_것/NNB_으로/JKB_밝히/VV_어/EC_지/VX_었/EP_다/EF	1610	9	
고/EC_있/VX_는/ETM_것/NNB_으로/JKB_나타나/VV_았/EP_다/EF	1506	10	
ㄴ/ETM_것/NNB_으로/JKB_전하/VV_여/EC_지/VX_었/EP_다/EF	1336	11	
는/ETM_것/NNB_으로/JKB_알리/VV_어/EC_지/VX_어/EC_있/VX	1103	12	
ㄴ/ETM_일/NNG_이/JKC_아니/VCN_ㄹ/ETM_수/NNB_없/VA_다/EF	1076	13	
뭐/NP_이/VCP_니/EC_뭐/NP_이/VCP_니/EC_하/VV_여도/EC	1065	14	
ㄹ/ETM_수/NNB_밖에/JX_없/VA_을/ETM_것/NNB_이/VCP_다/EF	1027	15	
ㄹ/ETM_것/NNB_으로/JKB_알리/VV_어/EC_지/VX_었/EP_다/EF	987	16	

ㄹ/ETM_수/NNB_있/VA_다/EC_고/JKQ_말하/VV_였/EP_다/EF	916	17	
이/VCP_ㅁ/ETN_을/JKO_알/VV_ㄹ/ETM_수/NNB_있/VA_다/EF	846	18	
하/VV_ㄹ/ETM_수/NNB_있/VA_을/ETM_것/NNB_이/VCP_다/EF	846	18	
ㄹ/ETM_수/NNB_없/VA_는/ETM_일/NNG_이/VCP_었/EP_다/EF	812	19	
구어 8-gram	사용도	구어 순위	문어 순위
무슨/MM_짓/NNG_을/JKO_하/VV_ㄴ/ETM_거/NNB_이/VCP_야/EF	387	1	
가/VV_았/EP_다/EC_오/VV_ㄹ/ETM_터/NNB_이/VCP_니까/EC	223	2	
는/ETM_것/NNB_이/JKS_좋/VA_을/ETM_거/NNB_이/VCP_야/EF	203	3	
지금/MAG_뭐/NP_하/VV_시/EP_는/ETM_거/NNB_이/VCP_에요/EF	184	4	
가/JKS_알/VV_아서/EC_하/VV_ㄹ/ETM_터/NNB_이/VCP_니까/EC	184	4	
ㄹ/ETM_수/NNB_도/JX_있/VA_는/ETM_거/NNB_이/VCP_지/EF	184	4	
이/JKS_꼴/NNG_보/VV_기/ETN_싫/VA_어/EC_지/VX_었/EP	181	5	
는/ETM_것/NNB_이/JKS_꼴/NNG_보/VV_기/ETN_싫/VA_어/EC	181	5	
먹/VV_는/ETM_것/NNB_이/JKS_꼴/NNG_보/VV_기/ETN_싫/VA	181	5	
것/NNB_이/JKS_꼴/NNG_보/VV_기/ETN_싫/VA_어/EC_지/VX	181	5	
밥/NNG_먹/VV_는/ETM_것/NNB_이/JKS_꼴/NNG_보/VV_기/ETN	168	6	
지금/MAG_무슨/MM_소리/NNG_하/VV_는/ETM_거/NNB_이/VCP_야/EF	166	7	
ㄹ/ETM_수/NNB_도/JX_있/VA_는/ETM_거/NNB_이/VCP_고/EC	155	8	
오/VV_았/EP_다/EC_가/VV_았/EP_다/EC_하/VV_는/ETM	149	9	32
너/NP_지금/MAG_뭐/NP_하/VV_는/ETM_거/NNB_이/VCP_야/EF	149	9	
한/MM_번/NNB_도/JX_안/MAG_하/VV_여/EC_보/VX_았/EP	133	10	
오/VV_았/EP_다/EC_가/VV_았/EP_다/EC_하/VV_면서/EC	133	10	114
가/JKS_밥/NNG_먹/VV_는/ETM_것/NNB_이/JKS_꼴/NNG_보/VV	129	11	
가/JKS_하/VV_여/EC_주/VX_ㄹ/ETM_수/NNB_있/VA_는/ETM	118	12	
여기/NP_서/JKB_뭐/NP_하/VV_는/ETM_거/NNB_이/VCP_야/EF	118	12	

[표 48]을 보면, 첫째, 문어에서 높은 순위를 차지하는 8-gram 연속 표현은 구어 상위 순위에 나타나지 않았다. 그리고 문어에서 '뭐/NP_이/VCP_니/EC_뭐/NP_이/VCP_니/EC_하/VV_여도/EC'와 같은 반복적으로 나타나는 연속 표현들이 많이 사용되고 있음을 확인할 수 있다. 둘째, '오/VV_았/EP_다/EC_가/VV_았/EP_다/EC_하/VV_는/ETM, 오/VV_았/EP_다/EC_가/VV_

았/EP_다/EC_하/VV_면서/EC'와 같은 '왔다갔다하다'를 포함한 연속 표현이 문어와 구어에서 공동으로 출현되고 있음을 확인할 수 있다. 따라서 두 가지 말뭉치에서 공동으로 나타난 4개의 8-gram 연속 표현 대상으로 사용도 순위 차이를 구하면 아래 [표 49]와 같다.

[표 49] 문어 및 구어 동시 출현한 8-gram 연속 표현 사용도 순위 차

순위	8-gram	사용도	문어 순위	구어 순위	순위 차
1	오/VV_았/EP_다/EC_가/VV_았/EP_다/EC_하/VV_는/ETM	370	32	9	23
2	오/VV_았/EP_다/EC_가/VV_았/EP_다/EC_하/VV_였/EP	143	77	19	58
3	도/JX_하/VV_여/EC_보/VX_ㄴ/ETM_적/NNB_이/JKS_없/VA	23	122	19	103
4	오/VV_았/EP_다/EC_가/VV_았/EP_다/EC_하/VV_면서/EC	45	114	10	104

[표 49]에서 보인 바와 같이 '왔다갔다하다'를 포함한 연속 표현이 3개를 차지하고 다른 한 가지는 '도/JX_하/VV_여/EC_보/VX_ㄴ/ETM_적/NNB_이/JKS_없/VA' 연속 표현인데 4개 모두 문어보다 구어에서 높은 순위로 사용되고 있다.

마지막으로 한국어 8-gram 연속 표현을 종합 사용도 순위를 정하는 방법에 따라 통계하면 총 145개의 순위로 나뉘고 범용 8-gram 연속 표현 목록 상위 순위 20위를 제시하면 다음과 같다.

[표 50] 한국어 8-gram 연속 표현 범용 목록 상위 20

종합 순위	평균 사용도	8-gram 연속 표현	문어 순위	구어 순위
1	7386	ㄴ/ETM_것/NNB_으로/JKB_알리/VV_어/EC_지/VX_었/EP_다/EF	1	
2	2020	는/ETM_것/NNB_으로/JKB_알리/VV_어/EC_지/VX_었/EP_다/EF	2	
3	1745	고/EC_있/VX_는/ETM_것/NNB_으로/JKB_알리/VV_어/EC_지/VX	3	
4	1266	것/NNB_으로/JKB_알리/VV_어/EC_지/VX_어/EC_있/VX_다/EF	4	

5	1089	이/VCP_ㄴ/ETM_것/NNB_으로/JKB_알리/VV_어/EC_지/VX_었/EP	5
6	980	것/NNB_으로/JKB_알리/VV_어/EC_지/VX_고/EC_있/VX_다/EF	6
7	927	있/VX_는/ETM_것/NNB_으로/JKB_알리/VV_어/EC_지/VX_었/EP	7
8	903	ㄹ/ETM_수/NNB_도/JX_있/VA_을/ETM_것/NNB_이/VCP_다/EF	8
9	805	ㄴ/ETM_것/NNB_으로/JKB_밝히/VV_어/EC_지/VX_었/EP_다/EF	9
10	753	고/EC_있/VX_는/ETM_것/NNB_으로/JKB_나타나/VV_았/EP_다/EF	10
11	668	ㄴ/ETM_것/NNB_으로/JKB_전하/VV_여/EC_지/VX_었/EP_다/EF	11
12	551	는/ETM_것/NNB_으로/JKB_알리/VV_어/EC_지/VX_어/EC_있/VX	12
13	538	ㄴ/ETM_일/NNG_이/JKC_아니/VCN_ㄹ/ETM_수/NNB_없/VA_다/EF	13
14	532	뭐/NP_이/VCP_니/EC_뭐/NP_이/VCP_니/EC_하/VV_여도/EC	14
15	513	ㄹ/ETM_수/NNB_밖에/JX_없/VA_을/ETM_것/NNB_이/VCP_다/EF	15
16	493	ㄹ/ETM_것/NNB_으로/JKB_알리/VV_어/EC_지/VX_었/EP_다/EF	16
17	458	ㄹ/ETM_수/NNB_있/VA_다/EC_고/JKQ_말하/VV_였/EP_다/EF	17
18	423	이/VCP_ㅁ/ETN_을/JKO_알/VV_ㄹ/ETM_수/NNB_있/VA_다/EF	18
18	423	하/VV_ㄹ/ETM_수/NNB_있/VA_을/ETM_것/NNB_이/VCP_다/EF	18
19	406	ㄹ/ETM_수/NNB_없/VA_는/ETM_일/NNG_이/VCP_었/EP_다/EF	19

5.2.8 9-gram 연속 표현

통계에 따르면 문어 9-gram 연속 표현 타입 수는 213개로 전체 연속 표현 타입 수의 0.04%를 차지하고 74개의 순위로 나뉘었고 구어 9-gram 연속 표현 타입 수는 11개로 전체 연속 표현 타입 수의 0.01%를 차지하고 13개의 순위로 나뉜다. 두 말뭉치에서 공동으로 사용되는 9-gram 연속 표현은 하나도 출현하지 않았다.

다음 [표 51]은 두 가지 말뭉치에서 나타난 9-gram 연속 표현 사용도 순위 상위 20위를 제시하면 아래와 같다.

[표 51] 문어 및 구어 9-gram 연속 표현 사용도 순위 비교 상위 20

문어 9-gram	사용도	문어 순위	구어 순위
이/VCP_ㄴ/ETM_것/NNB_으로/JKB_알리/VV_어/EC_지/VX_었/EP_다/EF	2129	1	
고/EC_있/VX_는/ETM_것/NNB_으로/JKB_알리/VV_어/EC_지/VX_었/EP	1728	2	
있/VX_는/ETM_것/NNB_으로/JKB_알리/VV_어/EC_지/VX_었/EP_다/EF	1640	3	
는/ETM_것/NNB_으로/JKB_알리/VV_어/EC_지/VX_었/VX_다/EF	796	4	
ㄴ/ETM_것/NNB_으로/JKB_알리/VV_어/EC_지/VX_고/EC_있/VX_다/EF	551	5	
ㄹ/ETM_수/NNB_는/JX_없/VA_는/ETM_일/NNG_이/VCP_었/EP_다/EF	367	6	
ㄴ/ETM_것/NNB_으로/JKB_알리/VV_어/EC_지/VX_었/VX_다/EF	292	7	
ㄴ/ETM_것/NNB_이/VCP_라/EC_하/VV_ㄹ/ETM_수/NNB_있/VA_다/EF	278	8	
중/NNB_이/VCP_ㄴ/ETM_것/NNB_으로/JKB_알리/VV_어/EC_지/VX_었/EP	235	9	
고/EC_있/VX_음/ETN_을/JKO_알/VV_ㄹ/ETM_수/NNB_있/VA_다/EF	221	10	
ㄹ/ETM_수/NNB_있/VA_을/ETM_것/NNB_이라고/JKQ_말하/VV_였/EP_다/EF	204	11	
는/ETM_것/NNB_으로/JKB_알리/VV_어/EC_지/VX_고/EC_있/VX_다/EF	189	12	
기/ETN_로/JKB_하/VV_였/EP_다/EC_고/JKQ_밝히/VV_었/EP_다/EF	184	13	
었/EP_던/ETM_것/NNB_으로/JKB_알리/VV_어/EC_지/VX_었/EP_다/EF	178	14	
어/EC_있/VX_음/ETN_을/JKO_알/VV_ㄹ/ETM_수/NNB_있/VA_다/EF	167	15	
방침/NNG_이/VCP_ㄴ/ETM_것/NNB_으로/JKB_알리/VV_어/EC_지/VX_었/EP	158	16	
이/VCP_ㄴ/ETM_것/NNB_으로/JKB_전하/VV_여/EC_지/VX_었/EP_다/EF	153	17	
이/VCP_라고/EC_하/VV_ㄹ/ETM_수/NNB_있/VA_을/ETM_것/NNB_이/VCP	148	18	
ㄴ/ETM_것/NNB_이/VCP_라고/EC_하/VV_ㄹ/ETM_수/NNB_있/VA_다/EF	145	19	
는/JX_뭐/NP_이/VCP_니/EC_뭐/NP_이/VCP_니/EC_하/VV_여도/EC	145	19	

구어 9-gram	사용도	구어 순위	문어 순위
것/NNB_이/JKS_꼴_NNG_보/VV_기/ETN_싫/VA_어/EC_지/VX_었/EP	181	1	
는/ETM_것/NNB_이/JKS_꼴/NNG_보/VV_기/ETN_싫/VA_어/EC_지/VX	181	1	
먹/VV_는/ETM_것/NNB_이/JKS_꼴/NNG_보/VV_기/ETN_싫/VA_어/EC	181	1	
밥/NNG_먹/VV_는/ETM_것/NNB_이/JKS_꼴/NNG_보/VV_기/ETN_싫/VA	168	2	
가/JKS_밥/NNG_먹/VV_는/ETM_것/NNB_이/JKS_꼴/NNG_보/VV_기/ETN	129	3	
한테/JKB_무슨/MM_짓/NNG_을/JKO_하/VV_ㄴ/ETM_거/NNB_이/VCP_야/EF	90	4	
내/NP_가/JKS_하/VV_여/EC_주/VX_ㄹ/ETM_수/NNB_있/VA_는/ETM	66	5	
하/VV_여/EC_주/VX_ㄹ/ETM_수/NNB_있/VA_는/ETM_것/NNB_이/JKS	66	5	
이/JKS_꼴/NNG_보/VV_기/ETN_싫/VA_어/EC_지/VX_었/EP_어/EF	55	6	
하/VV_여/EC_주/VX_ㄴ/ETM_것/NNB_이/JKS_뭐/NP_가/JKS_있/VA	55	6	
내/NP_가/JKS_알/VV_아서/EC_하/VV_ㄹ/ETM_터/NNB_이/VCP_니까/EC	46	7	

[표 51]에서 보다시피, 9-gram 연속 표현 상위 사용도 순위에는 문어와 구어 공동으로 나타나는 연속 표현이 없고 문어에서나 구어에서나 도드라진 특징을 갖는 연속 표현을 찾아볼 수가 없다.

한국어 9-gram 연속 표현을 종합 사용도 순위를 정하는 방법에 따라 통계하면 총 59개의 순위로 나뉘고 범용 9-gram 연속 표현 상위 순위 20위를 제시하면 아래와 같다.

[표 52] 한국어 9-gram 연속 표현 범용 목록 상위 20

종합 순위	평균 사용도	9-gram 연속 표현	문어 순위	구어 순위
1	1064	이/VCP_ㄴ/ETM_것/NNB_으로/JKB_알리/VV_어/EC_시/VX_있/EP_다/EF	1	
2	864	고/EC_있/VX_는/ETM_것/NNB_으로/JKB_알리/VV_어/EC_지/VX_었/EP	2	
3	820	있/VX_는/ETM_것/NNB_으로/JKB_알리/VV_어/EC_지/VX_었/EP_다/EF	3	
4	398	는/ETM_것/NNB_으로/JKB_알리/VV_어/EC_지/VX_어/EC_있/VX_다/EF	4	
5	275	ㄴ/ETM_것/NNB_으로/JKB_알리/VV_어/EC_지/VX_고/EC_있/VX_다/EF	5	
6	184	ㄹ/ETM_수/NNB_는/JX_없/VA_는/ETM_일/NNG_이/VCP_었/EP_다/EF	6	
7	146	ㄴ/ETM_것/NNB_으로/JKB_알리/VV_어/EC_지/VX_어/EC_있/VX_다/EF	7	
8	139	ㄴ/ETM_것/NNB_이/VCP_라/EC_하/VV_ㄹ/ETM_수/NNB_있/VA_다/EF	8	
9	117	중/NNB_이/VCP_ㄴ/ETM_것/NNB_으로/JKB_알리/VV_어/EC_지/VX_었/EP	9	
10	110	고/EC_있/VX_음/ETN_을/JKO_알/VV_ㄹ/ETM_수/NNB_있/VA_다/EF	10	
11	102	ㄹ/ETM_수/NNB_있/VA_을/ETM_것/NNB_이라고/JKQ_말하/VV_였/EP_다/EF	11	
12	95	는/ETM_것/NNB_으로/JKB_알리/VV_어/EC_지/VX_고/EC_있/VX_다/EF	12	
13	92	기/ETN_로/JKB_하/VV_였/EP_다/EC_고/JKQ_밝히/VV_었/EP_다/EF	13	
14	90	것/NNB_이/JKS_꼴_/NNG_보/VV_기/ETN_싫/VA_어/EC_지/VX_었/EP		1
14	90	는/ETM_것/NNB_이/JKS_꼴_/NNG_보/VV_기/ETN_싫/VA_어/EC_지/VX		1
14	90	먹/VV_는/ETM_것/NNB_이/JKS_꼴_/NNG_보/VV_기/ETN_싫/VA_어/EC		1
15	89	었/EP_던/ETM_것/NNB_으로/JKB_알리/VV_어/EC_지/VX_었/EP_다/EF	14	
16	84	밥/NNG_먹/VV_는/ETM_것/NNB_이/JKS_꼴_/NNG_보/VV_기/ETN_싫/VA		2
17	83	어/EC_있/VX_음/ETN_을/JKO_알/VV_ㄹ/ETM_수/NNB_있/VA_다/EF	15	
18	79	방침/NNG_이/VCP_ㄴ/ETM_것/NNB_으로/JKB_알리/VV_어/EC_지/VX_었/EP	16	

5.3 소결

이 부분에서는 문어와 구어 말뭉치에서 추출한 2-gram부터 9-gram까지 각 길이 연속 표현에 대한 분석으로부터 아래와 같은 결론을 얻을 수 있다.

첫째, 문어와 구어 말뭉치에서 각 길이의 타입 수가 차지하는 비례를 원형도로 그려보면 다음과 같다.

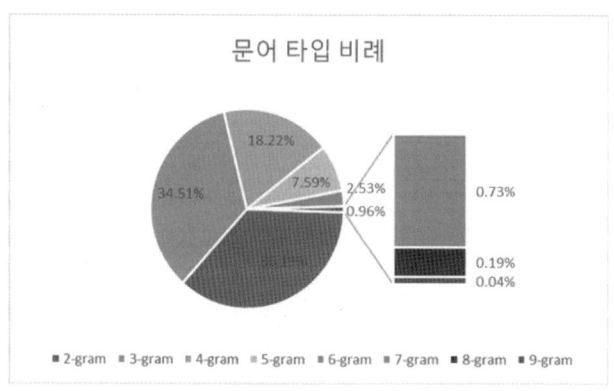

<그림 32> 문어 2-gram~9-gram 타입 비례

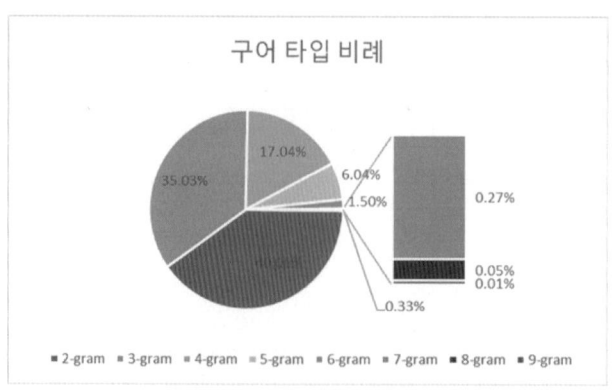

<그림 33> 구어 2-gram~9-gram 타입 비례

<그림 32>와 <그림 33>에서 보인 바와 같이, 타입 비례는 2-gram과 3-gram에서는 구어가 문어보다 조금 크고 4-gram~9-gram까지는 문어가 구어보다 크다. 그리고 문어와 구어 연속 표현 모두 2-gram~6-gram까지 전체 타입의 99% 이상 차지하고 있음을 확인할 수 있다. 그리고 7-gram~9-gram의 연속 표현은 두 말뭉치에서 차지하는 비례가 아주 작다는 것을 확인할 수 있다. 이는 7-gram~9-gram 길이의 연속 표현이 실제 언어 환경에서 아주 드물게 사용되고 있다는 것을 설명한다.

　　둘째, 문어와 구어 모두 연속 표현 길이가 길수록 두 말뭉치에서의 분포가 고르지 않고 공동 사용되는 연속 표현의 수가 줄어든다. 문어와 구어에서 2-gram과 3-gram의 연속 표현은 타입 수도 많고 사용도 아주 높다. 그리고 높은 순위의 연속 표현들이 두 말뭉치에서 모두 많이 사용되고 있으므로 한국어에서 기초적인 연속 표현이라는 것을 설명한다. 또한 2-gram과 3-gram의 종합 연속 표현 사용도 순위를 보면 구어의 영향이 비교적 크다는 것을 발견할 수 있다. 문어와 구어 4-gram부터 6-gram의 연속 표현은 두 말뭉치에서 공동으로 사용되는 연속 표현의 수가 급격히 떨어지면서 문어 혹은 구어에서만 사용되는 연속 표현들이 높은 순위를 차지하게 된다. 그리고 문어와 구어에서 7-gram부터 9-gram까지의 연속 표현은 두 말뭉치에서 공동으로 사용되는 연속 표현 수가 아주 적거나 없다. 그러므로 7-gram부터 9-gram까지의 종합 연속 표현 사용도 순위를 보면 문어의 영향이 비교적 크다.

　　셋째, 문어와 구어 말뭉치에서 사용도 순위가 높은 연속 표현들의 비교로부터 우리는 연속 표현 문어와 구어의 특징을 알아 볼 수 있었다. 예를 들어 구어 연속 표현에 '거'와 같은 음운의 축약으로 만들어진 준말들이 많이 포함되어 있고, 문어 연속 표현에는 '때문'과 같은 앞뒤 문장 관계를 나타나는 말들이 많이 포함되어 있다. 그리고 문어와 구어 특징이 대별되어 드러나는 특성의 하나로는 어미 쓰임의 차이에 대한 것이다. 특히 n-gram의 길이가 길어질 때, 구어에서는 '-야/EF, 어/EF'를 포함한 연속 표현이 쓰인 반면, 문어에서는 '-다/EF'가 가장 많이 쓰였다. 사실 이러한 특징은 문어와 구어 말뭉치에 대해 알고 있다면, 연구자의 직관에 의해 예측이 가능한 결과이기도 하다. 이 점을 본고에서는 기존의 연구에서 밝혀진 문어와 구어 일반적인 특징을 연속 표현 사용도 순위의 측면에서 통계적으로 입증하는 데 의의가 있다고 본다.

지금까지 추출한 2-gram부터 9-gram까지 연속 표현의 범용 목록은 여러 분야에서 활용될 수 있다. 특히 컴퓨터를 활용한 외국어로서의 한국어 언어교육이나 한국어 교재 편찬 등에서 유용한 자료로 쓰일 수 있다. 뿐만 아니라 자연언어처리 기술을 이용한 언어교육 시스템의 개발에도 활용될 수 있다.

한국어 능력 평가에서 접근해 보면, 말하기 차원과 쓰기 차원이 있다. 쓰기 능력 평가에서는 문어성 연속 표현의 사용을 장려하고 구어성 연속 표현의 사용을 억제하는 방향으로 교육해야 할 것이다. 반대로도 마찬가지이다. 즉, 말하기, 특히 일상대화에서는 구어성 연속 표현의 사용을 장려하는 측면으로 유도할 수 있다. 한국어가 모국어인 학습자는 쓰기나 말하기에서나 어감으로 단어를 선택해서 자연스럽게 문장을 쓰거나 대화를 구사할 수 있다. 하지만 어감이 없거나 적은 외국어로서의 한국어를 습득하는 학습자는 한국어에서 자주 사용되는 연속 표현을 습득하면 언어를 산출하는 데 많은 노력과 시간을 소모할 필요가 없고 습득되는 대로 바로 사용할 수 있기 때문에 언어 유창성과 정확성의 향상 및 한국어 능력 향상에 도움이 된다. 따라서 학습자들의 한국어 능력 평가 쓰기에서는 문어성 연속 표현을 얼마나 정확하게 습득했는지, 구어성 맞춤법에서 오류가 나타났는지를 체크할 수 있고, 말하기에서는 구어성 연속 표현을 얼마나 자연스럽게 구사했는지를 알 수 있다. 또한 학습자가 유창하게 구사하게 됨에 따라 외국어 학습에서 야기되는 불안감을 해소하고 학습 흥미 지속에도 기여할 수 있다. 이와 같이 학습자의 작문이나 발화 내용에 대한 문어성과 구어성을 연속 표현의 사용도와 순위로 제시될 수 있게 된다. 따라서 범용 연속 표현 목록은 평가자와 학습자에게 오류 교정과 습득 평가를 위한 언어 학습 도구로도 이용될 수 있다.

외국인을 위한 한국어 교재 편찬에서 가장 많이 사용되는 연속 표현을 문장이나 대화로 사용하고 연속 표현 앞뒤로 가장 많이 결합되는 단어들을 제시하기 위한 중요한 자료가 될 수 있다. 이렇게 본 연구에서 제시한 것과 같은 연속 표현의 사용도와 데이터가 있다면, 연속 표현의 상용정도와 단어 혹은 형태 간의 결합관계, 그리고 사용역 정보의 표시는 말뭉치 용례를 보고 원고 편집자 주관대로 표시할 수밖에 없게 된다. 그러나 범용 연속 표현의 사용도와 순위를 이용한다면 보다 객관적인 자료에 근거하여 편집할 수 있게 된다.

제6장 한국어 연속 표현 구성요소 태깅의 분포와 상관관계

이 부분은 고사용도 연속 표현 구성요소 태깅의 분포적 양상과 내부 구성 요소 간 상관관계를 분석하려 한다. 연속 표현의 구성요소 태깅은 구성요소 간의 결합관계를 고찰하므로 상위 메타언어(元語言) 특징을 알아보고 한국어의 형식과 의미 조합(形义组合)을 체계적으로 알아가는 데 더 유익하다고 본다. 또한 연속 표현의 구성요소 태깅으로부터 내부 구성요소 간의 상관관계는 연구자들의 짐작으로 예측했던 상관관계를 통계적 수치로 증명할 수 있다. 이 장의 연구를 통해 연속 표현 구성요소 태깅으로부터 한국어 연속 표현 내부 구성요소 결합의 기본 양상과 통사적 특징을 객관적인 수치로 해석할 수 있는 데 의미가 있다고 본다.

6.1 연속 표현 구성요소 태깅의 분포적 양상

이 절에서는 연속 표현 구성요소 태깅의 사용도를 이용하여 문어와 구어 말뭉치에서 가장 많이 사용되는 연속 표현의 구성요소 태깅을 고찰함으로써 새로운 시각으로 연속 표현의 통사적 특징을 고찰하려고 한다.

6.1.1 연속 표현 구성요소 태깅의 통계적 분석

연속 표현 구성요소 태깅 2-gram부터 9-gram까지의 토큰과 타입에 따라 각 길이가 차지하는 비례를 계산하면 다음과 같다.

[표 53] 문어 및 구어 연속 표현 구성요소 태깅 2-gram~9-gram 토큰과 타입 비례 비교

n-gram	2-gram	3-gram	4-gram	5-gram	6-gram	7-gram	8-gram	9-gram
문어 토큰 비례	17.56	16.72	15.79	14.60	12.86	10.42	7.49	4.56
문어 타입 비례	0.22	0.84	3.15	8.56	16.44	23.46	25.71	21.63
구어 토큰 비례	26.96	22.62	18.53	14.23	9.59	5.30	2.18	0.60
구어 타입 비례	0.55	2.70	9.60	20.22	26.13	22.98	13.25	4.58

[표 53]에서 보인 바와 같이 문어와 구어 모두 n-gram의 길이가 길수록 연속 표현 구성요소 태깅 토큰의 비례는 줄어들고 타입의 비례는 중간 길이일 때 제일 많다는 것을 알 수 있다. 이는 문어와 구어 모두 짧은 길이의 연속 표현 구성요소 태깅의 타입 수는 적지만 가장 많이 사용되고 있다는 것을 의미한다. 두 말뭉치에서 추출한 연속 표현 구성요소 태깅을 더욱 직관적으로 비교하기 위해 문어와 구어 말뭉치에서의 연속 표현 구성요소 태깅 토큰을 직선도로 그려보면 다음 <그림 34>와 같다.

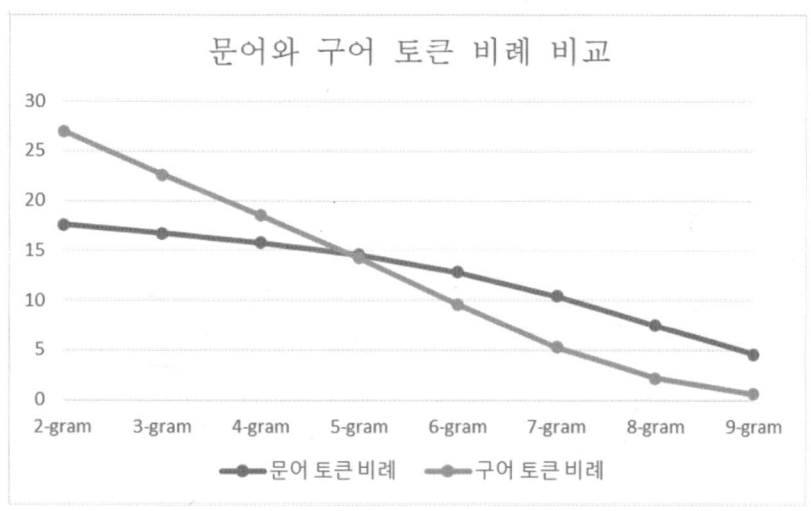

<그림 34> 문어 및 구어 연속 표현 구성요소 태깅 토큰 비례 직선도

<그림 34>에서 보다시피, 2-gram부터 4-gram까지는 구어 연속 표현 구성요소 태깅의 토큰 비례가 문어보다 높고, 5-gram 연속 표현 구성요소 태깅일 때는 두 말뭉치의 토큰 비례가 거의 중합(重合)되고, 6-gram부터 9-gram까지는 문어 연속 표현 구성요소 태깅의 토큰 비례가 구어보다 높다. 이는 일상대화에서는 짧은 연속 표현을 더 많이 사용하고 문장에서는 긴 연속 표현을 많이 사용되고 있음을 통계적 수치로 보여주었다. 그리고 길이가 5-gram인 연속 표현 구성요소 태깅은 문어와 구어에서 모두 비슷하게 나타나고 있음을 설명한다.

그다음으로 문어와 구어 말뭉치에서 추출한 연속 표현 구성요소 태깅 타입 수를 히스토그램으로 비교해서 그려보면 다음과 같다.

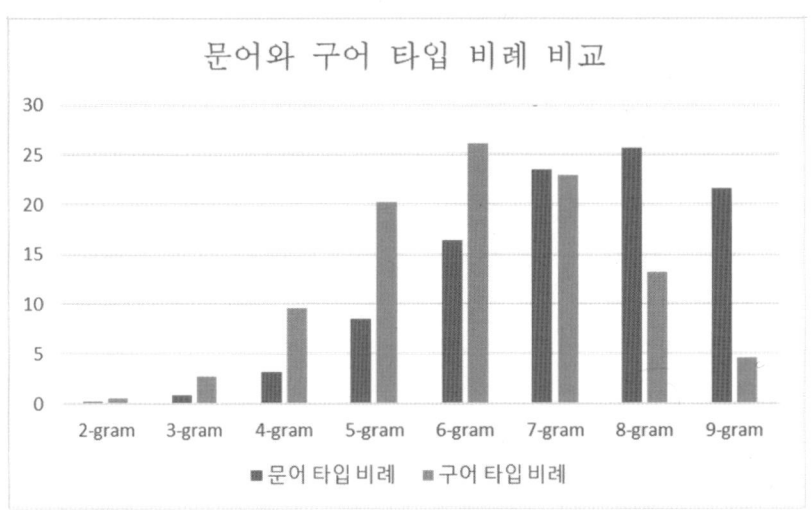

<그림 35> 문어 및 구어 연속 표현 구성요소 태깅 타입 비례 히스토그램

<그림 35>에서 보다시피, 문어 연속 표현 구성요소 태깅은 8-gram의 타입 비례가 가장 높고, 구어에서는 6-gram의 타입 비례가 가장 높다. 그리고 문어에서는 7-gram부터 9-gram까지 비교적 높은 비례를 차지하지만 구어에서는 5-gram부터 7-gram까지 높은 비례를 차지하였다. 그리고 7-gram에서 문어와 구어가 비슷한 비례를 보였다.

6.1.2 문어 연속 표현 구성요소 태깅

이 절에서는 우선 문어 전체 연속 표현 구성요소 태깅의 빈도수에 따라 개별 연속 표현 구성요소 태깅의 빈도를 구하고 텍스트 수에 따라 분포율을 구한 다음 빈도에 분포율을 곱해서 개별 연속 표현 구성요소 태깅의 정규화 사용도를 구하였다. 사용도 분석의 편리를 위해 구성요소 태깅의 사용도는 위에서 제시한 방법과 마찬가지로 정규화된 사용도에 10의 9승을 곱해서 단수처리를 하였다. 이러한 방법으로 아래 [표 54]와 같이 문어 연속 표현 구성요소 태깅 사용도에 따른 리스트를 얻을 수 있다. 지면 상의 제한으로 사용도 상위 30위 내의 문어 연속 표현 구성요소 태깅을 제시하면 다음과 같다.

[표 54] 문어 연속 표현 구성요소 태깅 상위 30

순위	문어 연속 표현 구성요소 태깅	그램 수	빈도수	빈도	텍스트 수	분포율	사용도
1	NNG_NNG	2	567454	0.952606	200	100.00	13644607
2	VV_EC	2	561462	0.942547	200	100.00	13500527
3	ETM_NNG	2	405863	0.681337	200	100.00	9759101
4	NNG_JKB	2	367399	0.616767	200	100.00	8834222
5	VV_ETM	2	365001	0.612741	200	100.00	8776562
6	NNG_JKO	2	345909	0.580690	200	100.00	8317489
7	JKO_VV	2	334104	0.560873	200	100.00	8033634
8	NNG_JKO_VV	3	278376	0.467320	200	100.00	6693637
9	EC_VX	2	244518	0.410482	200	100.00	5879511
10	JKB_VV	2	231342	0.388363	200	100.00	5562690
11	JKG_NNG	2	220730	0.370548	200	100.00	5307521
12	NNG_JX	2	207697	0.348669	200	100.00	4994139
13	NNG_JKS	2	205973	0.345775	200	100.00	4952684
14	EC_NNG	2	205862	0.345588	200	100.00	4950015
15	VV_EC_VX	3	205006	0.344151	200	100.00	4929433
16	VV_ETM_NNG	3	193122	0.324201	200	100.00	4643678
17	ETM_NNB	2	192926	0.323872	200	100.00	4638965
18	EP_EF	2	191412	0.321331	200	100.00	4602561
19	EC_VV	2	182604	0.306544	200	100.00	4390770
20	VV_EP	2	182401	0.306203	200	100.00	4385888
21	JKO_VV_EC	3	175103	0.293952	200	100.00	4210406
22	NNG_XSN	2	172676	0.289878	200	100.00	4152048
23	NNG_JKB_VV	3	171236	0.287460	200	100.00	4117423
24	JX_NNG	2	162339	0.272525	200	100.00	3903491
25	NNG_JKG	2	161588	0.271264	200	100.00	3885433

26	NNG_NNG_NNG	3	154964	0.260144	200	100.00	3726157
27	VA_ETM	2	151638	0.254560	200	100.00	3646183
28	NNG_JKO_VV_EC	4	146336	0.245660	200	100.00	3518694
29	NNG_JKG_NNG	3	138050	0.231750	200	100.00	3319455
30	VV_EC_NNG	3	122764	0.206089	200	100.00	2951898

[표 54] 통계에 따르면 문어 연속 표현 구성요소 태깅의 길이로 보면 사용도가 가장 높은 연속 표현 구성요소 태깅은 대체로 2-gram(23개)가 가장 많이 사용되고, 다음으로는 3-gram(7개) 연속 표현 구성요소 태깅이다. 연속 표현의 구성요소만 봤을 때 '명사(NNG), 동사(VV), 연결어미(EC), 관형형전성어미(ETM), 목적격조사(JKO), 부사격조사(JKB), 관형격조사(JKG), 선어말어미(EP), 보조사(JX), 보조용언(VX)' 등과 같은 순서로 활략되고 있음을 확인할 수 있다.

[표 54]에서 보다시피 문어에서 사용도가 가장 높은 연속 표현 구성요소 태깅은 'NNG_NNG'이다. 한국어 단어에서 명사가 절대 다수를 차지하고 있기 때문에 '명사+명사'가 가장 많이 출현한 것은 예상할 수 있는 점이다. 통계에 따르면 연속 표현 구성요소 태깅 'NNG_NNG'의 첫 번째 명사와 두 번째 명사는 대체로 종속관계를 갖는다. 예를 들면 '돌/NNG_토끼/NNG, 아시안/NNG_게임/NNG, 책상/NNG_위/NNG' 등이 나타났다. 그리고 또 첫 번째 명사와 두 번째 명사가 대등관계를 갖는다. 예를 들면 '정치/NNG_경제/NNG, 생명/NNG_운동/NNG, 아버지/NNG_어머니/NNG' 등이 나타났다. 이상 명사와 명사의 내부 관계는 대체로 아래와 같은 네 가지 의미관계를 표시한다.

첫째, 위치. 즉, 두 번째 명사가 첫 번째 명사의 위치를 제한하는 것이다. 예를 들면 '방/NNG_안/NNG, 숲/NNG_속/NNG, 집/NNG_안/NNG' 등이 있다.

둘째, 시간. 즉, 첫 번째 명사가 두 번째 명사의 시간을 제한하는 것이다. 예를 들면 '얼마/NNG_전/NNG, 한참/NNG_동안/NNG, 오늘/NNG_밤/NNG' 등이 있다.

셋째, 속성. 즉, 첫 번째 명사가 두 번째 명사의 속성을 설명하는 것이다. 예를 들면 '교육/NNG_개혁/NNG, 금융/NNG_기관/NNG, 컴퓨터/NNG_프로그램/NNG' 등이 있다.

넷째, 동작. 즉, 두 번째 명사가 첫 번째 명사의 동작을 의미하는데 대체로 두 번째 명사가 한자어로 되어 있다. 예를 들면 '구조/NNG_조정/NNG, 대통령/NNG_선거/NNG, 기술/NNG_개발/NNG' 등이 있다.

사용도기 높은 문어 연속 표현 구성요소 태깅은 대체로 2-gram이므로 길이가 다른 n-gram의 특징을 알아보기 위해 3-gram부터 5-gram까지 상위 20위 문어 연속 표현 구성요소 태깅, 6-gram부터 9-gram까지는 상위 10위 문어 연속 표현 구성요소 태깅을 제시하면 아래와 같다.

[표 55] 문어 3-gram~5-gram 연속 표현 구성요소 태깅 상위 20

순위	문어 3-gram	사용도	문어 4-gram	사용도	문어 5-gram	사용도
1	NNG_JKO_VV	6693637	NNG_JKO_VV_EC	3518694	NNG_JKO_VV_EC_VX	1232923
2	VV_EC_VX	4929433	NNG_JKB_VV_EC	1929684	NNG_JKB_VV_ETM_NNG	899583
3	VV_ETM_NNG	4643678	NNG_JKO_VV_ETM	1757520	NNG_JKO_VV_ETM_NNG	892947
4	JKO_VV_EC	4210406	VV_EC_VX_ETM	1570664	NNG_JKO_VV_EC_NNG	841852
5	NNG_JKB_VV	4117423	NNG_JKB_VV_ETM	1471429	VV_EC_VX_ETM_NNG	806408
6	NNG_NNG_NNG	3726157	JKO_VV_EC_VX	1461282	NNG_JKO_VV_VV	695366
7	NNG_JKG_NNG	3319455	VV_EC_VX_EC	1435553	VV_EC_VX_EP_EF	666816
8	VV_EC_NNG	2951898	NNG_NNG_JKO_VV	1323382	NNG_NNG_JKO_VV_EC	663602
9	VV_ETM_NNB	2945526	NNG_NNG_NNG_NNG	1296331	NNG_JKB_VV_EC_VX	658769

10	VA_ETM_NNG	2941992	JKB_VV_ETM_NNG	1161917	NNG_JKO_VV_ETM_NNB	649752
11	VV_EP_EF	2705771	ETM_NNG_JKO_VV	1145879	ETM_NNG_JKO_VV_EC	609284
12	JKB_VV_EC	2575493	NNG_NNG_JKB_VV	1066169	NNG_JKO_VV_EP_EF	569008
13	VV_EC_VV	2460941	JKO_VV_ETM_NNG	1059292	NNG_NNG_NNG_NNG_NNG	539813
14	NNG_NNG_JKB	2308686	VV_EC_VX_EP	1014359	VV_EC_VX_ETM_NNB	533060
15	JKO_VV_ETM	2105912	JKO_VV_EC_NNG	989206	VV_EC_NNG_JKO_VV	517117
16	NNG_JKS_VV	2027332	EC_VX_ETM_NNG	940388	VA_ETM_NNG_JKO_VV	498599
17	JKB_VV_ETM	1930983	VV_EC_VV_EC	928102	NNG_JKG_NNG_JKO_VV	491852
18	EC_VX_ETM	1833359	NNG_JKO_VV_EP	919084	NNG_NNG_JKB_VV_EC	480473
19	NNG_JKB_NNG	1811958	NNG_JKS_VV_EC	889676	NNG_JKB_VV_EC_NNG	462391
20	EC_VX_EC	1707073	JKB_VV_EC_VX	883857	NNG_JKB_NNG_JKO_VV	457534

[표 55]에서 제시한 3-gram부터 5-gram까지의 연속 표현 구성요소 태깅을 관찰해 보면 아래와 같은 특징을 찾아볼 수 있다.

첫째, 3-gram부터 5-gram까지에서도 명사를 포함한 연속 표현 구성요소 태깅이 가장 많이 나타났다. 명사가 연속으로 나타나는 표현은 n-gram의 길이가 길어져도 역시 높은 순위를 차지하고 있다. 3-gram에는 '종합/NNG_주가/NNG_지수/NNG, 지방/NNG_자치/NNG_단체/NNG, 보건/NNG_복지/NNG_부/NNG' 등 연속 표현들이 자주 사용되고, 4-gram에서는 '손해/NNG_배상/NNG_청구/NNG_소송/NNG, 금융/NNG_산업/NNG_구조/NNG_조정/NNG, 경찰관/NNG_직무/NNG_집행/NNG_법/NNG' 등 연속 표현들이 자주 사용되고, 5-gram에서는 '정부/NNG_실무/NNG_책임/NNG_차관/NNG_청장/NNG, 특정/NNG_범죄/NNG_가중/NNG_처벌/NNG_법/NNG, 최고/NNG_위원/NNG_상임/NNG_고문/NNG_연석회의/NNG' 등 연속 표현들이 자주 사용되는데 대체로 법률에서 많이 사용되는 용어나 경제, 정치와 밀접한 관계를 갖는 용어들이다.

둘째, 동사를 포함한 연속 표현 구성요소 태깅도 많이 나타났다. 특히 2-gram에서도 높은 사용도인 'VV_EC'를 포함한 문어 연속 표현 구성요소 태깅이 가장 높은 사용도를 보였다. 이에 우리는 앞뒤로 자주 출현하는 구성요소들을 통해 한국어에서 자주 사용되는 통사적 구조를 알아 볼 수 있다. 3-gram에서 'VV_EC' 뒤에는 보조동사, 명사, 동사의 순서로 자주 사용되고 있다. 4-gram에서 'VV_EC' 앞에는 'NNG_JKO, NNG_JKB, NNG_JKS' 등 2-gram 연속 표현과 결합되어서 자주 사용되고, 뒤에는 'VX_ETM, VX_EC, VX_EP' 등 2-gram 연속 표현과 결합돠서 자주 사용되고 있음을 확인할 수 있다. 또한 'VV_EC_VV_EC'와 같이 연속으로 두 번 동시에 출현하는 연속 표현 구성요소 태깅도 많이 사용되고 있다. 예를 들면 '있/VV_는가/EC_하/VV_면/EC, 사/VV_아/EC_들/VV_고/EC, 하/VV_게/EC_되/VV_면/EC, 집/VV_어/EC_들/VV_고/EC' 등 연속 표현들이 많이 사용되고 있다. 5-gram에서 'NNG_JKO_VV_EC_VX' 등과 같은 연속 표현 구성요소 태깅이 가장 많이 사용된다. 예를 들면 '생각/NNG_을/JKO_하/VV_고/EC_있/VX, 모습/NNG_을/JKO_보이/VV_어/EC_주/VX' 등과 같은 연속 표현들이 많이 사용되고 있다.

셋째, 3-gram부터 5-gram에서 'VV_ETM'를 포함한 연속 표현 구성요소 태깅도 높은 사용도를 보이고 있다. 3-gram에서는 'VV_ETM_NNG, VV_ETM_NNB'와 같이 'VV_ETM' 뒤에는 명사와 의존명사가 같이 출현한다. 뒤에 명사가 출현할 때는 '보/VV_ㄹ/ETM_때/NNG, 하/VV_ㄹ/ETM_때/NNG, 있/VV_을/ETM_때/NNG'와 같은 명사 '때/NNG'가 가장 많이 출현하고 의존명사일 때는 '하/VV_ㄹ/ETM_수/NNB, 보/VV_ㄹ/ETM_수/NNB, 있/VV_는/ETM_것/NNB'와 같이 의존명사 '수/NNB'와 '것/NNB'가 가장 많이 사용된다. 4-gram에서는 'NNG_JKO_VV_ETM, NNG_JKB_VV_ETM'와 같이 앞에 명

사와 조사의 결합이 가장 많이 출현한다. 앞이 'NNG_JKO'일 때는 '말/NNG_을/JKO_하/VV_ㄹ/ETM, 일/NNG_을/JKO_하/VV_ㄹ/ETM, 역할/NNG_을/JKO_하/VV_는/ETM'과 같은 연속 표현들이 가장 많이 사용되고, 앞이 'NNG_JKB'일 때는 '문제/NNG_에/JKB_대하/VV_ㄴ/ETM, 중심/NNG_으로/JKB_하/VV_ㄴ/ETM, 필요/NNG_로/JKB_하/VV_는/ETM' 등과 같은 연속 표현들이 가장 많이 사용되고 있다. 5-gram에서 연속 표현 구성요소 태깅이 'NNG_JKB _VV_ETM_NNG'일 때는 '관점/NNG_에서/JKB_보/VV_ㄹ/ETM_때/NNG, 입장/NNG_에서/JKB_보/VV_ㄹ/ETM_때/NNG, 경제/NNG_에/JKB_미치/VV_는/ETM_ 영향/NNG' 등 연속 표현들이 많이 사용되고, 'NNG_JKO_VV_ETM_NNG'일 때는 '말/NNG_을/JKO_하/VV_ㄹ/ETM_때/NNG, 조사/NNG_를/JKO_실시하/VV_ㄹ/ETM_결과/NNG, 점/NNG_을/JKO_감안하/VV_ㄹ/ETM_때/NNG'와 같은 연속 표현들이 많이 사용되고 있다.

[표 56] 문어 6-gram~9-gram 연속 표현 구성요소 태깅 상위 10

순위	문어 6-gram	사용도	문어 7-gram	사용도
1	NNG_JKO_VV_EC_VX_EC	380301	NNG_JKO_VV_EC_NNG_JKO_VV	185519
2	NNG_JKO_VV_EC_VX_ETM	372774	NNG_JKO_VV_EC_VX_ETM_NNG	177454
3	NNG_NNG_JKB_VV_ETM_NNG	263511	NNG_JKO_VV_EC_VX_EP_EF	148034
4	ETM_NNG_JKO_VV_EC_VX	261597	NNG_JKO_VV_EC_VX_ETM_NNB	137252
5	VA_ETM_NNG_JKO_VV_EC	260640	NNG_JKB_VV_EC_VX_ETM_NNG	132291
6	NNG_JKO_VV_EC_VV_EC	258008	NNG_NNG_NNG_NNG_NNG_NNG_NNG	122522
7	VV_EC_NNG_JKO_VV_EC	252987	VA_ETM_NNG_JKO_VV_EC_VX	114617
8	NNG_JKG_NNG_JKO_VV_EC	252888	NNG_JKO_VV_EC_VV_ETM_NNG	112308
9	NNG_NNG_NNG_NNG_NNG_NNG	247074	NNG_JKO_VV_EC_VX_EC_NNG	105112
10	NNG_JKB_VV_EC_VX_ETM	246809	VV_EC_VX_ETM_NNB_VCP_EF	103909

순위	문어 8-gram	사용도	문어 9-gram	사용도
1	NNG_JKO_VV_EC_NNG_JKO_VV_EC	88174	NNG_NNG_NNG_NNG_NNG_NNG_NNG_NNG_NNG	36350
2	NNG_NNG_NNG_NNG_NNG_NNG_NNG_NNG	66155	NNG_JKO_VV_EC_NNG_JKO_VV_EC_VX	27851
3	NNG_JKB_VV_ETM_NNG_JKO_VV_EC	43374	NNG_JKO_VV_EC_NNG_JKO_VV_EC_NNG	23466
4	NNG_JKO_VV_EC_NNG_JKO_VV_ETM	42312	NNG_JKO_VV_EC_VX_ETM_NNB_VCP_EF	23221
5	NNG_JKO_VV_EC_NNG_NNG_JKO_VV	40209	NNG_JKO_VV_EC_NNG_JKO_VV_EP_EF	22218
6	NNG_JKO_VV_EC_VX_ETM_NNB_VCP	39383	NNG_JKO_VV_EC_NNG_JKO_VV_ETM_NNG	21358
7	NNG_JKB_VV_EC_NNG_JKO_VV_EC	37995	VV_EC_NNG_JKO_VV_EC_NNG_JKO_VV	16828
8	NNG_NNG_JKB_VV_EC_VX_ETM_NNG	36595	NNG_JKO_VV_EC_NNG_NNG_JKO_VV_EC	16306
9	NNG_JKO_VV_EC_NNG_JKO_VV_EP	33748	NNG_JKO_VV_EC_NNG_JKO_VV_EC_VV	16102
10	JKO_VV_EC_NNG_JKO_VV_EC_VX	32644	NNG_JKB_VV_ETM_NNG_JKO_VV_EC_VX	14939

[표 56]에서 제시한 6-gram부터 9-gram까지의 문어 연속 표현 구성요소 태깅을 관찰해 보면 아래와 같은 특징을 찾아볼 수 있다.

첫째, 긴 길이인 문어 연속 표현 구성요소 태깅에서 명사가 연속으로 출현하는 표현은 계속 상위 순위를 차지하였다. 6-gram에서는 '인문/NNG_과학/NNG_사회/NNG_과학/NNG_자연/NNG_과학/NNG, 관광부/NNG_장관/NNG_기/NNG_전국/NNG_대학/NNG_대회/NNG, 문화/NNG_관광부/NNG_장관/NNG_기/NNG_전국/NNG_대학/NNG, 소비자/NNG_물가/NNG_지수/NNG_편제/NNG_대상/NNG_품목/NNG' 등과 같은 다양한 명사들이 사용되고 있지만, 7-gram부터 9-gram까지는 10개 명사가 연속 되어 출현한 '정부/NNG_실무/NNG_책임/NNG_차관/NNG_청장/NNG_시도/NNG_지사/NNG_감사/NNG_위원/NNG_얼굴/NNG'으로 인한 연속 표현 구성요소 태깅 추출로 사용도가 높은 것으로 나타났다.

둘째, 긴 길이인 문어 구성요소 태깅 상위에 종결어미가 아주 적게 사용되고 있다. 7-gram과 9-gram에 각각 구성요소 태깅이 두 개씩 나타났는데, '말/NNG_을/JKO_잇/VV_지/EC_못하/VX_았/EP_다/EF, 입/NNG_을/JKO_열/VV_지/EC_않/VX_았/EP_다/EF, 하/VV_아야/EC_하/VX_ㄹ/ETM_것/NNB_이/VCP_다/EF, 하/VV_고/EC_있/VX_는/ETM_것/NNB_이/VCP_다/EF' 등과 같이 종결어미 '다/EF'가 가장 많이 사용되었다.

자주 사용되는 연속 표현 구성요소 태깅으로부터 우리는 문어에서 가장 상용적인 연속 표현들을 찾아 볼 수 있었다.

6.1.3 구어 연속 표현 구성요소 태깅

구어 연속 표현 구성요소 태깅은 문어 연속 표현 구성요소 태깅과 같은 방법으로 사용도에 따라 아래와 같은 리스트를 얻을 수 있다. 구어 말뭉치에서의 사용도 상위 30위 내의 연속 표현 구성요소 태깅을 제시하면 다음과 같다.

[표 57] 구어 연속 표현 구성요소 태깅 상위 30

순위	구어 연속 표현 구성요소 태깅	그램 수	빈도수	빈도	텍스트 수	분포율	사용도
1	VV_EC	2	163164	1.493296	569	100.0	23871586
2	MAG_VV	2	97181	0.889412	569	100.0	14217993
3	VV_EF	2	95165	0.870961	569	100.0	13923044
4	VV_ETM	2	78309	0.716693	569	100.0	11456939
5	VV_EP	2	77410	0.708465	569	100.0	11325412
6	ETM_NNB	2	76485	0.700000	569	100.0	11190080
7	EP_EF	2	71882	0.657872	569	100.0	10516642
8	EC_VX	2	71115	0.650853	569	100.0	10404426
9	NNG_NNG	2	68330	0.625364	569	100.0	9996969

10	NNG_JKB	2	65416	0.598695	569	100.0	9570639
11	EC_VV	2	63489	0.581059	569	100.0	9288710
12	VCP_EF	2	59382	0.543471	569	100.0	8687839
13	VV_EC_VX	3	58909	0.539142	569	100.0	8618637
14	ETM_NNG	2	52668	0.482024	569	100.0	7705552
15	NNG_JX	2	51244	0.468991	569	100.0	7497215
16	VA_EF	2	50867	0.465541	568	99.8	7428979
17	NNG_JKS	2	49833	0.456077	569	100.0	7290780
18	NNG_VV	2	48398	0.442944	568	99.8	7068389
19	VV_EP_EF	3	47879	0.438194	568	99.8	6992590
20	VV_ETM_NNB	3	46648	0.426928	569	100.0	6824800
21	MM_NNG	2	46232	0.423121	569	100.0	6763938
22	NNG_JKO	2	42846	0.392132	568	99.8	6257535
23	NNG_VCP	2	40959	0.374861	569	100.0	5992476
24	VA_EC	2	40951	0.374788	569	100.0	5991305
25	JKO_VV	2	39201	0.358772	567	99.6	5715114
26	VV_EC_VV	3	37396	0.342252	569	100.0	5471194
27	MAG_VV_EC	3	35480	0.324717	569	100.0	5190875
28	NP_JKS	2	35525	0.325129	568	99.8	5188324
29	JKB_VV	2	33695	0.308381	568	99.8	4921058
30	VA_ETM	2	32794	0.300134	569	100.0	4797901

[표 57]에서 보다시피, 구어 연속 표현 구성요소 태깅의 길이로 보면 고사용도 연속 표현 구성요소 태깅은 대체로 2-gram(25개)가 가장 많고, 다음으로는 3-gram(5개) 연속 표현 구성요소 태깅이다. 연속 표현의 구성요소로 봤을 때 '동사(VV), 명사(NNG), 연결어미(EC), 종결어미(EF), 관형형전성어미(ETM), 형용사(VA), 부사격조사(JKB), 목적격조사(JKO), 주격조사(JKS), 의존명사(NNB), 긍정지정사(VCP), 보조용언(VX)' 등과 같은 순서로 활략되고 있음을 확인할 수 있다.

[표 57]에서 보다시피, 구어에서 사용도가 가장 높은 연속 표현 구성요소 태깅은 문어와 달리 'VV_EC'이다. 그리고 상위 5위까지 모두 동사가 포함되

어 있는 'MAG_VV, VV_EF, VV_ETM, VV_EP' 연속 표현 구성요소 태깅들이다. 통계에 따르면 연속 표현 구성요소 태깅 'VV_EC'에서 가장 많이 사용되는 동사는 순위대로 '하/VV, 그러/VV, 보/VV, 가/VV, 되/VV, 오/VV, 먹/VV, 쓰/VV' 등이 있고, 연결어미는 순위대로 '고/EC, 어/EC, 지/EC, 면/EC, 여/EC, 어서/EC, 아/EC, 게/EC' 등이 있다.

그리고 문어에서 가장 많이 사용되고 있는 'NNG_NNG' 연속 표현 구성요소 태깅은 구어에서 9위를 차지하고 있다. 구어에서도 마찬가지로 첫 번째 명사와 두 번째 명사는 대체로 종속관계를 갖는다. 하지만 의미관계로 봤을 때 속성을 설명하는 '남자/NNG_친구/NNG, 고등/NNG_학교/NNG, 여자/NNG_애/NNG' 등과 같은 연속 표현이 가장 많이 사용된다. 그리고 시간을 제한하는 '하루/NNG_종일/NNG, 얼마/NNG_전/NNG, 다음/NNG_날/NNG' 과 같은 연속 표현들이 많이 사용된다. 구어에서는 위치를 의미하는 'NNG_NNG'이 적게 나타나고 한자어를 포함한 연속 표현은 아주 적었다.

사용도가 높은 구어 연속 표현 구성요소 태깅은 문어와 마찬가지로 2-gram이 높은 사용도를 차지하므로 길이가 다른 연속 표현 구성요소 태깅의 특징을 알아보기 위해 3-gram부터 5-gram까지 상위 20위, 6-gram부터 9-gram까지는 상위 10위의 연속 표현 구성요소 태깅을 제시하면 아래 [표 58]과 같다.

[표 58] 구어 3-gram~5-gram 연속 표현 구성요소 태깅 상위 20

순위	구어 3-gram	사용도	구어 4-gram	사용도	구어 5-gram	사용도
1	VV_EC_VX	8618637	ETM_NNB_VCP_EF	2967226	VV_ETM_NNB_VCP_EF	1852433
2	VV_EP_EF	6992590	VV_EC_VX_EF	2951373	VV_EC_VX_EP_EF	930096
3	VV_ETM_NNB	6824800	VV_EC_VX_EC	2605971	VV_EC_VX_ETM_NNB	803608
4	VV_EC_VV	5471194	VV_ETM_NNB_VCP	2342934	MAG_VV_EC_VX_EF	748702

5	MAG_VV_EC	5190875	NNG_JKO_VV_EC	2154341	NNG_JKO_VV_EC_VX	721198
6	NNG_JKO_VV	4352306	MAG_VV_EC_VX	2098881	VV_EC_VV_ETM_NNB	719743
7	MAG_VV_EF	3944523	MAG_VV_EP_EF	1796455	VV_EC_VV_EP_EF	589010
8	ETM_NNB_VCP	3746985	VV_EC_VV_EC	1613377	MAG_VV_EC_VX_EC	583636
9	VV_ETM_NNG	3718322	VV_EC_VV_EF	1582467	VV_ETM_NNB_VA_EF	573072
10	EC_VX_EF	3612252	VV_EC_VX_EP	1477536	MAG_VV_ETM_NNB_VCP	528876
11	NNG_VCP_EF	3411873	NNG_JKB_VV_EC	1452942	VV_EC_VX_EC_VV	518008
12	NNB_VCP_EF	3353266	VV_EC_VX_ETM	1409253	NNG_JKB_VV_EC_VX	464385
13	NNG_JKB_VV	3312765	MAG_VV_ETM_NNB	1349612	EC_VV_ETM_NNB_VCP	450014
14	EC_VX_EC	3166024	VV_ETM_NNB_VA	1225108	NNG_JKO_VV_ETM_NNB	438285
15	NNG_VV_EC	2993812	EC_VV_ETM_NNB	1224893	NNG_JKO_VV_EC_VV	433760
16	EC_VV_EC	2884723	MAG_VV_EC_VV	1185947	VV_EC_VX_ETM_NNG	417715
17	JKO_VV_EC	2806292	EC_VX_EP_EF	1122115	VV_EC_VV_EC_VX	400145
18	MAG_VV_EP	2773581	VV_EC_VV_ETM	1088408	NNG_JKB_VV_ETM_NNB	379700
19	EC_VV_EF	2518538	EC_VV_EP_EF	1074765	VA_ETM_NNB_VCP_EF	379370
20	VV_EP_EC	2405534	ETM_NNB_VA_EF	1029781	MAG_VV_EC_VX_EP	372149

[표 58]에서 제시한 3-gram부터 5-gram까지의 구어 연속 표현 구성요소 태깅을 관찰해 보면 아래와 같은 특징을 찾아볼 수 있다.

첫째, 구어 연속 표현 구성요소 태깅에는 명사가 연속으로 나타나는 표현의 사용도가 높지 않아 상위 20위에 나타나지 않았다.

둘째, 구어 연속 표현 구성요소 태깅에는 동사를 포함한 표현들이 가장 많이 나타났다. 그중 1위를 차지한 'VV_EC'를 포한한 구어 연속 표현 구성요소 태깅이 가장 높은 사용도를 보였다. 3-gram에서 'VV_EC' 뒤에는 보조동사, 동사 등 순서로 자주 사용되고, 'VV_EC' 앞에는 일반부사, 명사 등의 순서로 자주 사용되고 있다. 4-gram에서 'VV_EC' 앞에는 'NNG_JKO, NNG_JKB' 등 2-gram 연속 표현 구성요소 태깅이 자주 나타나고 문어에서 자주 나타나던 'NNG_JKS'는 구어에서 20위에 들지 못했다. 그리고 'VV_EC' 뒤에는 'VX_EF, VX_EC, VV_EF, VX_EP, VX_ETM' 등 2-gram 연속 표현 구성요소 태깅이 자주 나타나고 있는데 문어보다 'VV_EF'와 결합해서 나타나는 연속 표현 구성요소 태깅이 높은 순위를 차지하였다. 그리고 구어에서도 'VV_EC_VV_EC'와 같이 연속으로 두 번 동시에 출현하는 연속 표현 구성요소 태깅도 많이 나타나고 있다. 예를 들면 '하/VV_여야/EC_되/VV_는데/EC, 하/VV_여야/EC_되/VV_고/EC, 가/VV_아야/EC_되/VV_는데/EC' 등 연속 표현이 많이 사용되고 있다. 5-gram에서 'VV_ETM_NNB_VCP_EF' 등과 같이 종결어미가 출현하는 연속 표현이 가장 많이 출현하였다. 예를 들면 '하/VV_는/ETM_거/NNB_이/VCP_야/EF, 되/VV_는/ETM_거/NNB_이/VCP_야/EF, 하/VV_ㄹ/ETM_거/NNB_이/VCP_야/EF' 등 연속 표현이 많이 사용되고 있다.

셋째, 구어 3-gram부터 5-gram에서도 'VV_ETM'을 포함한 연속 표현 구성요소 태깅이 높은 사용도를 보였다. 3-gram에서는 'VV_ETM_NNB, VV_ETM_NNG'와 같이 'VV_ETM'뒤에는 의존명사와 명사의 순서로 많이 나타나는데, 뒤가 의존명사일 때는 '하/VV_는/ETM_거/NNB, 되/VV_는/ETM_거/NNB, 하/VV_ㄹ/ETM_수/NNB'와 같이 의존명사 '거/NNB'와 '수/NNB'가 가장 많이 출현한다. 또한 의존명사 '수/NNB'는 문어 3-gram 연속 표현 구성요소 태깅에서도 많이 나타나지만 '거/NNB'는 구어에서만 많이 나타난다. 그리고 'VV_ETM' 뒤가 명사일 때는 '하/VV_ㄹ/ETM_때/NNG, 하/VV_ㄹ/ETM_말/NNG, 보/VV_ㄹ/ETM_때/NNG, 하/VV_는/ETM_짓/NNG' 등과 같이 명사 '때/NNG'를 포함한 연속 표현과 '말, 사람, 짓' 등과 같은 명사를 포함한 연속 표현이 가장 많이 사용된다. 구어 4-gram에서는 문어와 달리 'VV_ETM_NNB_VCP, VV_ETM_NNB_VA, VV_EC_VV_ETM'과 같이 'VV_ETM' 뒤에는 'NB_VCP'와 'NNB_VA' 2-gram 연속 표현 구성요소 태깅이 가장 많이 출현하고, 'VV_ETM' 앞에는 'VV_EC' 2-gram 연속 표현 구성요소 태깅이 가장 많이 나타나고 있다. 예를 들어 '하/VV_는/ETM_거/NNB_이/VCP, 하

/VV_ㄹ/ETM_수/NNB_있/VA, 하/VV_여야/EC_되/VV_는/ETM'과 같은 연속 표현들이 많이 사용되고 있다. 5-gram에서는 'VV_ETM_NNB_ VCP_EF'가 1위로 나타나고 있다. 예를 들어 '하/VV_는/ETM_거/NNB_이/VCP_야/EF, 되/VV_는/ETM_거/NNB_이/VCP_야/EF, 하/VV_ㄴ/ETM_거/NNB_이/VCP_야/EF' 등 연속 표현이 가장 많이 사용되고 있고, 종결어미 '야/EF'가 가장 많이 사용되고 있다.

[표 59] 구어 6-gram~9-gram 구성요소 태깅 상위 10

순위	구어 6-gram	사용도	구어 7-gram	사용도
1	MAG_VV_ETM_NNB_VCP_EF	427100	VV_EC_VX_ETM_NNB_VCP_EF	216936
2	EC_VV_ETM_NNB_VCP_EF	338336	VV_EC_VV_ETM_NNB_VCP_EF	210978
3	VV_EC_VX_ETM_NNB_VCP	296523	NNG_JKO_VV_ETM_NNB_VCP_EF	78970
4	VV_EC_VV_ETM_NNB_VCP	293665	NNG_JKB_VV_ETM_NNB_VCP_EF	58830
5	EC_VX_ETM_NNB_VCP_EF	263694	MAG_VV_EC_VX_ETM_NNB_VCP	46468
6	MAG_VV_EC_VX_EP_EF	228932	NNG_JKO_VV_EC_VX_EP_EF	43621
7	NNG_JKO_VV_EC_VX_EC	199763	VV_EC_VX_EC_VV_ETM_NNB	43551
8	VV_EP_ETM_NNB_VCP_EF	152702	NNG_JKO_VV_EC_VX_ETM_NNB	36451
9	VV_ETM_NNB_JKS_VA_EF	146635	VV_EC_VX_EC_VV_EP_EF	34928
10	MAG_VV_EC_VX_ETM_NNB	142519	NNG_JKS_VV_ETM_NNB_VCP_EF	34011
순위	구어 8-gram	사용도	구어 9-gram	사용도
1	MAG_VV_EC_VX_ETM_NNB_VCP_EF	31666	NNG_JKO_VV_EC_VV_ETM_NNB_VCP_EF	6480
2	MAG_VV_EC_VV_ETM_NNB_VCP_EF	21841	NNG_JKO_VV_EC_VX_ETM_NNB_VCP_EF	6053
3	VV_EC_MAG_VV_ETM_NNB_VCP_EF	11396	VV_EC_VX_EC_VV_ETM_NNB_VCP_EF	5181
4	JKO_VV_EC_VX_ETM_NNB_VCP_EF	11223	VV_EC_VV_EC_VV_ETM_NNB_VCP_EF	3298
5	JKO_VV_EC_VV_ETM_NNB_VCP_EF	11042	VV_EC_VV_EC_VX_ETM_NNB_VCP_EF	2898
6	NNG_JKO_VV_EC_VX_ETM_NNB_VCP	9607	NNG_JKB_VV_EC_VX_ETM_NNB_VCP_EF	2540
7	EC_VV_EC_VX_ETM_NNB_VCP_EF	9219	VV_ETM_NNB_JKS_VA_ETM_NNB_VCP_EF	2444
8	NNG_VV_EC_VV_ETM_NNB_VCP_EF	9179	NNG_JKB_VV_EC_VV_ETM_NNB_VCP_EF	2033
9	VV_EC_VX_ETM_NNB_JKS_VA_EF	8983	NNG_JX_VV_EC_VV_ETM_NNB_VCP_EF	1736
10	VV_ETM_NNB_VA_ETM_NNB_VCP_EF	8945	NNG_JKS_VV_EC_VX_ETM_NNB_VCP_EF	1522

[표 59]에서 제시한 6-gram부터 9-gram까지의 구어 연속 표현 구성요소 태깅을 관찰해 보면 아래와 같은 특징을 찾아볼 수 있다.

첫째, 문어와 달리 명사가 연속 출현하는 연속 표현 구성요소 태깅은 상위 20위에 나타나지 않았다.

둘째, 긴 n-gram인 구어 연속 표현 구성요소 태깅에서는 종결어미를 포함하는 연속 표현 구성요소 태깅이 상위 순위를 차지하고 있음을 확인할 수 있다. 6-gram 연속 표현 구성요소 태깅에서는 5-gram에서 1위를 차지한 'VV_ETM_NNB_VCP_EF' 앞에 일반부사가 가장 많이 나타나는데, 예를 들면 '어떻게/MAG, 안/MAG, 막/MAG, 못/MAG' 등 부사가 가장 많이 사용되고 있다. 6-gram 연속 표현 구성요소 태깅에서 'VV_EC_VX_ETM_NNB_VCP_EF'가 1위를 차지하였는데 '죽이/VV_어/EC_버리/VX_ㄹ/ETM_거/NNB_이/VCP_야/EF, 하/VV_고/EC_있/VX_는/ETM_거/NNB_이/VCP_야/EF, 묻/VV_어/EC_보/VX_는/ETM_거/NNB_이/VCP_야/EF' 등과 같은 연속 표현이 자주 상용되었다. 그리고 구어 7-gram부터 9-gram까지 대체로 종결어미를 포함한 연속 표현 구성요소 태깅들인데 종결어미 종류가 문어보다 훨씬 다양하다. 예를 들어 '하/VV_여/EC_주/VX_ㄹ/ETM_거/NNB_이/VCP_에요/EF, 하/VV_여/EC_주/VX_ㄹ/ETM_거/NNB_이/VCP_ㄴ데/EF' 등과 같이 다양한 종결어미가 사용되고 있다.

6.2 연속 표현 구성요소 태깅의 상관관계

본 절에서는 기존의 연구 성과들을 검토한 기초에 선형회귀분석[43]을 문어

---

43 회귀(regression)란 용어는 영국의 유전학자인 Francis Galton(1822-1911년)이 처음으로 제기한 것이다. 그의 논의에서는 주어진 아버지의 키(독립변수)로부터 아들의 키(종속변

와 구어 말뭉치에서 추출한 2-gram 연속 표현 구성요소 태깅을 대상으로 앞뒤 두 구성요소 간의 상관정도 및 상관관계를 분석하고자 한다. 즉 2-gram 연속 표현의 앞뒤 두 구성요소를 두 변수로 정하여 두 변수 간의 상관관계를 분석하는 것이다. 지금까지의 언어학적 연구들을 살펴보면 단어와 단어 간의 상관관계를 밝힘에 있어 대부분 개인적인 경험에 의존하거나 단순히 빈도수 비교에만 그쳐있다. 하지만 본 연구에서는 단순선형회귀분석 모형을 적용하여 연속 표현 구성요소들 간의 상관관계를 고찰함으로써 통계적인 수치로 더욱 객관적으로 두 구성요소 간의 관계를 제시할 수 있다는 점에서 의의가 있다고 본다. 본 연구 결과는 기계 번역뿐만 아니라 문서 자동 분류, 핵심어 추출, 감성 분석 등 인공지능 분야의 정확도를 높이는 데 많은 도움이 될 것으로 생각한다.

6.2.1 단순선형회귀 분석 과정

단순선형회귀분석은 하나의 종속변수와 다른 하나의 독립변수 사이의 선형관계를 파악하고, 독립변수의 일정한 값에 대응되는 종속변수의 값을 예측하는 데 사용되는 수학 모형으로서 방정식을 제시하면 다음과 같다.

$$y=a+bx$$

수)의 평균치를 예측하려고 하였다. 이로부터 회귀란 단어는 변수 간의 관련성을 규명하려는 통계적 분석 방법으로 사용되어 왔다. 회귀분석은 하나의 수학 모형으로서 하나의 변수와 다른 한 개 혹은 여러 개의 변수 사이의 의존관계를 연구하는 통계적 분석방법론이다. 두 개의 변수와만 상관이 될 경우 단순선형회귀분석(Simple linear regression analysis) 방법을 사용할 수 있다.

방정식 중 y는 종속변수이고 x는 독립변수, a는 차단항이고 b는 경사항이다. 단순선형회귀분석 모형의 분석 과정은 다음과 같다.

첫째, 산포도를 이용하여 종속변수 y와 독립변수 x 간에 선형 상관관계가 있는지를 살펴본다. 다시 말해 한 쌍을 이루는 종속변수와 독립변수를 직각좌표에 표시했을 때 이 점들이 대체적으로 한 직선 주위에 분포해 있는지를 살펴본다. 이 점들이 한 직선 주위에 모여 있으면 선형 상관관계를 갖는다고 볼 수 있다. 반대로 직선 주위에 모여 있지 않으면 선형 관계를 갖지 않는다고 볼 수 있다.

둘째, 종속변수 y와 독립변수 x 사이의 상관계수를 계산함으로써 두 변수 사이의 상관정도를 알 수 있다. 다음 계산 공식을 제시하면 아래와 같다.

$$\rho = \frac{\sum (X_i - \overline{X})(Y_i - \overline{Y})}{\sqrt{\sum (X_i - \overline{X})^2 \sum (Y_i - \overline{Y})^2}}$$

그중 $\overline{X}$는 독립변수의 평균치이고, X_i는 i번째 위치에 있는 독립변수의 수치이며, $\overline{Y}$는 종속변수의 평균치이고, Y_i는 i번째 위치에 있는 종속변수의 수치이다.

상관계수 ρ를 통해 변인들 간의 관계 방향과 크기를 알 수 있는데 이 상관계수는 [-1, 1] 구간 안의 어떤 값을 취한다. 변인들 간 관계의 방향은 상관계수 값 앞에 붙은 양수(+)와 음수 기호(-)로 결정된다. 양수로 나타나면 두 변인 간에는 정적 상관(정상관), 즉 하나의 변인 값이 증가(감소)하면 다른 변인 값도 증가(감소)하는 관계가 있음을 말하고, 반면에 음수로 나타나면 두 변인 간에는 부적 상관(역상관), 즉 하나의 변인 값이 증가(감소)하면 다른 변인 값은 오히려 감소(증가)하는 관계가 있음을 말한다. 또한 상관계수의 절대

치 |ρ|로 상관관계의 크기도 알 수 있는데 1에 근접할수록 상관정도가 높고 0에 근접할수록 상관정도가 낮다.

셋째, 독립변수 x와 종속변수 y를 이용하여 단순선형회귀방정식 y=a+bx 중의 차단항 a와 경사항 b를 구할 수 있는데 계산 공식을 제시하면 다음과 같다.

$$\begin{cases} a = \bar{y} - b\bar{x} \\ b = \dfrac{\sum_{i=1}^{n} x_i y_i - \frac{1}{n}\sum_{i=1}^{n} x_i \sum_{i=1}^{n} y_i}{\sum_{i=1}^{n} x_i^2 - \frac{1}{n}(\sum_{i=1}^{n} x_i)^2} \end{cases}$$

다시 차단항 a와 경사항 b를 단순선형회귀방정식 y=a+bx에 대입하면 두 변수 간의 단순선형회귀분석 모형이 만들어진다.

본 연구에서는 '21세기 세종 계획(2010.12수정판)/Data/02_말뭉치/현대/문어/말뭉치_구축지침/현대문어형태분석말뭉치_구축지침.hwp'에서 제시한 형태 분석표지를 참고하여, 먼저 대분류 중에서 체언, 용언, 수식언, 독립언 등 네 개를 선택한 다음, 다시 소분류 중에서 각각 대표적인 품사 한 개씩만 선택하였다. 체언으로는 일반명사, 용언으로는 동사, 수식언으로는 일반부사, 독립언으로는 감탄사를 선택하여, 이 품사 네 개를 독립변수로 삼고 다른 구성요소를 종속변수로 삼아 논의를 전개해 나가기로 한다.

본 연구는 단순선형회귀분석 모형의 분석 과정에 따라, 우선 먼저 문어 말뭉치와 구어 말뭉치에서 추출한 고사용도 상위 200위의 2-gram 연속 표현 구성요소 태깅을 앞뒤 두 부분으로 나눈다. 예를 들면 'VV_EC'를 앞 동사 'VV'와 뒤 연결어미 'EC'로 분리하는 것이다. 그다음으로 일반명사, 동사, 일반부사, 감탄사 중심으로 두 말뭉치에 나타난 모든 구성요소들의 출현 빈도를 계산한다. 그리고 네 개의 품사 매개를 종속변수로 삼고 그외의 구성요소를 독립변수로 삼아 구성요소 간의 상관성을 토대로 단순선형회귀방정식을 계산한 다음 산포도와 직선도를 그리는 방법으로 연구를 진행하고자 한다. 마지막으로 네 개 품사의 매개를 종속변수 y로 정하고 나머지 구성요소[44]들을 독립변수 x로 정한 다음 매 한 쌍의 구성요소들을 문어와 구어로 나누어 상관계수를 계산하였다. 그리고 '상관계수≥0.9'면 '매우 높음'으로 표기하고, '0.9>상관계수≥0.8'이면 '높음'으로 표기하고, '0.8>상관계수≥0.6'이면 '낮음'으로 표기하고, '0.6>상관계수'면 '매우 낮음'으로 표기하였다. 그리고 상관계수가 0.8 이상인 한 쌍의 실질형태소에 대해 단순선형회귀방정식을 구하고 이 방정식으로 산포도에 직선을 그려 넣은 다음 문어와 구어의 차이를 살펴보았다.

6.2.2 연구 결과

앞에서 설명한 연구 방법에 따라 문어와 구어 말뭉치에서 고사용도 상위 200위 2-gram 연속 표현 구성요소 태깅에서 앞에 출현한 품사가 명사, 동사, 일반부사, 감탄사일 때 뒤에 출현한 구성요소와의 관계에 대한 단순선형회귀분석 결과는 다음과 같다.

1. 일반명사

일반명사[45] 뒤에 나타나는 기타 구성요소와의 상관계수, 상관정도 및 단순

---

44 종속변수 y로 선택된 품사외 기타 출현한 구성요소 모두 독립변수 x로 정하여 상관계수를 계산하였다. 연구 결과에 출현하지 않는 구성요소는 연속 표현 구성요소 태깅 상위 200위에 오르지 못한 구성요소들이다.

선형회귀방정식을 문어와 구어로 나누어 제시하면 다음 [표 60]과 같다.

[표 60] 일반명사와 기타 구성요소와의 상관계수, 상관정도 및 단순선형회귀방정식

종속변수와 독립변수	문어			구어		
	상관계수	상관정도	단순선형회귀방정식	상관계수	상관정도	단순선형회귀방정식
일반명사1과 일반명사2	0.831	높음	일반명사1 = 0.23 + 0.53×일반명사2	0.903	매우 높음	일반명사1 = 0.04 + 0.76×일반명사2
일반명사1과 부사격조사	0.922	매우 높음	일반명사1 = 0.01 + 0.99×부사격조사	0.952	매우 높음	일반명사1 = 0.03 + 0.85×부사격조사
일반명사1과 목적격조사	0.888	높음	일반명사1 = 0.02 + 0.96×목적격조사	0.846	높음	일빈멍시1 − 0.09 + 0.5×목적격조사
일반명사1과 보조사	0.872	높음	일반명사1 = 0.03 + 0.93×보조사	0.884	높음	일반명사1 = 0.0 + 0.99×보조사
일반명사1과 주격조사	0.836	높음	일반명사1 = 0.03 + 0.94×주격조사	0.929	매우 높음	일반명사1 = 0.04 + 0.76×주격조사
일반명사1과 명사파생접미사	0.828	높음	일반명사1 = 0.21 + 0.57×명사파생접미사	0.791	낮음	
일반명사1과 관형격조사	0.777	낮음		0.674	낮음	
일반명사1과 긍정지정사	0.699	낮음		0.864	높음	일반명사1 = 0.01 + 0.95×긍정지정사

45 2-gram 연속 표현 구성요소 태깅에서 일반명사가 연속으로 나타나는데 앞에 나타난 일반명사를 '일반명사1'로 표기하고, 뒤에 나타난 일반명사를 '일반명사2'로 표기한다. 아래 다른 품사도 마찬가지로 표기한다.

일반명사1과 접속조사	0.843	높음	일반명사1 = 0.21 + 0.59×접속조사	0.754	낮음
일반명사1과 동사	0.51	매우 낮음		0.604	낮음
일반명사1과 의존명사	0.728	낮음		0.71	낮음
일반명사1과 고유명사	0.589	매우 낮음		0.268	매우 낮음
일반명사1과 일반부사	0.702	낮음		0.538	매우 낮음
일반명사1과 보격조사	0.64	낮음		0.719	낮음
일반명사1과 형용사	0.425	매우 낮음		0.628	낮음
일반명사1과 관형사	0.607	낮음		0.642	낮음
일반명사1과 대명사	0.264	매우 낮음		0.395	매우 낮음
일반명사1과 수사	0.095	매우 낮음		0.582	매우 낮음
일반명사1과 체언접두사	0.641	낮음			
일반명사1과 접속부사	0.28	매우 낮음			
일반명사1과 부정지정사				0.351	매우 낮음
일반명사1과 감탄사				0.591	매우 낮음
일반명사1과 호격조사				0.139	매우 낮음

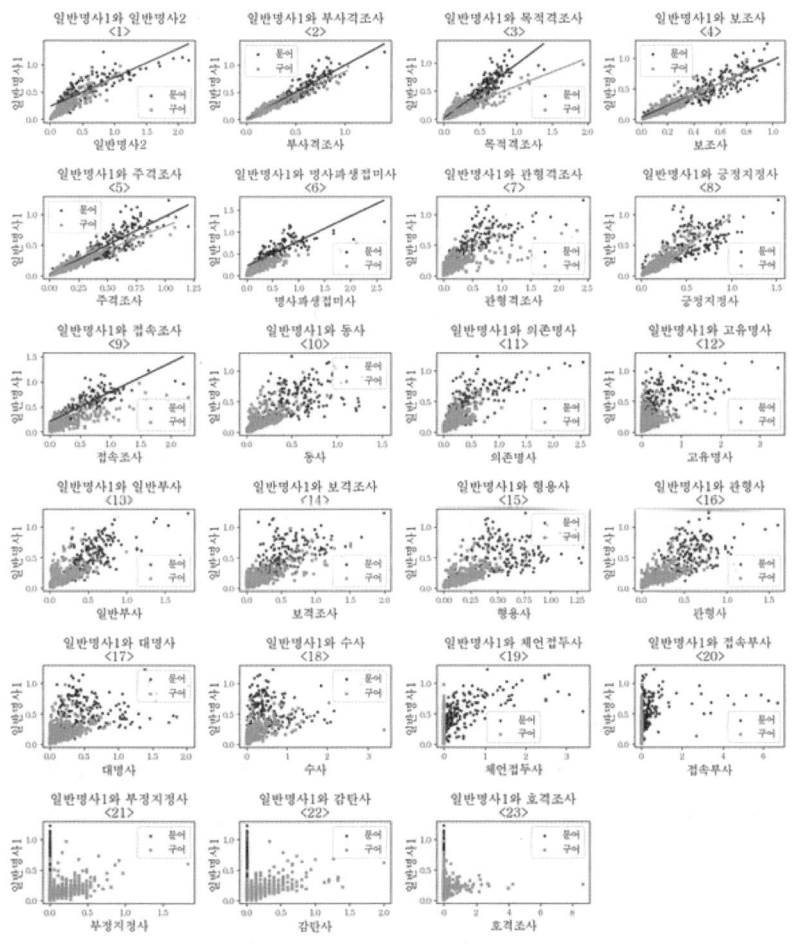

<그림 36> 일반명사와 기타 구성요소 간의 산포도 및 직선도

연구자는 일반명사1 뒤에 나타나는 각 구성요소 간의 상관정도 및 문어와 구어의 차이점을 직관적으로 관찰하기 위해 일반명사1의 빈도를 y로, 기타 구성요소의 빈도를 x로, 문어를 초록색으로, 구어를 분홍색으로 산포도를 그렸다. 그다음 상관계수가 0.8 이상인 종속변수와 독립변수에 대해 [표 60]

에서 제시한 단순선형회귀방정식에 따라 그에 대응하는 직선을 산포도에 그려 넣었는데 그 결과를 보이면 <그림 36>과 같다.

[표 60]에서 제시한 상관계수와 <그림 36>에서의 산포도, 직선도를 관찰해보면 일반명사1과 뒤에 나타나는 기타 구성요소 간은 아래와 같은 상관관계 특징을 발견할 수 있다.

첫째, [표 60]에서 제시한 상관정도를 보면 일반명사와 뒤에 나타나는 기타 구성요소와의 상관정도는 비교적 높은데 총 23개 구성요소가 나타났다. 그중 '매우 높음' 상관관계를 갖는 구성요소들이 많지 않다. 문어에서는 부사적조사 1개만이 일반명사와 '매우 높음' 상관관계를 갖고 구어에서는 일반명사2, 부사격조사, 주격조사 3개만이 일반명사1과 '매우 높음' 상관관계를 갖는다. '높음' 상관관계를 보면, 문어에서는 일반명사2, 목적격조사, 보조사, 주격조사, 명사파생접미사, 접속조사 등 (6개)가 있고, 구어에는 목적격조사, 보조사, 주격조사, 긍정지정사 등 (4개)가 있다. '낮음'과 '매우 낮음' 상관관계는 문어에는 관형격조사, 긍정지정사, 동사, 의존명사, 고유명사, 일반부사, 보격조사, 형용사, 관형사, 대명사, 수사, 체언접두사, 접속부사 등 (13개)가 있고, 구어에는 명사파생접미사, 긍정지정사, 접속조사, 동사, 의존명사, 고유명사, 일반부사, 보격조사, 형용사, 관형사, 대명사, 수사, 부정지정사, 감탄사, 호격조사 등 (15개)가 있다. 그리고 구성요소 태깅 200위에 문어에는 부정지정사, 감탄사, 호격조사 (3개)가 나타나지 않았고, 구어에는 체언접두사, 접속부사 (2개)가 나타나지 않았다.

둘째, 일반명사2와 기타 구성요소 간 상관계수의 크기에 따라 내림차순으로 배열하면 다음과 같다.

문어: 부사격조사 > 목적격조사 > 보조사 > 접속조사 > 주격조사 > 일반명사2 > 명사파생접미사 > 관형격조사 > 의존명사 > 일반부사 > 긍정지정사

> 체언접두사 > 보격조사 > 관형사 > 고유명사 > 동사 > 형용사 > 접속부사 > 대명사 > 수사

구어: 부사격조사 > 주격조사 > 일반명사2 > 보조사 > 긍정지정사 > 목적격조사 > 명사파생접미사 > 접속조사 > 보격조사 > 의존명사 > 관형격조사 > 관형사 > 형용사 > 동사 > 감탄사 > 수사 > 일반부사 > 대명사 > 부정지정사 > 고유명사 > 호격조사

문어와 구어의 배열순서를 보면, 일부 특징이 발견되는데 앞 부분에서 문어와 구어의 1위는 모두 부사격조사이다. 그러나 문어에서 2위인 목적격조사는 구어에서는 6위에 위치해 있고 구어에서 2위를 차지하고 있는 주격조사는 문어에서 5위에 위치해 있다. 그다음으로 차이가 가장 많이 나는 구성요소는 긍정지정사인데 구어에서 5위를 차지하고 있고 문어에서는 11위에 위치해 있다.

셋째, <그림 36>을 보면 우선 산포도에 그려져 있는 직선들이 모두 아래에서 위로 뻗어져 있는 것을 볼 수 있다. 이는 일반명사1과 이들 구성요소 간에 정적 상관임을 설명한다. 또한 문어와 구어에서 동시에 직선을 그릴 수 있는 구성요소는 일반명사2, 부사격조사, 목적격조사, 보조사, 주격조사 (5개)이다. 문어에서만 그릴 수 있는 구성요소는 명사파생접미사와 접속부사 2개뿐이고 구어에서만 그릴 수 있는 구성요소는 긍정지정사 1개뿐이고 기타 구성요소들은 문어와 구어에서 모두 직선을 그릴 수 없다. 한편 문어와 구어에서 모두 직선을 그릴 수 있는 구성요소들의 직선을 살펴보면 뚜렷한 차이를 보인다. 이 두 직선은 서로 교차되면서 끼인각을 이루고 있다. 이는 문어와 구어에서의 경사율이 서로 다름을 의미한다. 자세히 보면 부사격조사, 목적격조사, 주격조사의 초록색 문어 직선이 분홍색 구어 직선보다 경사도가 커서 모두 분홍색 구어 직선 위에 위치해 있다. 경사도가 크다는 것은 위에 위치해 있는

직선이 아래에 위치해 있는 직선보다 y축의 증가폭이 더 큼을 의미한다. 그리고 일반명사2는 앞부분에는 초록색 문어 직선이 분홍색 구어 직선 위에 있다가 교차되면서 분홍색 구어 직선이 초록색 문어 직선 위에 있다. 그다음으로 보조사의 초록색 문어 직선과 분홍색 구어 직선은 거의 겹쳐져있다. 마지막으로 문어에서만 직선을 그릴 수 있다는 것은 해당 구성요소들이 문어에서는 일반명사1과 높은 상관관계를 가지지만 구어에서는 일반명사1과 낮은 상관관계를 갖는다는 것을 의미한다. 구어에서도 마찬가지이다. 그리고 문어와 구어에서 모두 직선을 그릴 수 없다는 것은 이들 구성요소들이 문어에서나 구어에서나 모두 일반명사1과 낮은 상관관계를 갖는다는 것을 의미한다.

2. 동사

동사 뒤에 나타난 기타 구성요소와의 상관계수, 상관정도, 단순선형회귀방정식을 제시하면 아래 [표 61]과 같다.

[표 61] 동사와 기타 구성요소와의 상관계수, 상관정도 및 단순선형회귀방정식

종속변수와 독립변수	문어			구어		
	상관계수	상관정도	단순선형회귀방정식	상관계수	상관정도	단순선형회귀방정식
동사와 연결어미	0.978	매우 높음	동사 = 0.03 + 0.94×연결어미	0.95	매우 높음	동사 = 0.03 + 0.83×연결어미
동사와 관형형전성어미	0.915	매우 높음	동사 = 0.11 + 0.78×관형형전성어미	0.892	높음	동사 = 0.04 + 0.77×관형형전성어미
동사와 선어말어미	0.641	낮음		0.896	높음	동사 = 0.02 + 0.89×선어말어미

동사와 종결어미	0.644	낮음		0.759	낮음	
동사와 명사형전성어미	0.836	높음	동사 = 0.17 + 0.67×명사형전성어미	0.707	낮음	
동사와 선어말어미 EPX				0.63	낮음	

연구자는 일반명사와 동일한 방식으로 동사의 빈도를 y로, 기타 구성요소들의 빈도를 x로, 문어는 초록색으로, 구어는 분홍색으로 산포도를 그렸다. 그다음 상관계수가 0.8 이상인 종속변수와 독립변수에 대해 [표 61]에서 제시한 단순선형회귀방정식에 따라 그에 대응하는 직선을 산포도에 그려 넣었는데 그 결과를 보이면 <그림 37>과 같다.

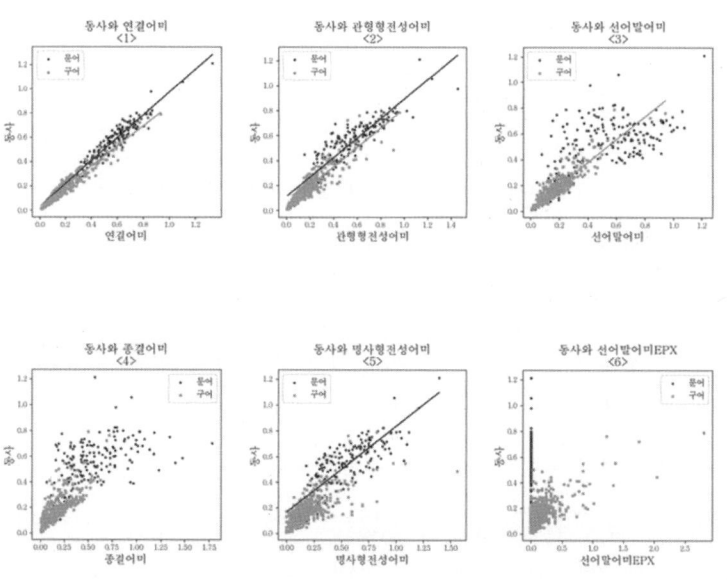

<그림 37> 동사와 기타 구성요소 간의 산포도 및 직선도

[표 61]에서의 상관계수와 <그림 37>에서의 산포도, 직선도를 관찰해 보면 동사와 기타 구성요소 간의 다음과 같은 상관관계 특징을 발견할 수 있다.

첫째, [표 61]에서 제시한 상관정도를 보면 동사와 기타 구성요소 간의 상관정도는 일반명사보다 높지 않은데 총 6개의 구성요소가 나타났다. 문어에서는 연결어미와 관형형전성어미가 '매우 높음' 상관관계를 갖고, 구어에서는 연결어미만이 '매우 높음' 상관관계를 갖는다. 문어에서는 명사형전성어미만이 동사와 '높음' 상관관계를 갖고 구어에서는 관형형전성어미, 선어말어미 등 2개 구성요소가 동사와 '높음' 상관관계를 갖는다. '낮음'과 '매우 낮음' 상관관계를 갖는 구성요소들을 보면 문어에는 선어말어미와 종결어미 2개가 있고, 구어에는 종결어미, 명사형전성어미, 선어말어미 EPX 등 3개가 있다. 선어말어미 EPX는 문어에는 나타나지 않았고 구어에서만 나타났다.

둘째, [표 61]에서 제시한 상관계수의 크기에 따라 내림차순으로 배열하면 다음과 같다.

문어: 연결어미 > 관형형전성어미 > 명사형전성어미 > 종결어미 > 선어말어미

구어: 연결어미 > 선어말어미 > 관형형전성어미 > 종결어미 > 명사형전성어미 > 선어말어미 EPX

위의 배열을 보면 문어와 구어에서 연결어미가 모두 1위를 차지하였고 기타 구성요소들의 순위는 일정한 차이가 보인다. 구어에서 2위를 차지한 선어말어미는 문어에서 마지막에 위치해 있다. 그리고 문어에서 3위를 차지한 명사형전성어미는 구어에서 5위에 위치해 있다.

셋째, <그림 37>를 보면 그려져 있는 모든 직선들이 아래에서부터 위로 뻗어져 있는 것을 발견할 수 있다. 이는 동사와 이들 구성요소 간에 정적 상관관계를 갖는다는 것을 의미한다. 다시 말해 동사의 빈도가 증가할수록

기타 구성요소의 빈도도 선형으로 증가하고 있음을 설명한다. 그리고 동시에 두 직선을 그릴 수 있는 구성요소들은 연결어미와 관형형전성어미 2개가 있고 문어에서만 직선을 그릴 수 있는 구성요소는 명사형전성어미 1개뿐이고, 구어에서만 직선을 그릴 수 있는 구성요소는 선어말어미 1개뿐이다. 그리고 종결어미, 선어말어미 EPX 등 2개 구성요소들은 직선을 그릴 수 없다. 그런데 하나의 산포도에 문어와 구어 직선 두 개를 모두 그릴 수 있는 2개 구성요소들을 보면 아래와 같은 특징을 발견할 수 있다. 두 직선의 위치로 봤을 때 연결어미 관형형전성어미의 초록색 문어 직선이 분홍색 구어 직선 위에 있다. 어느 직선이 위에 있다는 것은 아래에 있는 직선보다 증가 폭이 크다는 것을 의미한다. 한편 두 직선의 끼인각의 크기를 보면 관형형전성어미의 직선은 거의 평행으로 뻗어나가고 연결어미의 끼인각은 비교적 작다. 두 직선의 끼인각이 작다는 것은 문어와 구어가 그 사용에 있어서 차이가 비교적 작다는 것을 나타내며, 두 직선이 평행으로 뻗었다는 것은 문어와 구어가 그 사용에 있어서 증폭이 비슷하다는 것을 의미한다.

3. 일반부사

일반부사와 그 뒤에 출현하는 기타 구성요소와의 상관계수, 상관정도 및 단순선형회귀방정식을 제시하면 아래 [표 62]와 같다.

[표 62] 일반부사와 기타 구성요소와의 상관계수, 상관정도 및 단순선형회귀방정식

종속변수와 독립변수	문어			구어		
	상관계수	상관정도	단순선형회귀방정식	상관계수	상관정도	단순선형회귀방정식
일반부사1과 동사	0.901	매우 높음	일반부사1 = 0.09 + 0.83×동사	0.945	매우 높음	일반부사1 = -0.0 + 1.0×동사

일반부사1과 일반명사	0.918	매우 높음	일반부사1 = 0.04 + 0.92×일반명사	0.923	매우 높음	일반부사1 = 0.04 + 0.78×일반명사
일반부사1과 형용사	0.909	매우 높음	일반부사1 = 0.12 + 0.76×형용사	0.903	매우 높음음	일반부사1 = 0.03 + 0.81×형용사
일반부사1과 일반부사2	0.895	높음	일반부사1 = 0.19 + 0.62×일반부사2	0.93	매우 높음	일반부사1 = 0.06 + 0.68×일반부사2
일반부사1과 관형사	0.836	높음	일반부사1 = 0.23 + 0.54×관형사	0.808	높음	일반부사1 = 0.07 + 0.61×관형사
일반부사1과 고유명사	0.458	매우 낮음		0.479	매우 낮음	
일반부사1과 보조사	0.789	낮음		0.763	높음	
일반부사1과 대명사	0.78	낮음		0.788	높음	
일반부사1과 감탄사				0.529	매우 낮음	

연구자는 위에서 제시한 동일한 방식으로 일반부사1의 빈도를 y로, 기타 구성요소의 빈도를 x로, 문어는 초록색으로, 구어는 분홍색으로 산포도를 그렸다. 그다음 상관계수가 0.8 이상인 종속변수와 독립변수에 대해 [표 62]에서 제시한 단순선형회귀방정식에 따라 그에 대응하는 직선을 산포도에 그려 넣었는데 그 결과를 보이면 <그림 38>과 같다.

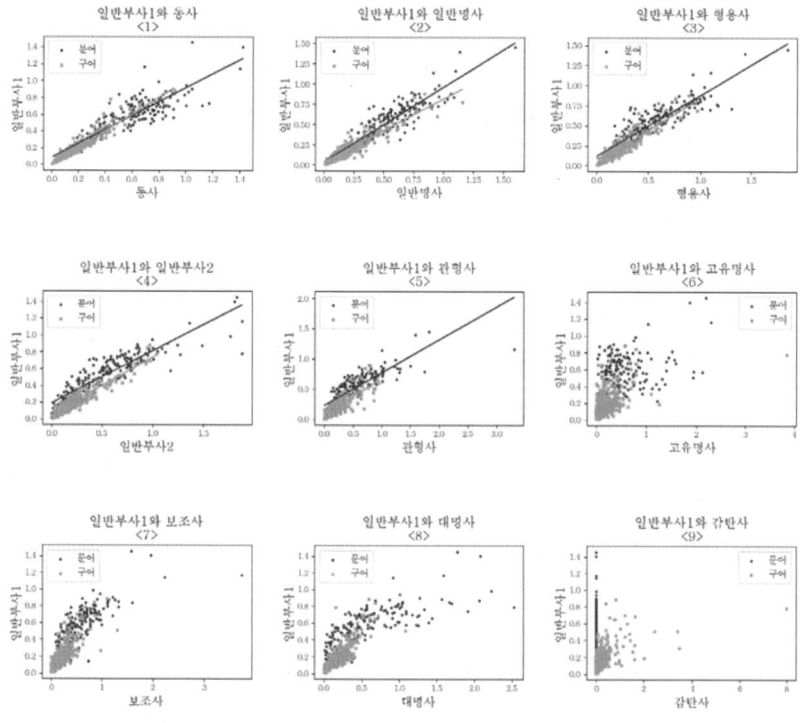

<그림 38> 일반부사와 기타 구성요소 간의 산포도 및 직선도

[표 62]에서 제시한 상관계수와 상관정도 및 <그림 38>에서의 산포도와 직선도를 통해 일반부사의 아래와 같은 특징을 발견할 수 있다.

첫째, [표 62]에서 제시한 상관정도를 보면 일반부사와 기타 구성요소 간의 상관정도는 일반명사보다 높지 않은데 총 9개의 구성요소가 나타났다. 문어에서 일반부사와 '매우 높음' 상관관계를 갖는 구성요소로는 동사, 일반명사, 형용사 등 3개가 있고, '높음' 상관관계를 갖는 구성요소로는 일반부사2와 관형사 등 2개가 있으며 '낮음'과 '아주 낮음' 상관관계를 갖는 구성요소로는 고유명사, 보조사, 대명사 등 3개가 있다. 구어에서 '매우 높음' 상관관계를 갖는 구성요소로는 동사, 일반명사, 형용사, 일반부사2 등 4개가 있고, '높음' 상관관계를 갖는 구성요소로는 관형사, 보조사, 대명사 등 3개가 있으며 '낮음'과 '아주 낮음' 상관관계를 갖는 구성요소로는 고유명사와 감탄사 2개가 있다.

둘째, [표 62]에서 제시한 상관계수의 크기에 따라 내림차순으로 배열하면 다음과 같다.

문어: 일반명사 > 형용사 > 동사 > 일반부사2 > 관형사 > 보조사 > 대명사 > 고유명사

구어: 동사 > 일반부사2 > 일반명사 > 형용사 > 관형사 > 대명사 > 보조사 > 감탄사 > 고유명사

구성요소의 배열순서를 보면 문어에서는 일반명사가 1위에 위치해 있지만 구어에서는 3위에 있고 구어에서 1위인 동사는 문어에서 3위에 위치해 있다. 그리고 문어와 구어 막론하고 고유명사가 마지막에 위치해 있다. 그리고 구어에서 일반부사2는 2위에 있지만 문어에서는 4위에 있다. 이는 일반부사를 연속으로 출현하는 현상이 문어에 비해 구어에서의 사용이 상대적으로 높음을 뜻한다.

셋째, <그림 38> 중 직선들을 보면 역시 아래로부터 위로 뻗어져 있어 이들 구성요소들이 일반부사1과 정적 상관관계를 갖고 있음을 알 수 있다. 또 한 폭의 산포도에 동시에 두 개의 직선을 그릴 수 있는 구성요소들에는 동사, 일반명사, 형용사, 일반부사2, 관형사 등 (5개)가 있고 문어 혹은 구어에서만 직선을 그릴 수 있는 구성요소는 없고, 고유명사, 보조사, 대명사, 감탄사 등 4개 구성요소는 모두 직선을 그릴 수 없다. 이는 문어와 구어에서 일반부사1의 출현 빈도가 비슷하다는 것을 의미한다. 그리고 두 직선을 그릴 수 있는 구성요소들을 보면 형용사의 두 직선을 거의 겹치는 형태로 뻗어나

가고 일반부사2와 관형사에서는 두 직선이 거의 평행을 이루면서 뻗어나가고 있다. 그리고 동사의 앞부분에서는 초록색 문어 직선이 분홍색 구어 직선 위에 있다가 교차되면서 뒤 부분에서는 분홍색 구어 직선이 초록색 문어 직선 위로 뻗었다. 마지막으로 일반명사, 형용사, 일반부사2, 관형사 모두 초록색 문어의 직선이 분홍색 구어의 직선 위에 있다는 것을 확인할 수 있다.

4. 감탄사

감탄사와 기타 구성요소 간의 상관계수, 상관정도 및 단순선형회귀방정식을 제시하면 아래의 [표 63]과 같다.

[표 63] 감탄사와 기타 구성요소와의 상관계수, 상관정도 및 단순선형회귀방정식

종속변수와 독립변수	문어			구어		
	상관계수	상관정도	단순선형회귀방정식	상관계수	상관정도	단순선형회귀방정식
감탄사1과 일반명사				0.905	매우 높음	감탄사1 = 0.05 + 0.72×일반명사
감탄사1과 대명사				0.837	높음	감탄사1 = 0.03 + 0.84×대명사
감탄사1과 감탄사2				0.838	높음	감탄사1 = 0.07 + 0.62×감탄사2
감탄사1과 일반부사				0.923	매우 높음	감탄사1 = 0.02 + 0.88×일반부사
감탄사1과 동사				0.902	매우 높음	감탄사1 = 0.01 + 0.96×동사
감탄사1과 관형사				0.852	높음	감탄사1 = 0.05 + 0.69×관형사
감탄사1과 형용사				0.804	높음	감탄사1 = 0.03 + 0.82×형용사
감탄사1과 고유명사				0.754	낮음	
감탄사1과 접속부사				0.706	낮음	

위와 마찬가지로 [표 63]에서 제시한 감탄사와 기타 구성요소들의 빈도, 단순선형회귀방정식을 이용해 산포도와 직선도를 그리면 아래 <그림 39>와 같다.

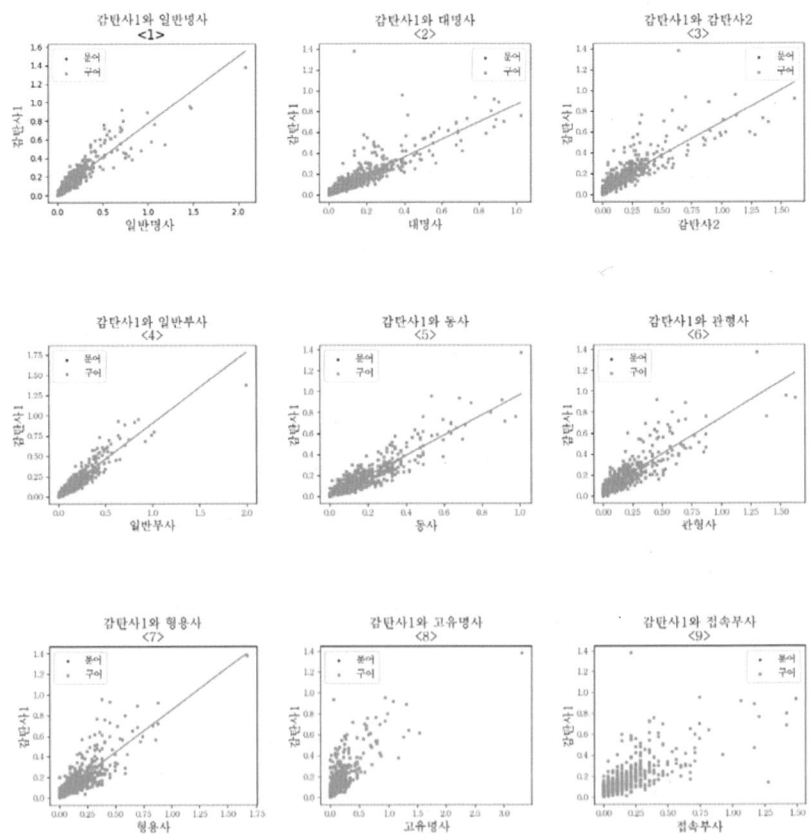

<그림 39> 감탄사와 기타 구성요소 간의 산포도 및 직선도

[표 63]에서 제시한 상관계수와 상관정도 및 <그림 39>에서의 산포도와 직선도를 통해 감탄사의 아래와 같은 특징을 발견할 수 있다.

첫째, 문어 구성요소 태깅 상위 200위에서는 감탄사가 출현하지 않았지만 구어에서는 9개의 구성요소가 나타났다. 구어에서 감탄사1과 '아주 높음' 상관관계를 갖는 구성요소로는 일반명사, 일반부사, 동사 등 3개이고 '높음' 상관관계를 갖는 구성요소는 대명사, 감탄사2, 관형사, 형용사 4개이고 '낮음'과 '매우 낮음' 상관관계를 갖는 구성요소는 고유명사와 접속부사 2개이다.

둘째, [표 63]에서 제시한 상관계수의 크기에 따라 내림차순으로 배열하면 아래와 같다.

구어: 일반부사 > 일반명사 > 동사 > 관형사 > 감탄사2 > 대명사 > 형용사 > 고유명사 > 접속부사

셋째, <그림 39>를 보면 우선 문어와 구어에 동시에 모두 그려져있는 직선은 없다. 그리고 구어에서는 일반명사, 대명사, 감탄사, 일반부사, 동사, 관형사, 형용사 등 7개 구성요소에 직선을 그려져 있다. 각 구성요소의 직선을 살펴보면 직선의 경사도가 다르다. 경사도가 크다는 것은 x축의 구성요소가 출현할수록 y축 감탄사의 증가폭이 크다는 것을 설명한다.

6.3 소결

이 부분에서는 고사용도 연속 표현 구성요소 태깅에 대한 통계적 분석과 상관관계 분석으로부터 아래와 같은 결론을 얻을 수 있다.

첫째, 문어와 구어 말뭉치에서 추출한 상위 30위 연속 표현 구성요소 태깅에서 구성요소들을 빈도 순서대로 배열하면 다음과 같다.

문어: 명사(NNG) > 동사(VV) > 연결어미(EC) > 관형형전성어미(ETM) > 목적격조사(JKO) > 부사격조사(JKB) > 관형격조사(JKG) > 선어말어미(EP) > 보조

사(JX) > 보조용언(VX)

구어: 동사(VV) > 명사(NNG) > 연결어미(EC) > 종결어미(EF) > 관형형전성어미(ETM) > 형용사(VA) > 부사격조사(JKB) > 목적격조사(JKO) > 주격조사(JKS) > 의존명사(NNB) > 긍정지정사(VCP) > 보조용언(VX)

문어에서는 명사가 1위를 차지하고, 구어에서는 동사가 1위를 차지하였다. 그리고 구어에서는 문어보다 주격조사, 의존명사, 긍정지정사 등 구성요소가 더 많이 사용되고 있음을 확인할 수 있다.

둘째, 문어에서는 연속 표현 길이와 상관없이 명사가 연속으로 출현하는 현상이 보편적이다. 특히 2~5개 명사가 연속으로 나타날 때 표시하는 의미관계도 아주 많다. 하지만 구어에서는 명사를 연속으로 출현하는 현상이 보편적이지 않았다.

셋째, 문어와 구어 말뭉치에서 추출한 고사용도 연속 표현 구성요소 간의 관계로부터 결합 기능을 보면 일반명사의 결합 기능이 제일 강하고 그다음으로는 일반부사, 동사, 감탄사이다. 그중 감탄사는 독립어로서 당연이 결합 기능이 떨어지지만 문어에서는 상위 200위에 출현하지 않았고 구어에서는 여러 구성요소와 결합해서 출현하였다.

본 연구 결과는 한편으로는 학계에서 오랫동안 연속 표현의 특징에 대한 공통적인 인식을 통계적인 수치로 실증하였고, 또 한편으로는 연속 표현 구성요소 태깅으로 사용도가 높은 연속 표현을 밝히고 단순선형회귀분석으로 구성요소 간의 상관관계를 알아보는 새로운 시각을 제시하였다.

제7장 결론

　본 연구에서는 한국어 문어와 구어 말뭉치에서 연속 표현을 추출하여 그 분포 양상과 사용 특징을 밝히는 것을 목적으로 하였다. 그리고 한국어에서 더욱 상용적인 연속 표현을 밝히기 위해 출현 빈도, 분포율, 사용도 등 통계적 방법으로 연속 표현을 분석하였다. 따라서 연속 표현 사용도라는 빈도와 분포를 모두 고찰할 수 있는 방법과 연속 표현 사용도 순위라는 문어와 구어 두 말뭉치의 특징을 모두 고려할 수 있는 배열 방법을 통해 한국어 범용 연속 표현 목록을 작성하였다.
　2장에서는 연속 표현 연구의 방법론에 대해 논의하였다. 우선 한국어 연속 표현을 연구할 때 말뭉치언어학에서 사용되는 n-gram과 말뭉치 기반 연구, 말뭉치 주도 연구에 대해 논의하였다. 그리고 연속 표현의 추출 단위를 형태 기반으로 정한 이유와 연속 표현 추출 범위를 출현 빈도수 5회 이상, 출현한 텍스트 수 5개 이상, n-gram길이를 2-gram부터 9-gram까지 정한 이유에 대해 논의하였다. 또한 빈도와 분포를 모두 고려한 상용적인 연속 표현을 추출하기 위해 사용한 새로운 통계 기법인 출현 빈도, 분포율, 사용도에 대해 논의하였다. 그리고 언어 통계 규칙 중 하나인 지프 법칙을 설명함으로써 고사용도 연속 표현 연구의 필요성과 의의를 논의하였다. 마지막으로 연속 표현을 추출하는 프로그램에 대해 설명하였다.

3장에서는 문어와 구어 두 말뭉치를 대상으로 연속 표현을 추출하고 분석하는 과정에서 나타나는 다양한 문제점과 처리 방식에 대해 설명하였다. 특히 말뭉치에서 불필요한 유형수를 제거하고 통계학적 방법에 적용하기 위한 파생접사 처리, 발화 태그 및 문장 경계 처리, 문장 부호 처리, 숫자 처리, 변이 형태 처리에 대해 상세히 설명하였다. 마지막으로 추출된 연속 표현 결과물 3-gram 연속 표현을 예로 제시하였다.

4장에서는 문어와 구어 말뭉치에서 추출된 2-gram부터 9-gram까지의 연속 표현 토큰과 타입의 통계 값으로부터 연속 표현의 전반적인 분포적 양상을 살펴보았다. 그리고 문어와 구어 말뭉치에서 추출한 연속 표현을 출현 빈도, 분포율, 사용도 등 여러 가지 통계적 방법으로 각각 분석해서 분포와 특징을 제시하고 지프 법칙에 적용된다는 것을 확인하였다. 마지막으로 한국어 연속 표현의 종합 빈도, 종합 분포율, 종합 사용도를 구하고 통계된 수치가 지프 법칙에 적용된다는 것을 확인하였다.

5장에서는 연속 표현 사용도 순위를 정하는 방법을 제시하고 문어와 구어에서의 연속표현 사용도 순위 비교로부터 연속 표현 사용 특징을 설명하였다. 그리고 여러 분야 연구에 활용될 수 있는 한국어 범용 연속 표현 목록을 길이에 따라 제시하였다. 마지막으로 범용 연속 표현 목록이 한국어 능력평가, 외국인을 위한 한국어 교재 편찬 등 분야에서의 응용을 설명하였다.

6장에서는 연속 표현 구성요소 태깅을 중심으로 분포와 특징에 대해 논의하였다. 연속 표현 구성요소 태깅의 사용도를 이용하여 문어와 구어 말뭉치에서 가장 많이 사용되는 연속 표현의 구성요소 태깅을 고찰하고 통사적 특징을 밝혔다. 그리고 단순선형회귀분석모형을 2-gram 연속 표현 구성요소 관계에 도입시켜 구성요소 간의 관계를 통계적 수치로 제시할 수 있다는 것을 보였다.

끝으로 관련 연구 분야에서의 활용을 위해 문어와 구어 말뭉치에서 추출한 연속 표현의 종합 빈도, 종합 분포율, 종합 사용도 상위 300개 목록을 부록1-3에 붙였다. 그리고 2-gram부터 9-gram까지 연속 표현 상위 200개의 목록을 사용도 순위와 함께 마지막 부록4에 붙였다.

본 연구에서 제시된 연속 표현 목록은 문어와 구어 말뭉치를 대상으로 비교적 넓은 범위를 고찰한 결과물이다. 따라서 외국어로서의 한국어 교육, 사전편찬, 교재 개발 등과 같은 분야에 유용한 목록을 제공하고, 나아가서 전산언어학, 말뭉치 언어학 등에서도 활용될 수 있다는 점에서 의의가 있다.

본 연구는 비록 다양한 통계적 방법으로 연속 표현을 연구하였지만 연속 표현의 분포와 특징에 대해 포괄적으로 접근하여 입증한 실험적 연구로 연속 표현의 개별적인 특징을 깊이 있게 다루지 못했다는 한계점이 있다. 더불어 본 연구는 연속 표현 구성요소 상관관계에서 다중선형회귀분석(多元线性回归分析)으로 3개 이상 연속 표현 구성요소 태깅의 관계를 밝히지 못했다는 한계점도 있다. 이러한 한계점을 고려하여 향후 연속 표현의 연구에서 점차적으로 극복할 수 있을 것이며, 더욱 나은 방법론으로 연구를 지속적으로 진행할 것이다.

참고문헌

[전문 저서]

[1] 강범모, 언어, 컴퓨터 코퍼스 언어학, 한국: 고려대학교 출판부, 2003.
[2] 고영근, 구본관, 우리말 문법론, 한국: 집문당, 2008.
[3] 김진해, 연어 연구, 한국: 한국문화사, 2000.
[4] 남기심, 고영근, 표준국어문법론, 한국: 탑출판사, 1993.
[5] 노성화, 한국어 준구어 형태론적 연구, 한국: 박이정출판사, 2014.
[6] 노성화, 한국어 구어와 한국어 듣기 교재 비교 연구-실질형태소의 쓰임을 중심으로, 중국: 연변대학교출판사, 2017.
[7] 서상규, 한영균, 국어정보학 입문, 한국: 태학사, 1999.
[8] 서상규, 구현정, 한국어 구어 연구(1), 한국: 한국문화사, 2002.
[9] 서상규, 구현정, 한국어 구어 연구(2), 한국: 한국문화사, 2005.
[10] 서상규, 안의정, 봉미경, 최정도, 박종후, 백해파, 송재영, 김선해, 한국어 구어 말뭉치 연구, 한국: 한국문화사, 2013.
[11] 최명식, 조선말 입말체 문장 연구, 조선: 김일성종합대학출판사, 1985.
[12] 임근석, 한국어 연어 연구, 한국: 월인, 2010.
[13] 문금현, 국어의 관용 표현 연구, 한국: 태학사, 1999.
[14] 안의정, 국어사전에서의 구어 어휘 선정과 기술 방안 연구, 한국: 한국문화사, 2009.
[15] 이동혁, 한국어 관용 표현의 정보화와 전산 처리, 한국: 역락, 2007.
[16] 이익섭, 채완, 국어문법론강의, 한국: 학연사, 2000.
[17] 임지룡, 국어의미론, 한국: 탑출판사, 1992.
[18] 임지룡, 인지의미론, 한국: 탑출판사, 1997.
[19] 劉穎. 計算語言學. 北京: 淸華大學出版社, 2014.
[20] 劉穎. 統計語言學. 北京: 淸華大學出版社, 2014.
[21] 蘇新春.詞匯計量及實現. 北京: 商務印書館, 2010.
[22] 許家金. 語料庫与話語硏究. 北京: 外語敎學与硏究出版社.2019.
[23] 秦洪武, 孔蕾.語料庫与双語對比硏究. 北京: 外語敎學与硏究出版社, 2019.

[24] Sinclair. J. Corpus Concordance Collocation. Oxford: Oxford University Press, 1991.

[정기 간행물]

[1] 강범모, 형태소 연속 표현과 어휘틀-형용사와 동사의 분포와 의미, 언어학(79), 2017: 3-25.
[2] 김진해, '한국어 연어의 개념과 그 통사, 의미적 성격'에 대한 토론. 국어학(39), 2002: 313-320.
[3] 김진해, 연어관계의 제자리 찾기, 한국어학(37), 2007: 229-260.
[4] 김한샘, 자연언어처리를 위한 관용표현 연구. 한국어 의미학(13), 2003: 43-67.
[5] 남길임, 확장된 어휘 단위에 대한 연구 동향과 한국어의 기술, 한국사전학(18), 2011: 73-98.
[6] 남길임, 텍스트 장르에 따른 문장 확대 양상 연구, 텍스트언어학(21), 2006: 179-206.
[7] 남길임, '-ㄹ 예정이다'류 구문 연구-말뭉치 용례의 통사 정보 분석을 중심으로, 한국어학(22), 2004: 69-94.
[8] 남길임, 부표제어의 범위와 유형: 속담·관용표현·연어·패턴·상투표현·자유표현의 기술, 한국사전학(9), 2007: 143-161.
[9] 남길임, '아니다'의 사용패턴과 부정의 의미, 한국어 의미학(33), 2010: 41-65.
[10] 남길임, 확장된 어휘 단위에 대한 연구 동향과 한국어의 기술, 한국사전학(18), 2011: 73-98.
[11] 남길임, 어휘의 공기 경향성과 의미적 운율. 한글(298), 2012: 135-164.
[12] 남길임, 한국어 정형화된 표현의 분석 단위에 대한 연구: 형태 기반 분석과 어절 기반 분석의 비교를 중심으로. 담화와 인지(20-1), 2013: 113-136.
[13] 남길임, 이론으로서의 말뭉치언어학에 대한 연구 현황과 쟁점, 한국어 의미학(46), 2014: 163-187.
[14] 남길임, 최준, 한국어 정형 표현 선정의 기준과 쟁점: 연결어미 '-면' 포함 정형 표현의 사례를 중심으로, 한글(80-4), 2019: 942-972.
[15] 동뢰, 확장 의미 단위(EUM) 기반 한국어 어휘 교육 방안 탐구, 외국어로서의 한국어 교육 (56), 2020: 105-132.
[16] 서상규, 한국어 정보 처리와 연어 정보. 국어학(39), 2002: 321-360.
[17] 서상규, '단어결합'과 '단어어울림'에 대한 고찰, 동방학지(98), 1997: 419-468.
[18] 서상규, 말뭉치 분석에 기반을 둔 낱말 빈도의 조사와 그 응용—'연세 말뭉치'를 중심으로, 한글(242), 1998: 225-270.

[19] 서상규, 한국어의 구어와 말뭉치, 한국어 교육(24-3), 2013: 71-107.
[20] 신서인, 말뭉치를 이용한 한국어 문형 및 어휘 연구의 현황과 과제, 한국어학(83), 2019: 35-68.
[21] 최재웅, 말뭉치와 언어 연구: 외국의 사례와 경향. 한국어학(63), 2014: 71-102.
[22] 최준, 송현주, 남길임, 한국어의 정형화된 표현 연구, 담화와 인지(17-2), 2010: 163-190.
[23] 안의정, 말뭉치를 이용한 어휘의 구어성 측정과 활용, 어문논집(57), 2008:93-119.
[24] 안의정, 한국어 빈도 사전 편찬을 위한 기초 연구, 한국사전학(20), 2012: 234-258.
[25] 안의정, 구어 어휘의 의미 연구 방법론-말뭉치 기반 사용역 변이 연구를 중심으로, 한국어 의미학(43), 2014: 107-132.
[26] 임지룡, 국어에 내재한 도상성의 양상과 의미 특성, 한글(266), 2004: 169-205.
[27] 임지룡, 국어 어휘범주의 기본층위 탐색 및 의미특성 연구, 담화와 인지(18-1), 2011: 153-182.
[28] 임지룡, 어휘의미론의 흐름과 특성. 한말연구(31), 2012: 195-227.
[29] 임홍빈, 한국어 연어의 개념과 그 통사·의미적 성격, 국어학(39), 2002: 279-311.
[30] 丁政, 晋丹丹. Zipf定律与外語教學中的頻率效應. 吉林省教育學院學報(第31卷), 2015: 145-147.
[31] 關毅, 王曉龍, 張凱. 現代漢語計算語言模型中語言單位的頻度-頻級關系. 中文信息學報(第13卷, 第2期), 1998:8-15.
[32] 孫茂松. 關于詞匯使用度的初步研究. 語言文字應用(第33期), 2000：6-10.
[33] 蘇新春、顧江萍.語文教材詞語的"攤餅式"分不態——兼談基礎教育基本詞的提取方法.江西職業技術學院學報(第4期), 2009: 64-71.
[34] 尹斌庸, 方世增. 詞頻統計的新概念和新方法. 語言文字應用(第10期), 1994:69-75.
[35] 周美玲, 蘇新春, 韓杰. 頻級統計法及其在教材語言調查中的作用. 嘉應學院學報(哲學社會科學)(第30卷), 2012：84-86.
[36] Biber, D., S. Conrad and V. Cortes. 'Lexical bundles in speech and writing: an initial taxonomy' in A. Wilson, P. Rayson and T. McEnery (eds) Corpus Linguistics by the Lune. Frankfurt/Main: Peter Lang. 2003: 71-93.
[37] Biber, D. and F. Barbieri. 'Lexical bundles in university spoken and written registers'. English for Specific Purposes 26, 2007: 263-86.
[38] Biber, D. A corpus-driven approach to formulaic language in English: Multi-word patterns in speech and writing. International Journal of Corpus Linguistics 14(3), 2001: 275-311.
[39] Biber, D., S. Conrad and Viviane Cortes. If you look at: lexical bundles in university

teaching and textbooks. Applied linguistics 25(3), 2004: 371-405.
[40] Biber, D., Y. Kim, and N. Tracy-ventura, Corpus-driven approach to comparative phraseology: Lexical bundles in English, Spanish, and Korean. Japanese/Korean Linguistics 17, 2010: 75-94.
[41] Sinclair, J, The lexical item. In E. Weigand (ed.): Contrastive Lexical Semantics. Amsterdam: Rodopi, 1998: 1-24.
[42] Kim You-jin. Korean lexical bundles in conversation and academic texts. Corpora 4(2), 2009: 135-165.

[학위논문]

[1] 김정아, 한국어교육을 위한 정형표현 항목 선정 연구: [박사학위논문] 한국: 경북대학교, 2019.
[2] 박병선, 국어 공기관계의 계량언어학적 연구: [박사학위논문]. 한국: 고려대학교 대학원, 2003.
[3] 송재연, 한국어 특성 기반의 어절 수 변화에 따른 n-gram성과 비교: [석사학위논문]. 한국: 이화여자대학교, 2016.
[4] 정선화, 口語의 特性을 반영한 韓國語 듣기 교육 硏究: [박사학위논문]. 한국: 중앙대학, 2011.
[5] 장성백, 한국어 정형표현 연구-대규모 말뭉치 분석을 중심으로: [박사학위논문]. 한국: 연세대학교, 2014.
[6] 최준. 한국어 확장된 어휘 단위 연구-분포와 의미를 중심으로: [박사학위논문]. 한국: 연세대학교, 2015.
[7] 이영록, 감정 분석을 위한 n-그램 토픽 모델: [석사학위논문]. 한국: 경북대학교, 2012.
[8] 임춘매, 공기어 분석을 통한 한국어 교육용 연어 목록 선정-'체언+용언'형 구성을 중심으로: [박사학위논문]. 한국: 고려대학교, 2020.
[9] 韋鳳至. 基于語料庫的習用短語計量研究：[碩士學位論文]. 湖南大學, 2020.

[회의논문]

[1] 이희자, 현대 국어 관용구의 결합관계 고찰, 제 6회 한글 및 한국어 정보 처리 논문 발표 대회 발표 논문집, 1994.

[2] 안의정, 황은하, 사전에 없는 구어 구 단위 표제어의 수집과 기술, 한국사전학회 학술대회 발표논문집, 2020: 98-115.
[3] 김민호, 최성기, 권혁철. 어절 N-gram을 이용한 문맥의존 철자 오류 교정. 한국정보과학회 학술발표논문집, 2014: 580-582.

부록 1: 연속 표현 종합 빈도 상위 300위 목록

순위	연속 표현	그램	문어 빈도	구어 빈도	종합 빈도
1	거/NNB_이/VCP	2	0.032341	0.652297	0.342319
2	었/EP_다/EF	2	0.592208	0.045059	0.318633
3	이/VCP_야/EF	2	0.030573	0.582151	0.306362
4	았/EP_다/EF	2	0.500060	0.031504	0.265782
5	고/EC_있/VX	2	0.326498	0.177431	0.251965
6	는/ETM_거/NNB	2	0.012145	0.465588	0.238866
7	ㄹ/ETM_수/NNB	2	0.250044	0.211132	0.230588
8	이/VCP_다/EF	2	0.377510	0.077661	0.227585
9	는/ETM_것/NNB	2	0.247783	0.128471	0.188127
10	지/EC_않/VX	2	0.235144	0.134078	0.184611
11	내/NP_가/JKS	2	0.045509	0.311683	0.178596
12	ㄴ/ETM_거/NNB	2	0.006369	0.349111	0.177740
13	이/VCP_ㄴ/ETM	2	0.234686	0.104193	0.169440
14	것/NNB_이/VCP	2	0.262468	0.042862	0.152665
15	들/XSN_이/JKS	2	0.146023	0.151362	0.148692
16	수/NNB_있/VA	2	0.160630	0.128182	0.144406
17	이/VCP_었/EP	2	0.200936	0.085031	0.142983
18	ㄴ/ETM_것/NNB	2	0.188927	0.088759	0.138843
19	을/JKO_하/VV	2	0.104229	0.154599	0.129414
20	ㄹ/ETM_수/NNB_있/VA	3	0.144456	0.113875	0.129166
21	거/NNB_이/VCP_야/EF	3	0.011565	0.227548	0.119557
22	는/ETM_거/NNB_이/VCP	3	0.009941	0.227346	0.118643
23	하/VV_였/EP	2	0.073835	0.162113	0.117974
24	뭐/NP_이/VCP	2	0.016539	0.211334	0.113936
25	것/NNB_이/JKS	2	0.094424	0.124540	0.109482
26	어/EC_주/VX	2	0.063679	0.148385	0.106032
27	적/XSN_이/VCP	2	0.155262	0.050463	0.102863
28	잖/EPX_아/EF	2		0.201594	0.100797
29	ㄹ/ETM_거/NNB	2	0.007844	0.183241	0.095542
30	하/VV_는/ETM	2	0.059779	0.127922	0.093850

31	이/VCP_라고/EC	2	0.072138	0.111245	0.091692
32	하/VV_여/EC	2	0.035325	0.147257	0.091291
33	이/VCP_에요/EF	2	0.010449	0.170119	0.090284
34	나/NP_의/JKG	2	0.054862	0.125552	0.090207
35	같/VA_은/ETM	2	0.076490	0.103528	0.090009
36	들/XSN_은/JX	2	0.116230	0.061157	0.088694
37	에/JKB_는/JX	2	0.119336	0.056562	0.087949
38	ㄹ/ETM_때/NNG	2	0.065061	0.109049	0.087055
39	시/EP_에요/EF	2		0.172518	0.086259
40	었/EP_어/EF	2	0.007464	0.164686	0.086075
41	어/EC_있/VX	2	0.110383	0.060493	0.085438
42	에/JKB_대하/VV	2	0.116323	0.054279	0.085301
43	적/XSN_이/VCP_ㄴ/ETM	3	0.128125	0.041186	0.084655
44	있/VX_는/ETM	2	0.113876	0.053267	0.083571
45	어/EC_지/VX	2	0.100758	0.058152	0.079455
46	ㄴ/ETM_거/NNB_이/VCP	3	0.004952	0.153905	0.079429
47	하/VV_고/EC	2	0.052866	0.105089	0.078977
48	지/EC_말/VX	2	0.014793	0.142402	0.078597
49	안/MAG_되/VV	2	0.014678	0.140697	0.077687
50	나/NP_는/JX	2	0.085672	0.065348	0.075510
51	ㄹ/ETM_것/NNB	2	0.105481	0.043325	0.074403
52	게/EC_되/VV	2	0.085249	0.062285	0.073767
53	하/VV_ㄹ/ETM	2	0.047319	0.100118	0.073719
54	이/VCP_라는/ETM	2	0.086022	0.056215	0.071119
55	았/EP_어/EF	2	0.007350	0.134309	0.070830
56	를/JKO_하/VV	2	0.049767	0.091476	0.070621
57	되/VV_었/EP	2	0.048944	0.091216	0.070080
58	것/NNB_이/VCP_다/EF	3	0.134243	0.005405	0.069824
59	고/EC_싶/VX	2	0.035626	0.103673	0.069649
60	어/EC_보/VX	2	0.034051	0.103124	0.068587
61	이/VCP_었/EP_다/EF	3	0.133406	0.003093	0.068249
62	사람/NNG_들/XSN	2	0.059235	0.077169	0.068202
63	이/JKC_아니/VCN	2	0.061854	0.070233	0.066044

64	ㄹ/ETM_거/NNB_이/VCP	3	0.007056	0.120494	0.063775
65	여/EC_주/VX	2		0.127228	0.063614
66	거/NNB_같/VA	2	0.000329	0.126274	0.063302
67	있/VX_다/EF	2	0.121369	0.005145	0.063257
68	적/XSN_으로/JKB	2	0.082838	0.041764	0.062301
69	아/EC_보/VX	2	0.043505	0.080349	0.061927
70	때문/NNB_에/JKB	2	0.047405	0.071996	0.059701
71	이/JKS_있/VA	2		0.117690	0.058845
72	이/VCP_ㅂ니다/EF	2		0.117401	0.058701
73	아/EC_주/VX	2	0.049767	0.066851	0.058309
74	이/VCP_지/EF	2	0.007006	0.106129	0.056568
75	이/JKS_없/VA	2	0.050876	0.059076	0.054976
76	그렇/VA_게/EC	2	0.030029	0.079684	0.054856
77	있/VX_있/EP	2	0.086108	0.023209	0.054658
78	것/NNB_은/JX	2	0.092792	0.016474	0.054633
79	고/EC_있/VX_는/ETM	3	0.075352	0.032428	0.053890
80	말/NNG_이/VCP	2	0.031239	0.076071	0.053655
81	이/VCP_ㄴ데/EC	2	0.022321	0.084713	0.053517
82	있/VV_는/ETM	2	0.096149	0.008786	0.052468
83	들/XSN_의/JKG	2	0.091769	0.012283	0.052026
84	나/NP_ㄴ/JX	2	0.009669	0.093904	0.051786
85	없/VA_는/ETM	2	0.058620	0.044683	0.051651
86	었/EP_어요/EF	2	0.007514	0.095725	0.051619
87	보/VX_아/EF	2	0.002727	0.099742	0.051234
88	제/NP_가/JKS	2	0.006670	0.095551	0.051111
89	오/VV_았/EP	2	0.013741	0.086880	0.050311
90	안/MAG_하/VV	2	0.006892	0.093672	0.050282
91	고/EC_있/VX_다/EF	3	0.096865	0.003584	0.050224
92	었/EP_습니다/EF	2	0.054104	0.046330	0.050217
93	이/JKC_되/VV	2	0.062649	0.036446	0.049547
94	여/EC_보/VX	2		0.098933	0.049466
95	었/EP_던/ETM	2	0.058505	0.040001	0.049253
96	가지/VX_고/EC	2	0.003822	0.094482	0.049152

97	기/ETN_때문/NNB	2	0.065404	0.032197	0.048801
98	있/VA_는/ETM	2	0.000222	0.097227	0.048725
99	들/XSN_을/JKO	2	0.061189	0.035608	0.048398
100	이렇/VA_게/EC	2	0.027052	0.068152	0.047602
101	는/ETM_것/NNB_이/JKS	3	0.043269	0.051764	0.047516
102	는/ETM_사람/NNG	2	0.037894	0.057082	0.047488
103	은/ETM_거/NNB	2	0.001381	0.093094	0.047238
104	시/EP_었/EP	2	0.013361	0.080927	0.047144
105	을/ETM_때/NNG	2	0.035604	0.057024	0.046314
106	대하/VV_ㄴ/ETM	2	0.069877	0.022486	0.046182
107	거/NNB_ㄴ/JX	2		0.092141	0.046070
108	수/NNB_없/VA	2	0.063422	0.028238	0.045830
109	에/JKB_대하/VV_ㄴ/ETM	3	0.068854	0.021850	0.045352
110	하/VX_였/EP	2	0.066091	0.024162	0.045127
111	되/VV_어/EF	2	0.001918	0.087141	0.044529
112	거/NNB_이/JKS	2	0.000050	0.088528	0.044289
113	이/VCP_ㄴ데/EF	2	0.002405	0.085060	0.043732
114	가/JKS_있/VA	2		0.087227	0.043614
115	이/VCP_고/EC	2	0.036227	0.049423	0.042825
116	잖/EPX_아요/EF	2		0.085002	0.042501
117	있/VV_다/EF	2	0.084033	0.000954	0.042493
118	는/ETM_거/NNB_이/VCP_야/EF	4	0.004051	0.080927	0.042489
119	것/NNB_도/JX	2	0.029249	0.055695	0.042472
120	네/NP_가/JKS	2	0.004788	0.080088	0.042438
121	되/VV_는/ETM	2	0.022608	0.061735	0.042172
122	것/NNB_같/VA	2	0.037622	0.046330	0.041976
123	가/JKS_없/VA	2	0.038295	0.045261	0.041778
124	거/NNB_이/VCP_에요/EF	3	0.003757	0.079308	0.041533
125	가/VV_았/EP	2	0.014964	0.067516	0.041240
126	아야/EC_하/VX	2	0.067401	0.013613	0.040507
127	주/VX_시/EP	2	0.008130	0.072863	0.040496
128	아니/VCN_라/EC	2	0.039161	0.041619	0.040390

129	사람/NNG_이/JKS	2	0.025198	0.055175	0.040186
130	이/JKS_있/VV	2	0.079424	0.000838	0.040131
131	그런/MM_거/NNB	2	0.000680	0.079106	0.039893
132	라고/EC_하/VV	2	0.026422	0.053007	0.039715
133	에/JKB_도/JX	2	0.051928	0.027255	0.039592
134	되/VV_ㄹ/ETM	2	0.028040	0.050753	0.039396
135	아니/VCN_야/EF	2	0.003385	0.075233	0.039309
136	수/NNB_있/VA_는/ETM	3	0.043648	0.034452	0.039050
137	않/VX_았/EP	2	0.056351	0.021677	0.039014
138	것/NNB_을/JKO	2	0.060666	0.016763	0.038715
139	도/JX_없/VA	2	0.026551	0.050810	0.038681
140	게/EC_하/VX	2	0.037136	0.040174	0.038655
141	었/EP_는데/EC	2	0.020353	0.056591	0.038472
142	기/NNB_아니/VCN	2	0.002011	0.074626	0.038318
143	알/VV_았/EP	2	0.008638	0.067776	0.038207
144	지/EC_못하/VX	2	0.060552	0.015492	0.038022
145	는/ETM_것/NNB_이/VCP	3	0.064424	0.011590	0.038007
146	어야/EC_하/VX	2	0.054340	0.021099	0.037719
147	ㄹ/ETM_수/NNB_없/VA	3	0.049831	0.025290	0.037560
148	가/JKC_되/VV	2	0.045895	0.029047	0.037471
149	보/VV_았/EP	2	0.012052	0.062256	0.037154
150	한/MM_번/NNB	2	0.020675	0.053267	0.036971
151	없/VA_었/EP	2	0.050118	0.023816	0.036967
152	겠/EP_다/EF	2	0.014635	0.058672	0.036653
153	이/VCP_ㄴ지/EC	2	0.027617	0.045203	0.036410
154	보/VV_고/EC	2	0.021677	0.050781	0.036229
155	이/VCP_ㄴ가/EF	2	0.016217	0.055637	0.035927
156	에서/JKB_는/JX	2	0.051971	0.019596	0.035783
157	고/EC_있/VX_었/EP	3	0.053810	0.017370	0.035590
158	하/VV_여/EF	2		0.071071	0.035535
159	ㄹ/ETM_수/NNB_있/VA_는/ETM	4	0.039576	0.031359	0.035468
160	나/NP_도/JX	2	0.010391	0.060377	0.035384

161	겠/EP_습니다/EF	2	0.004308	0.065551	0.034929
162	아/EC_있/VX	2	0.036513	0.033151	0.034832
163	았/EP_던/ETM	2	0.053403	0.016070	0.034736
164	애/NNG_들/XSN	2	0.004272	0.064944	0.034608
165	았/EP_는데/EC	2	0.018621	0.050521	0.034571
166	기/ETN_위하/VV	2	0.052773	0.016359	0.034566
167	이/VCP_라/EC	2	0.031954	0.036850	0.034402
168	하/VV_ㄴ/ETM	2	0.026701	0.041879	0.034290
169	았/EP_습니다/EF	2	0.041186	0.027024	0.034105
170	도/JX_있/VA	2		0.068210	0.034105
171	ㄹ/ETM_것/NNB_이/VCP	3	0.055378	0.011734	0.033556
172	아/EC_지/VX	2	0.050354	0.016734	0.033544
173	이/VCP_죠/EF	2	0.004265	0.062227	0.033246
174	그것/NP_이/JKS	2	0.020167	0.045926	0.033047
175	았/EP_어요/EF	2	0.007006	0.058787	0.032897
176	ㄴ/ETM_것/NNB_이/VCP	3	0.057632	0.008122	0.032877
177	ㄴ/ETM_사람/NNG	2	0.028390	0.037226	0.032808
178	우리/NP_가/JKS	2	0.016131	0.048643	0.032387
179	뭐/NP_이/VCP_야/EF	3	0.001231	0.063527	0.032379
180	을/ETM_수/NNB	2	0.037050	0.027486	0.032268
181	가/VV_아서/EC	2	0.012531	0.051995	0.032263
182	어야/EC_되/VV	2	0.001703	0.062545	0.032124
183	을/ETM_거/NNB	2	0.004473	0.059654	0.032064
184	그/NP_는/JX	2	0.062906	0.001156	0.032031
185	좋/VA_은/ETM	2	0.019237	0.044452	0.031844
186	터/NNB_이/VCP	2	0.014757	0.048469	0.031613
187	하/VV_여/EC_주/VX	3	0.007615	0.055521	0.031568
188	지/EC_않/VX_았/EP	3	0.047219	0.015896	0.031558
189	말/NNG_을/JKO	2	0.027496	0.035579	0.031537
190	하/VV_시/EP	2	0.007543	0.054972	0.031258
191	기/ETN_도/JX	2	0.042553	0.019827	0.031190
192	전/NNG_에/JKB	2	0.018192	0.043209	0.030701
193	있/VA_어/EF	2		0.061331	0.030665

194	어/EC_놓/VX	2	0.023946	0.037226	0.030586
195	하/VV_여서/EC	2	0.015873	0.044770	0.030322
196	이/VCP_니까/EC	2	0.004201	0.055810	0.030006
197	뭐/NP_하/VV	2	0.001159	0.058527	0.029843
198	줄/NNB_알/VV	2	0.008495	0.051186	0.029840
199	에/JKB_있/VV	2	0.045795	0.013844	0.029820
200	도/JX_안/MAG	2	0.005375	0.054163	0.029769
201	있/VX_었/EP_다/EF	3	0.058426	0.001012	0.029719
202	이/VCP_면/EC	2	0.014864	0.044394	0.029629
203	였/EP_어/EF	2		0.058412	0.029206
204	었/EP_고/EC	2	0.040249	0.018122	0.029185
205	일/NNG_이/VCP	2	0.028712	0.029451	0.029082
206	하/VV_면/EC	2	0.013655	0.044249	0.028952
207	크/VA_ㄴ/ETM	2	0.037365	0.020492	0.028928
208	에/JKB_따르/VV	2	0.047527	0.010174	0.028850
209	말하/VV_였/EP	2	0.048006	0.009480	0.028743
210	기/ETN_때문/NNB_에/JKB	3	0.027896	0.029307	0.028602
211	이/VCP_라고/EC_하/VV	3	0.020396	0.036793	0.028594
212	가/JKS_있/VV	2	0.055614	0.001358	0.028486
213	누구/NP_이/VCP	2	0.010084	0.046822	0.028453
214	하/VV_는/ETM_거/NNB	3	0.001167	0.055203	0.028185
215	이/VCP_냐/EF	2	0.004151	0.052111	0.028131
216	없/VA_어/EF	2	0.002490	0.053758	0.028124
217	되/VV_ㄴ/ETM	2	0.024354	0.031821	0.028088
218	되/VV_어/EC	2	0.029113	0.027053	0.028083
219	ㄴ/ETM_거/NNB_이/VCP_야/EF	4	0.001617	0.054423	0.028020
220	있/VV_었/EP	2	0.049259	0.006734	0.027997
221	하/VV_ㄹ/ETM_수/NNB	3	0.024848	0.031070	0.027959
222	을/JKO_보/VV	2	0.032577	0.023006	0.027792
223	거/NNB_ㄹ/JKO	2		0.055377	0.027688
224	위하/VV_여/EC	2	0.049230	0.005983	0.027607
225	하/VV_여/EC_보/VX	3	0.005911	0.049163	0.027537
226	집/NNG_에/JKB	2	0.012238	0.042371	0.027304

227	때문/NNB_이/VCP	2	0.044865	0.009682	0.027273
228	것/NNB_으로/JKB	2	0.050354	0.004104	0.027229
229	말/VX_아/EF	2	0.000923	0.052949	0.026936
230	을/ETM_것/NNB	2	0.041752	0.012023	0.026887
231	선생/NNG_님/XSN	2	0.019015	0.034596	0.026806
232	은/ETM_것/NNB	2	0.032555	0.020896	0.026726
233	다음/NNG_에/JKB	2	0.004838	0.048094	0.026466
234	수/NNB_가/JKS	2	0.020375	0.032544	0.026459
235	면/EC_되/VV	2	0.005983	0.046880	0.026431
236	지/EC_말/VX_아/EF	3	0.000723	0.051735	0.026229
237	에/JKB_가/VV	2	0.017026	0.034972	0.025999
238	그거/NP_이/JKS	2		0.051533	0.025766
239	보/VV_면/EC	2	0.014363	0.037168	0.025766
240	이/JKS_뭐/NP	2	0.003514	0.047891	0.025703
241	수/NNB_도/JX	2	0.017906	0.033180	0.025543
242	많/VA_은/ETM	2	0.031525	0.019480	0.025502
243	이/VCP_ㄴ가/EC	2	0.029771	0.021099	0.025435
244	도/JX_하/VX	2	0.036420	0.014047	0.025233
245	누구/NP_가/JKS	2	0.010313	0.039972	0.025142
246	가/VV_아/EF	2	0.001124	0.049134	0.025129
247	하/VX_는/ETM	2	0.029399	0.020752	0.025076
248	하/VV_여야/EC	2	0.011730	0.038382	0.025056
249	없/VA_다/EF	2	0.039111	0.010723	0.024917
250	이것/NP_이/JKS	2	0.008702	0.041099	0.024901
251	다고/EC_하/VV	2	0.026694	0.023064	0.024879
252	지/VX_었/EP	2	0.031804	0.017891	0.024847
253	어/EC_버리/VX	2	0.022923	0.026677	0.024800
254	있/VA_었/EP	2		0.049452	0.024726
255	기/ETN_도/JX_하/VX	3	0.035368	0.013815	0.024592
256	하/VV_지/EC	2	0.015988	0.033151	0.024569
257	었/EP_을/ETM	2	0.024053	0.025001	0.024527
258	하/VX_ㄴ다/EF	2	0.045416	0.003439	0.024428
259	하/VX_ㄹ/ETM	2	0.032985	0.015405	0.024195

260	따르/VV_아/EC	2	0.038846	0.009191	0.024018
261	을/JKO_받/VV	2	0.035289	0.012573	0.023931
262	여기/NP_서/JKB	2	0.008116	0.039278	0.023697
263	도/JX_모르/VV	2	0.019967	0.027371	0.023669
264	ㄴ/ETM_것/NNB_이/JKS	3	0.017441	0.029827	0.023634
265	는/ETM_데/NNB	2	0.028970	0.018180	0.023575
266	나/NP_한테/JKB	2	0.001932	0.045117	0.023524
267	너/NP_의/JKG	2	0.006162	0.040868	0.023515
268	알/VV_고/EC	2	0.016424	0.030521	0.023473
269	가/VV_아/EC	2	0.009432	0.037140	0.023286
270	여야/EC_되/VV	2		0.046504	0.023252
271	아야/EC_되/VV	2	0.003314	0.043122	0.023218
272	았/EP_을/ETM	2	0.025112	0.021243	0.023178
273	대히/VV_어서/EC	2	0.017412	0.028382	0.022897
274	이/VCP_잖/EPX	2		0.045608	0.022804
275	ㄹ/ETM_거/NNB_이/VCP_야/EF	4	0.002469	0.042978	0.022723
276	가지/VV_고/EC	2	0.016217	0.028989	0.022603
277	가/JKC_아니/VCN	2	0.021670	0.023353	0.022512
278	사람/NNG_들/XSN_이/JKS	3	0.016460	0.028556	0.022508
279	일/NNG_이/JKS	2	0.018256	0.026590	0.022423
280	보/VV_ㄹ/ETM	2	0.018521	0.026272	0.022397
281	에/JKB_대하/VV_어서/EC	3	0.016897	0.027804	0.022350
282	고/EC_가/VV	2	0.006656	0.037775	0.022215
283	로/JKB_하/VV	2	0.024590	0.019596	0.022093
284	았/EP_다/EC	2	0.017262	0.026908	0.022085
285	던/ETM_것/NNB	2	0.036076	0.007977	0.022027
286	뭐/NP_ㄹ/JKO	2	0.001252	0.042602	0.021927
287	어/EC_가/VX	2	0.027553	0.016185	0.021869
288	ㄹ/ETM_수/NNB_가/JKS	3	0.016002	0.027717	0.021860
289	않/VX_고/EC	2	0.031446	0.012197	0.021821
290	ㄴ/ETM_일/NNG	2	0.025148	0.018382	0.021765
291	먹/VV_고/EC	2	0.009618	0.033845	0.021732
292	고/EC_오/VV	2	0.005969	0.037429	0.021699

293	는/ETM_것/NNB_은/JX	3	0.035940	0.007370	0.021655
294	모르/VV_겠/EP	2	0.006233	0.036908	0.021571
295	시/EP_ㄴ/ETM	2	0.006269	0.036590	0.021430
296	하/VV_였/EP_다/EF	3	0.036785	0.006069	0.021427
297	ㄹ/ETM_터/NNB	2	0.008559	0.034249	0.021404
298	ㄹ/ETM_터/NNB_이/VCP	3	0.008502	0.034249	0.021376
299	다는/ETM_것/NNB	2	0.034638	0.008006	0.021322
300	거/NNB_이/VCP_지/EF	3	0.001553	0.041041	0.021297

부록 2: 연속 표현 종합 분포율 상위 300위 목록

순위	연속 표현	그램	문어 분포율	구어 분포율	종합 분포율
1	ㄹ/ETM_수/NNB	2	100.00	97.54	98.77
2	고/EC_있/VX	2	100.00	97.36	98.68
3	들/XSN_이/JKS	2	100.00	97.01	98.51
4	을/JKO_하/VV	2	98.00	98.59	98.30
5	는/ETM_것/NNB	2	100.00	95.78	97.89
6	지/EC_않/VX	2	100.00	95.61	97.80
7	ㄹ/ETM_때/NNG	2	99.00	96.13	97.57
8	어/EC_주/VX	2	98.00	95.78	96.89
9	되/VV_었/EP	2	98.50	94.38	96.44
10	ㄹ/ETM_수/NNB_있/VA	3	99.50	93.32	96.41
11	것/NNB_이/JKS	2	98.00	94.55	96.28
12	하/VV_ㄹ/ETM	2	97.50	94.73	96.11
13	수/NNB_있/VA	2	99.50	92.27	95.88
14	이/VCP_었/EP	2	100.00	91.04	95.52
15	ㄴ/ETM_것/NNB	2	100.00	90.33	95.17
16	어/EC_보/VX	2	96.50	93.67	95.09
17	이/VCP_ㄴ/ETM	2	100.00	90.16	95.08
18	하/VV_여/EC	2	96.50	92.97	94.74
19	같/VA_은/ETM	2	99.50	87.87	93.69
20	지/EC_말/VX	2	89.00	97.01	93.01
21	를/JKO_하/VV	2	97.50	87.70	92.60
22	하/VV_는/ETM	2	98.00	86.64	92.32
23	고/EC_싶/VX	2	90.50	94.02	92.26
24	게/EC_되/VV	2	98.00	85.94	91.97
25	이/JKC_아니/VCN	2	97.50	85.59	91.54
26	나/NP_의/JKG	2	89.50	93.15	91.32
27	때문/NNB_에/JKB	2	97.50	84.71	91.11
28	사람/NNG_들/XSN	2	95.00	86.99	91.00
29	어/EC_있/VX	2	98.50	83.30	90.90
30	내/NP_가/JKS	2	87.00	94.73	90.86
31	가/JKS_없/VA	2	97.50	84.01	90.75

32	에/JKB_대하/VV	2	98.00	83.48	90.74
33	어/EC_지/VX	2	99.00	82.25	90.62
34	하/VV_였/EP	2	98.00	82.78	90.39
35	었/EP_다/EF	2	99.50	80.84	90.17
36	는/ETM_사람/NNG	2	93.00	86.99	90.00
37	되/VV_ㄹ/ETM	2	96.00	83.83	89.92
38	아니/VCN_라/EC	2	95.00	84.36	89.68
39	었/EP_는데/EC	2	96.00	82.78	89.39
40	오/VV_았/EP	2	88.00	90.51	89.25
41	뭐/NP_이/VCP	2	80.00	97.72	88.86
42	없/VA_는/ETM	2	98.50	79.09	88.79
43	한/MM_번/NNB	2	92.50	84.71	88.61
44	아/EC_보/VX	2	96.00	81.02	88.51
45	이/VCP_다/EF	2	100.00	76.10	88.05
46	아/EC_주/VX	2	96.50	79.44	87.97
47	이/VCP_라고/EC	2	97.00	78.91	87.96
48	있/VX_는/ETM	2	100.00	75.40	87.70
49	이/VCP_ㄴ데/EC	2	94.50	80.67	87.58
50	것/NNB_도/JX	2	95.50	79.61	87.56
51	이렇/VA_게/EC	2	89.50	85.41	87.46
52	이/JKC_되/VV	2	98.50	75.92	87.21
53	전/NNG_에/JKB	2	94.00	79.44	86.72
54	을/ETM_때/NNG	2	96.50	76.63	86.56
55	았/EP_다/EF	2	100.00	73.11	86.56
56	하/VV_면/EC	2	91.50	81.02	86.26
57	수/NNB_없/VA	2	97.00	75.40	86.20
58	그렇/VA_게/EC	2	88.50	83.48	85.99
59	라고/EC_하/VV	2	92.00	79.96	85.98
60	하/VV_여서/EC	2	93.00	78.91	85.96
61	도/JX_없/VA	2	92.50	78.73	85.62
62	보/VV_고/EC	2	92.50	78.73	85.62
63	하/VV_여/EC_주/VX	3	85.50	85.41	85.46
64	았/EP_는데/EC	2	96.00	74.17	85.08
65	이/VCP_면/EC	2	91.50	78.21	84.85

66	이/VCP_ㄴ가/EF	2	82.50	87.17	84.84
67	어/EC_놓/VX	2	94.00	75.40	84.70
68	되/VV_ㄴ/ETM	2	94.50	74.34	84.42
69	것/NNB_이/VCP	2	98.50	69.77	84.14
70	하/VV_고/EC	2	95.50	72.76	84.13
71	겠/EP_다/EF	2	86.50	81.72	84.11
72	거/NNB_이/VCP	2	68.00	99.47	83.74
73	ㄹ/ETM_것/NNB	2	99.00	68.37	83.68
74	아/EC_있/VX	2	95.00	72.23	83.62
75	는/ETM_것/NNB_이/JKS	3	98.00	68.89	83.45
76	사람/NNG_이/JKS	2	91.50	75.22	83.36
77	에/JKB_는/JX	2	99.50	67.14	83.32
78	가/JKC_되/VV	2	97.50	68.54	83.02
79	하/VV_지/EC	2	92.50	73.29	82.89
80	좋/VA_은/ETM	2	93.00	72.76	82.88
81	우리/NP_가/JKS	2	87.50	78.21	82.85
82	에/JKB_도/JX	2	99.50	66.08	82.79
83	들/XSN_은/JX	2	97.50	67.84	82.67
84	가/VV_았/EP	2	84.50	80.67	82.58
85	가/VV_아서/EC	2	82.00	83.13	82.56
86	고/EC_있/VX_는/ETM	3	100.00	64.50	82.25
87	이/VCP_ㄴ지/EC	2	94.50	69.95	82.22
88	그것/NP_이/JKS	2	88.50	75.40	81.95
89	하/VX_였/EP	2	98.50	64.67	81.59
90	수/NNB_있/VA_는/ETM	3	98.50	64.50	81.50
91	나/NP_는/JX	2	83.00	79.61	81.31
92	ㄹ/ETM_수/NNB_없/VA	3	97.00	65.55	81.28
93	에/JKB_가/VV	2	88.50	73.99	81.24
94	는/ETM_거/NNB	2	63.00	99.47	81.24
95	터/NNB_이/VCP	2	79.50	82.78	81.14
96	을/ETM_수/NNB	2	96.00	66.26	81.13
97	누구/NP_가/JKS	2	87.00	75.04	81.02
98	하/VV_ㄹ/ETM_수/NNB	3	96.00	65.91	80.95
99	보/VV_면/EC	2	96.50	65.03	80.76

100	어야/EC_하/VX	2	98.50	62.92	80.71
101	보/VV_ㄹ/ETM	2	92.50	68.89	80.70
102	이/VCP_라는/ETM	2	98.50	62.57	80.53
103	도/JX_모르/VV	2	88.00	72.58	80.29
104	보/VV_았/EP	2	88.50	72.06	80.28
105	보/VX_았/EP	2	86.00	74.34	80.17
106	기/ETN_때문/NNB	2	97.00	63.27	80.13
107	않/VX_았/EP	2	97.00	63.27	80.13
108	여기/NP_서/JKB	2	77.50	82.07	79.79
109	되/VV_는/ETM	2	95.50	63.97	79.74
110	말/NNG_을/JKO	2	90.50	68.89	79.70
111	말/NNG_이/JKS	2	87.00	72.23	79.62
112	이/VCP_라/EC	2	95.00	63.97	79.49
113	ㄹ/ETM_수/NNB_있/VA_는/ETM	4	98.00	60.81	79.40
114	가/JKC_아니/VCN	2	93.50	65.20	79.35
115	주/VX_시/EP	2	72.00	86.47	79.23
116	안/MAG_되/VV	2	73.00	85.41	79.21
117	었/EP_을/ETM	2	93.50	64.50	79.00
118	이것/NP_이/JKS	2	84.50	73.46	78.98
119	수/NNB_가/JKS	2	86.00	71.70	78.85
120	적/XSN_이/VCP	2	93.00	64.67	78.84
121	ㄴ/ETM_것/NNB_이/JKS	3	94.50	63.09	78.80
122	이/VCP_라고/EC_하/VV	3	92.00	65.55	78.78
123	알/VV_았/EP	2	77.00	80.49	78.75
124	집/NNG_에/JKB	2	78.50	78.91	78.71
125	이/JKS_없/VA	2	96.50	60.46	78.48
126	도/JX_하/VV	2	90.50	66.43	78.47
127	면/EC_되/VV	2	81.00	75.92	78.46
128	하/VV_여/EC_보/VX	3	75.00	81.90	78.45
129	가/VV_ㄹ/ETM	2	85.50	71.18	78.34
130	았/EP_을/ETM	2	93.50	62.92	78.21
131	게/EC_하/VX	2	82.00	73.99	77.99
132	것/NNB_같/VA	2	92.00	63.97	77.99
133	되/VV_고/EC	2	93.00	62.92	77.96

134	는/ETM_거/NNB_이/VCP	3	58.00	97.89	77.95
135	가/VV_는/ETM	2	87.50	68.37	77.93
136	다음/NNG_에/JKB	2	79.00	76.63	77.81
137	도/JX_아니/VCN	2	83.50	71.88	77.69
138	있/VX_었/EP	2	93.00	61.86	77.43
139	말/NNG_이/VCP	2	88.00	66.78	77.39
140	주/VX_ㄹ/ETM	2	88.00	66.78	77.39
141	하/VV_ㄴ/ETM	2	96.00	58.52	77.26
142	대하/VV_ㄴ/ETM	2	97.50	56.94	77.22
143	없/VA_었/EP	2	93.50	60.81	77.15
144	았/EP_다/EC	2	95.00	58.88	76.94
145	많/VA_은/ETM	2	98.50	55.18	76.84
146	을/JKO_보/VV	2	98.00	55.36	76.68
147	주/VX_는/ETM	2	95.00	58.35	76.67
148	들/XSN_도/JX	2	93.50	59.58	76.54
149	이/VCP_야/EF	2	60.00	92.97	76.49
150	는/ETM_데/NNB	2	96.50	56.24	76.37
151	ㄹ/ETM_수/NNB_도/JX	3	91.00	61.51	76.26
152	은/ETM_것/NNB	2	94.50	57.82	76.16
153	사람/NNG_이/VCP	2	86.50	65.55	76.03
154	로/JKB_하/VV	2	94.50	57.29	75.90
155	일/NNG_이/VCP	2	92.50	59.23	75.86
156	다고/EC_하/VV	2	94.00	57.64	75.82
157	누구/NP_이/VCP	2	84.00	67.31	75.66
158	주/VX_었/EP	2	92.50	58.35	75.42
159	먹/VV_고/EC	2	77.00	73.81	75.41
160	나/NP_도/JX	2	70.00	80.67	75.33
161	도/JX_안/MAG	2	66.00	84.18	75.09
162	가/VV_아/EC	2	77.50	72.41	74.95
163	시/EP_었/EP	2	69.50	80.14	74.82
164	사람/NNG_은/JX	2	88.50	60.63	74.57
165	오/VV_ㄴ/ETM	2	84.00	65.03	74.51
166	지/EC_않/VX_았/EP	3	97.00	52.02	74.51
167	을/JKO_하/VV_였/EP	3	92.50	56.24	74.37

168	오/VV_아서/EC	2	82.00	66.43	74.22
169	이/VCP_지/EF	2	54.50	93.67	74.09
170	었/EP_어요/EF	2	53.50	94.55	74.03
171	었/EP_던/ETM	2	100.00	47.98	73.99
172	줄/NNB_알/VV	2	78.50	69.24	73.87
173	일/NNG_이/JKS	2	92.50	55.01	73.75
174	ㄴ/ETM_거/NNB	2	48.00	99.30	73.65
175	때/NNG_는/JX	2	90.00	56.59	73.30
176	기/ETN_전/NNG	2	92.00	54.48	73.24
177	모르/VV_겠/EP	2	69.50	76.98	73.24
178	어/EC_가/VX	2	94.50	51.85	73.17
179	았/EP_던/ETM	2	99.50	46.57	73.04
180	ㄹ/ETM_터/NNB	2	73.00	72.93	72.97
181	앞/NNG_으로/JKB	2	93.50	52.20	72.85
182	나/NP_ㄴ/JX	2	53.00	92.62	72.81
183	수/NNB_도/JX_있/VA	3	87.50	58.00	72.75
184	하/VV_고/EC_있/VX	3	92.00	53.25	72.63
185	ㄹ/ETM_수/NNB_가/JKS	3	85.00	59.93	72.46
186	기/ETN_도/JX	2	97.00	47.80	72.40
187	은/ETM_사람/NNG	2	89.50	55.18	72.34
188	는/ETM_것/NNB_도/JX	3	92.00	52.55	72.27
189	기/ETN_전/NNG_에/JKB	3	89.50	55.01	72.25
190	밖에/JX_없/VA	2	90.50	53.95	72.23
191	나중/NNG_에/JKB	2	75.00	69.42	72.21
192	에/JKB_있/VV	2	98.50	45.87	72.18
193	이/JKS_많/VA	2	93.50	50.79	72.15
194	이/JKC_아니/VCN_라/EC	3	92.00	52.20	72.10
195	지/VX_었/EP	2	99.00	45.17	72.08
196	사람/NNG_들/XSN_이/JKS	3	91.50	52.55	72.02
197	기/ETN_ㄴ/JX	2	77.50	66.43	71.97
198	ㄹ/ETM_터/NNB_이/VCP	3	72.00	71.70	71.85
199	ㄹ/ETM_거/NNB_이/VCP	3	53.00	90.69	71.84
200	하/VX_는/ETM	2	97.50	46.05	71.77
201	아니/VCN_ㄴ/ETM	2	92.50	50.97	71.73

202	알/VV_고/EC	2	91.00	52.37	71.69
203	주/VX_고/EC	2	93.50	49.74	71.62
204	게/EC_하/VV	2	89.00	54.13	71.57
205	고/EC_있/VX_었/EP	3	91.00	52.02	71.51
206	었/EP_다고/EC	2	94.00	48.86	71.43
207	ㄹ/ETM_거/NNB	2	55.50	87.17	71.34
208	않/VX_고/EC	2	98.00	44.64	71.32
209	을/JKO_받/VV	2	98.50	44.11	71.31
210	들/XSN_이/VCP	2	91.50	50.79	71.15
211	ㄴ/ETM_적/NNB	2	84.00	58.17	71.09
212	기/ETN_위하/VV	2	97.00	45.17	71.08
213	만/JX_하/VV	2	91.00	51.14	71.07
214	이/VCP_란/ETM	2	91.50	50.44	70.97
215	하/VV_ㄴ/ETM_수/NNB_있/VA	4	92.00	49.91	70.96
216	ㄹ/ETM_줄/NNB	2	79.50	62.04	70.77
217	는/ETM_일/NNG	2	93.00	48.51	70.75
218	이/JKS_좋/VA	2	88.50	52.55	70.52
219	대하/VV_여서/EC	2	85.50	55.36	70.43
220	었/EP_습니다/EF	2	67.00	73.81	70.41
221	하/VV_겠/EP	2	82.50	58.17	70.34
222	어/EC_버리/VX	2	91.00	49.56	70.28
223	하/VV_여도/EC	2	90.00	50.44	70.22
224	안/NNG_에/JKB	2	89.50	50.79	70.15
225	았/EP_어/EF	2	45.50	94.73	70.11
226	고/EC_나/VX	2	84.50	55.71	70.11
227	받/VV_아/EC	2	95.00	45.17	70.08
228	것/NNB_은/JX	2	99.00	40.95	69.97
229	이/VCP_에요/EF	2	52.00	87.35	69.67
230	말/VX_고/EC	2	78.00	61.34	69.67
231	아니/VCN_고/EC	2	76.50	62.74	69.62
232	ㄴ/ETM_거/NNB_이/VCP	3	43.50	95.61	69.55
233	사/VV_아/EC	2	69.50	69.60	69.55
234	아야/EC_되/VV	2	61.50	77.33	69.41
235	이/VCP_니까/EC	2	57.50	81.20	69.35

236	ㄴ/ETM_데/NNB	2	95.00	43.41	69.20
237	것/NNB_이/JKC	2	93.50	44.82	69.16
238	도/JX_하/VX	2	97.00	41.30	69.15
239	없/VA_고/EC	2	89.00	49.21	69.10
240	기/ETN_도/JX_하/VX	3	97.00	41.12	69.06
241	앞/NNG_에/JKB	2	89.00	49.03	69.02
242	중/NNB_에/JKB	2	92.50	45.52	69.01
243	에/JKB_오/VV	2	87.50	50.44	68.97
244	것/NNB_을/JKO	2	97.50	40.42	68.96
245	지/EC_못하/VX	2	98.00	39.72	68.86
246	보이/VV_어/EC	2	92.50	44.99	68.75
247	일/NNG_을/JKO	2	90.50	46.92	68.71
248	갖/VV_고/EC	2	83.00	54.31	68.65
249	듣/VV_었/EP	2	77.00	60.28	68.64
250	놓/VX_았/EP	2	84.00	53.25	68.63
251	에서/JKB_도/JX	2	96.00	41.12	68.56
252	을/ETM_수/NNB_있/VA	3	91.50	45.52	68.51
253	들/XSN_의/JKG	2	98.50	38.49	68.49
254	하/VV_시/EP	2	57.50	79.44	68.47
255	보/VV_기/ETN	2	88.00	48.86	68.43
256	들/VV_어/EC	2	98.00	38.84	68.42
257	게/EC_되/VV_었/EP	3	94.50	42.18	68.34
258	ㄹ/ETM_수/NNB_도/JX_있/VA	4	85.00	51.67	68.33
259	하/VV_기/ETN	2	87.00	49.56	68.28
260	이/VCP_라면/EC	2	91.50	44.82	68.16
261	을/ETM_것/NNB	2	96.50	39.72	68.11
262	안/MAG_하/VV	2	74.50	61.69	68.09
263	네/NP_가/JKS	2	51.50	84.53	68.02
264	았/EP_습니다/EF	2	68.00	68.01	68.01
265	에/JKB_대하/VV_ㄴ/ETM	3	97.50	38.49	67.99
266	되/VV_겠/EP	2	68.00	67.84	67.92
267	겠/EP_습니다/EF	2	57.50	78.21	67.85
268	은/JX_없/VA	2	87.50	48.15	67.83
269	아직/MAG_도/JX	2	91.00	44.64	67.82

270	아/EC_지/VX	2	100.00	35.50	67.75
271	았/EP_을/ETM_때/NNG	3	92.00	43.23	67.62
272	알/VV_는/ETM	2	80.50	54.66	67.58
273	따르/VV_아/EC	2	99.00	36.03	67.51
274	이/VCP_ㄴ데/EF	2	44.50	90.51	67.50
275	거/NNB_이/VCP_야/EF	3	45.00	89.98	67.49
276	고/EC_싶/VX_은/ETM	3	83.00	51.67	67.33
277	수/NNB_가/JKS_없/VA	3	84.00	50.44	67.22
278	이/JKS_더/MAG	2	87.00	47.10	67.05
279	의/JKG_말/NNG	2	88.00	46.05	67.02
280	하/VX_겠/EP	2	84.00	49.91	66.96
281	을/JKO_가지/VV	2	94.50	39.19	66.85
282	알/VV_ㄹ/ETM	2	92.00	41.65	66.83
283	오/VV_는/ETM	2	86.50	47.10	66.80
284	저/NP_의/JKG	2	85.00	48.51	66.75
285	주/VX_ㄴ/ETM	2	88.50	44.99	66.75
286	이/JKS_뭐/NP	2	55.00	78.38	66.69
287	지/VX_ㄴ/ETM	2	97.50	35.85	66.68
288	이/VCP_냐/EF	2	53.50	79.79	66.64
289	어/EC_있/VX_는/ETM	3	95.50	37.79	66.64
290	싶/VX_은/ETM	2	84.00	49.03	66.52
291	ㄴ/ETM_일/NNG	2	92.00	40.95	66.47
292	있/VV_는/ETM	2	99.00	33.92	66.46
293	을/JKO_주/VV	2	94.00	38.84	66.42
294	이번/NNG_에/JKB	2	85.00	47.80	66.40
295	살/VV_는/ETM	2	82.00	50.79	66.40
296	이/JKS_나오/VV	2	89.00	43.76	66.38
297	ㄴ다고/EC_하/VV	2	83.00	49.74	66.37
298	지/EC_말/VX_고/EC	3	74.00	58.70	66.35
299	것/NNB_이/JKC_아니/VCN	3	93.50	39.02	66.26
300	않/VX_는/ETM	2	97.50	34.97	66.24

부록 3: 연속 표현 종합 사용도 상위 300위 목록

순위	연속 표현	그램	문어 사용도	구어 사용도	종합 사용도
1	거/NNB_이/VCP	2	570065	23543324	12056694
2	이/VCP_야/EF	2	475506	19638002	10056754
3	는/ETM_거/NNB	2	198333	16804440	8501387
4	었/EP_다/EF	2	15274409	1321731	8298070
5	고/EC_있/VX	2	8463455	6268252	7365853
6	ㄹ/ETM_수/NNB	2	6481624	7472264	6976944
7	았/EP_다/EF	2	12962505	835716	6899111
8	ㄴ/ETM_거/NNB	2	79251	12578199	6328725
9	이/VCP_다/EF	2	9785788	2144345	5965066
10	내/NP_가/JKS	2	1026317	10712915	5869616
11	는/ETM_것/NNB	2	6423002	4464854	5443928
12	지/EC_않/VX	2	6095387	4651171	5373279
13	이/VCP_ㄴ/ETM	2	6083514	3408487	4746000
14	들/XSN_이/JKS	2	3785199	5327957	4556578
15	수/NNB_있/VA	2	4143011	4291330	4217170
16	는/ETM_거/NNB_이/VCP	3	149453	8075105	4112279
17	을/JKO_하/VV	2	2647769	5530628	4089199
18	이/VCP_었/EP	2	5208636	2808739	4008688
19	뭐/NP_이/VCP	2	342976	7492901	3917938
20	ㄴ/ETM_것/NNB	2	4897346	2909256	3903301
21	것/NNB_이/VCP	2	6701618	1085102	3893360
22	ㄹ/ETM_수/NNB_있/VA	3	3725848	3855936	3790892
23	거/NNB_이/VCP_야/EF	3	134905	7429323	3782114
24	잖/EPX_아/EF	2		7031866	3515933
25	어/EC_주/VX	2	1617677	5156932	3387304
26	하/VV_였/EP	2	1875655	4869063	3372359
27	것/NNB_이/JKS	2	2398700	4272655	3335677
28	ㄹ/ETM_거/NNB	2	112844	5795754	2954299
29	하/VV_여/EC	2	883641	4967512	2925576
30	시/EP_에요/EF	2		5819642	2909821
31	하/VV_는/ETM	2	1518595	4021586	2770090

32	이/VCP_에요/EF	2	140841	5391575	2766208
33	나/NP_의/JKG	2	1272815	4243310	2758062
34	ㄹ/ETM_때/NNG	2	1669630	3803760	2736695
35	ㄴ/ETM_거/NNB_이/VCP	3	55843	5338971	2697407
36	지/EC_말/VX	2	341274	5012572	2676923
37	었/EP_어/EF	2	86103	5240371	2663237
38	같/VA_은/ETM	2	1972845	3300917	2636881
39	이/VCP_라고/EC	2	1813868	3185175	2499521
40	적/XSN_이/VCP	2	3742967	1184216	2463591
41	았/EP_어/EF	2	86687	4616368	2351528
42	어/EC_있/VX	2	2818426	1828465	2323445
43	안/MAG_되/VV	2	277755	4360395	2319075
44	하/VV_ㄹ/ETM	2	1195944	3441166	2318555
45	에/JKB_대하/VV	2	2955015	1644100	2299557
46	에/JKB_는/JX	2	3077955	1377822	2227889
47	들/XSN_은/JX	2	2937587	1505366	2221476
48	있/VX_는/ETM	2	2951876	1457208	2204542
49	되/VV_었/EP	2	1249690	3123563	2186626
50	고/EC_싶/VX	2	835751	3536911	2186331
51	어/EC_보/VX	2	851775	3505025	2178400
52	여/EC_주/VX	2		4340531	2170265
53	어/EC_지/VX	2	2585713	1735453	2160583
54	를/JKO_하/VV	2	1257803	2910806	2084305
55	거/NNB_같/VA	2	981	4146945	2073963
56	게/EC_되/VV	2	2165629	1942205	2053917
57	하/VV_고/EC	2	1308714	2774363	2041538
58	ㄹ/ETM_거/NNB_이/VCP	3	96945	3964794	2030870
59	사람/NNG_들/XSN	2	1458713	2435878	1947295
60	ㄹ/ETM_것/NNB	2	2706927	1074707	1890817
61	이/JKC_아니/VCN	2	1563301	2181093	1872197
62	나/NP_는/JX	2	1843240	1887721	1865480
63	이/VCP_지/EF	2	98631	3607189	1853085
64	적/XSN_이/VCP_ㄴ/ETM	3	3088745	401833	1745289
65	이/VCP_라는/ETM	2	2196413	1276170	1736892

66	아/EC_보/VX	2	1082622	2362026	1722324
67	이/VCP_ㅂ니다/EF	2		3436304	1718152
68	때문/NNB_에/JKB	2	1198114	2212890	1705502
69	었/EP_어요/EF	2	104212	3284064	1694138
70	것/NNB_이/VCP_다/EF	3	3340651	29295	1684973
71	이/VCP_었/EP_다/EF	3	3319814	14002	1666908
72	여/EC_보/VX	2		3299496	1649748
73	나/NP_ㄴ/JX	2	132833	3155726	1644280
74	아/EC_주/VX	2	1244903	1926873	1585888
75	오/VV_았/EP	2	313442	2853220	1583331
76	은/ETM_거/NNB	2	11815	3146340	1579078
77	그렇/VA_게/EC	2	688894	2413623	1551258
78	이/JKS_있/VA	2		3084527	1542264
79	있/VX_다/EF	2	3004533	28214	1516373
80	이/VCP_ㄴ데/EC	2	546790	2479520	1513155
81	있/VA_는/ETM	2	604	3000823	1500713
82	보/VX_아/EF	2	27565	2887619	1457592
83	가/JKS_있/VA	2		2859048	1429524
84	이/VCP_ㄴ데/EF	2	27738	2793422	1410580
85	거/NNB_ㄴ/JX	2		2814446	1407223
86	없/VA_는/ETM	2	1496740	1282216	1389478
87	잖/EPX_아요/EF	2		2742740	1371370
88	이렇/VA_게/EC	2	627608	2112122	1369865
89	가지/VX_고/EC	2	46065	2693156	1369610
90	되/VV_어/EF	2	15412	2711728	1363570
91	는/ETM_사람/NNG	2	913529	1801820	1357674
92	고/EC_있/VX_는/ETM	3	1953262	758923	1356093
93	거/NNB_이/JKS	2	45	2664575	1332310
94	그런/MM_거/NNB	2	4142	2638247	1321194
95	것/NNB_은/JX	2	2381302	244777	1313039
96	이/JKC_되/VV	2	1599617	1004010	1301813
97	있/VX_었/EP	2	2075841	520951	1298396
98	시/EP_었/EP	2	240715	2353217	1296966
99	적/XSN_으로/JKB	2	2039943	540633	1290288

100	있/VV_는/ETM	2	2467438	108136	1287787
101	이/JKS_없/VA	2	1272651	1295920	1284286
102	말/NNG_이/VCP	2	712591	1843353	1277972
103	네/NP_가/JKS	2	63916	2456522	1260219
104	들/XSN_의/JKG	2	2343145	171543	1257344
105	는/ETM_거/NNB_이/VCP_야/EF	4	37800	2456428	1247114
106	을/ETM_때/NNG	2	890623	1585450	1238036
107	주/VX_시/EP	2	151734	2286004	1218869
108	는/ETM_것/NNB_이/JKS	3	1099177	1293959	1196568
109	기/ETN_때문/NNB	2	1644537	739140	1191839
110	수/NNB_없/VA	2	1594692	772486	1183589
111	가/JKS_없/VA	2	967861	1379617	1173739
112	고/EC_있/VX_다/EF	3	2322594	18055	1170324
113	것/NNB_두/JX	2	724071	1608863	1166467
114	거/NNB_이/VCP_에요/EF	3	37010	2275808	1156409
115	가/VV_았/EP	2	327781	1976171	1151976
116	하/VV_여/EF	2		2284168	1142084
117	하/VX_였/EP	2	1687510	567013	1127262
118	되/VV_ㄹ/ETM	2	697765	1543768	1120766
119	아니/VCN_야/EF	2	33783	2206841	1120312
120	아니/VCN_라/EC	2	964369	1273922	1119145
121	대하/VV_ㄴ/ETM	2	1766061	464583	1115322
122	안/MAG_하/VV	2	133093	2096646	1114870
123	었/EP_던/ETM	2	1516565	696366	1106466
124	었/EP_는데/EC	2	506494	1699701	1103098
125	었/EP_습니다/EF	2	939658	1240857	1090258
126	라고/EC_하/VV	2	630119	1537977	1084048
127	알/VV_았/EP	2	172414	1979463	1075938
128	한/MM_번/NNB	2	495750	1637236	1066493
129	이/VCP_ㄴ가/EF	2	346806	1759752	1053279
130	사람/NNG_이/JKS	2	597669	1505874	1051771
131	도/JX_없/VA	2	636633	1451563	1044098
132	도/JX_있/VA	2		2083467	1041733
133	있/VV_다/EF	2	2080266	1095	1040680

134	겠/EP_다/EF	2	328158	1739755	1033956
135	에/JKB_대하/VV_ㄴ/ETM	3	1740196	305144	1022670
136	이/JKS_있/VV	2	2027936	1443	1014690
137	에/JKB_도/JX	2	1339349	653489	996419
138	되/VV_는/ETM	2	559663	1432985	996324
139	것/NNB_같/VA	2	897220	1075410	986315
140	보/VV_고/EC	2	519774	1450737	985256
141	나/NP_도/JX	2	188555	1767218	977887
142	이/VCP_죠/EF	2	51413	1888818	970115
143	있/VA_어/EF	2		1932019	966009
144	겠/EP_습니다/EF	2	64215	1860125	962170
145	어야/EC_되/VV	2	18765	1902456	960610
146	수/NNB_있/VA_는/ETM	3	1114470	806272	960371
147	않/VX_았/EP	2	1416904	497626	957265
148	보/VV_았/EP	2	276477	1627678	952078
149	하/VV_여/EC_주/VX	3	168764	1720690	944727
150	가/JKC_되/VV	2	1159950	722387	941168
151	어야/EC_하/VX	2	1387468	481665	934566
152	게/EC_하/VX	2	789352	1078539	933946
153	뭐/NP_이/VCP_야/EF	3	8137	1859428	933782
154	ㄹ/ETM_수/NNB_없/VA	3	1252972	601528	927250
155	가/VV_아서/EC	2	266363	1568308	917335
156	들/XSN_을/JKO	2	1546479	286102	916290
157	이/VCP_ㄴ지/EC	2	676519	1147252	911885
158	았/EP_는데/EC	2	463396	1359543	911469
159	아야/EC_하/VX	2	1720950	92017	906483
160	거/NNB_아니/VCN	2	15117	1765506	890312
161	것/NNB_을/JKO	2	1533275	245864	889570
162	아/EC_있/VX	2	899161	868849	884005
163	지/EC_못하/VX	2	1538229	223261	880745
164	터/NNB_이/VCP	2	304109	1455771	879940
165	거/NNB_ㄹ/JKO	2		1755056	877528
166	뭐/NP_하/VV	2	9166	1742934	876050
167	도/JX_안/MAG	2	91951	1654414	873182

168	우리/NP_가/JKS	2	365877	1380331	873104
169	없/VA_었/EP	2	1214700	525463	870082
170	그것/NP_이/JKS	2	462655	1256378	859517
171	이/VCP_니까/EC	2	62615	1644233	853424
172	ㄹ/ETM_수/NNB_있/VA_는/ETM	4	1005367	691902	848635
173	하/VV_시/EP	2	112430	1584484	848457
174	전/NNG_에/JKB	2	443279	1245428	844353
175	는/ETM_것/NNB_이/VCP	3	1594835	85732	840283
176	하/VV_여서/EC	2	382664	1281849	832256
177	하/VV_는/ETM_거/NNB	3	8769	1654513	831641
178	았/EP_던/ETM	2	1377373	271556	824465
179	였/EP_어/EF	2		1646371	823185
180	이/VCP_라/EC	2	786898	855363	821131
181	좋/VA_은/ETM	2	463752	1173534	818643
182	하/VV_면/EC	2	323872	1300814	812343
183	이/VCP_면/EC	2	352558	1259767	806163
184	없/VA_어/EF	2	24532	1587205	805868
185	어/EC_놓/VX	2	583482	1018385	800933
186	고/EC_있/VX_었/EP	3	1269331	327873	798602
187	기/ETN_위하/VV	2	1326931	268095	797513
188	을/ETM_수/NNB	2	921983	660786	791384
189	하/VV_여/EC_보/VX	3	114925	1460929	787927
190	이/VCP_냐/EF	2	57565	1508657	783111
191	을/ETM_거/NNB	2	55654	1506412	781033
192	ㄴ/ETM_거/NNB_이/VCP_야/EF	4	11739	1544363	778051
193	하/VV_ㄴ/ETM	2	664462	889307	776884
194	에서/JKB_는/JX	2	1326984	224927	775956
195	말/VX_아/EF	2	5385	1532923	769154
196	말/NNG_을/JKO	2	645029	889371	767200
197	아/EC_지/VX	2	1305266	215560	760413
198	ㄹ/ETM_것/NNB_이/VCP	3	1399609	119725	759667
199	ㄴ/ETM_것/NNB_이/VCP	3	1434175	61630	747903
200	있/VA_었/EP	2		1494746	747373
201	지/EC_않/VX_았/EP	3	1187292	300050	743671

202	집/NNG_에/JKB	2	249023	1213164	731093
203	줄/NNB_알/VV	2	172860	1286038	729449
204	았/EP_어요/EF	2	98073	1357058	727566
205	되/VV_ㄴ/ETM	2	596578	858355	727466
206	그/NP_는/JX	2	1451283	1843	726563
207	이/VCP_고/EC	2	892111	548384	720247
208	다음/NNG_에/JKB	2	99071	1337146	718109
209	면/EC_되/VV	2	125622	1291438	708530
210	기/ETN_도/JX	2	1069966	343900	706933
211	이/JKS_뭐/NP	2	50098	1362060	706079
212	가/JKS_있/VV	2	1398370	3205	700787
213	에/JKB_있/VV	2	1169289	230417	699853
214	았/EP_습니다/EF	2	725985	666901	696443
215	있/VX_었/EP_다/EF	3	1363072	1677	682375
216	누구/NP_이/VCP	2	219565	1143544	681555
217	이/VCP_라고/EC_하/VV	3	486414	875137	680776
218	하/VV_ㄹ/ETM_수/NNB	3	618336	742983	680659
219	여기/NP_서/JKB	2	163038	1169702	666370
220	에/JKB_가/VV	2	390581	938872	664727
221	일/NNG_이/VCP	2	688456	632912	660684
222	누구/NP_가/JKS	2	232572	1088401	660486
223	있/VV_었/EP	2	1244961	64415	654688
224	제/NP_가/JKS	2	106332	1200351	653341
225	수/NNB_가/JKS	2	454213	846716	650464
226	위하/VV_여/EC	2	1244237	50360	647299
227	을/JKO_보/VV	2	827564	462128	644846
228	지/EC_말/VX_아/EF	3	3935	1283340	643637
229	이것/NP_이/JKS	2	190618	1095506	643062
230	하/VV_지/EC	2	383352	881533	632443
231	아야/EC_되/VV	2	52824	1209931	631377
232	에/JKB_따르/VV	2	1145750	111586	628668
233	것/NNB_으로/JKB	2	1233477	21722	627600
234	여야/EC_되/VV	2		1251433	625716
235	말하/VV_였/EP	2	1113754	126950	620352

236	보/VV_면/EC	2	359292	876964	618128
237	은/ETM_것/NNB	2	797482	438403	617943
238	을/ETM_것/NNB	2	1044401	173277	608839
239	때문/NNB_이/VCP	2	1128089	87057	607573
240	뭐/NP_ㄹ/JKO	2	6006	1203484	604745
241	나/NP_한테/JKB	2	16780	1185330	601055
242	크/VA_ㄴ/ETM	2	963718	235211	599465
243	많/VA_은/ETM	2	804925	390057	597491
244	ㄴ/ETM_사람/NNG	2	691773	489015	590394
245	도/JX_모르/VV	2	455470	720840	588155
246	었/EP_을/ETM	2	582980	585088	584034
247	었/EP_고/EC	2	1022456	145605	584031
248	가/VV_아/EC	2	189492	975752	582622
249	ㄹ/ETM_거/NNB_이/VCP_야/EF	4	20481	1140101	580291
250	모르/VV_겠/EP	2	112299	1030870	571585
251	다고/EC_하/VV	2	650444	482409	566427
252	도/JX_하/VX	2	915751	210496	563123
253	가/VV_아/EF	2	6990	1112286	559638
254	따르/VV_아/EC	2	996893	120149	558521
255	ㄴ/ETM_것/NNB_이/JKS	3	427229	682831	555030
256	지/VX_었/EP	2	816174	293199	554686
257	을/JKO_받/VV	2	901041	201234	551138
258	그거/NP_이/JKS	2		1100868	550434
259	보/VV_ㄹ/ETM	2	444099	656733	550416
260	먹/VV_고/EC	2	191983	906453	549218
261	는/ETM_데/NNB	2	724671	370971	547821
262	기/ETN_도/JX_하/VX	3	889299	206150	547724
263	았/EP_을/ETM	2	608651	484964	546807
264	거/NNB_이/VCP_지/EF	3	13486	1078263	545874
265	하/VX_는/ETM	2	743034	346709	544871
266	하/VX_ㄴ다/EF	2	1077195	10308	543752
267	가/JKC_아니/VCN	2	525219	552490	538855
268	ㄹ/ETM_터/NNB	2	161967	906370	534169
269	보/VX_았/EP	2	222719	836525	529622

270	되/VV_어/EC	2	732025	322594	527310
271	ㄹ/ETM_터/NNB_이/VCP	3	158680	891082	524881
272	을/ETM_거/NNB_이/VCP	3	52270	993021	522646
273	ㄴ/ETM_거/NNB_같/VA	3	184	1044467	522325
274	되/VV_어요/EF	2	7497	1036993	522245
275	너/NP_의/JKG	2	87051	951221	519136
276	이/JKS_뭐/NP_이/VCP	3	35618	995502	515560
277	어/EC_버리/VX	2	540719	479722	510221
278	에/JKB_있/VA	2		1016511	508256
279	기/ETN_때문/NNB_에/JKB	3	658046	356952	507499
280	도/JX_아니/VCN	2	227398	786225	506811
281	로/JKB_하/VV	2	602363	407367	504865
282	말/NNG_이/JKS	2	285832	721137	503485
283	없/VA_다/EF	2	937789	65642	501716
284	았/EP_다/EC	2	425084	574822	499953
285	않/VX_고/EC	2	798839	197554	498197
286	이/VCP_ㄴ가/EC	2	709994	285232	497613
287	기/ETN_ㄴ/JX	2	136440	854821	495631
288	선생/NNG_님/XSN	2	308067	679491	493779
289	하/VX_였/EP_다/EF	3	985212	630	492921
290	던/ETM_것/NNB	2	902438	77829	490133
291	있/VA_잖/EPX	2		980002	490001
292	어/EC_가/VX	2	674941	304473	489707
293	그러/VV_었/EP	2	50553	926424	488489
294	하/VV_였/EP_다/EF	3	910626	59992	485309
295	이/VCP_잖/EPX	2		968479	484240
296	일/NNG_이/JKS	2	437749	530727	484238
297	알/VV_고/EC	2	387434	579988	483711
298	ㄹ/ETM_수/NNB_도/JX	3	360761	606366	483563
299	그/MM_다음/NNG	2	43354	921470	482412
300	하/VX_ㄹ/ETM	2	833652	128688	481170

부록 4: 연속 표현 2-gram~9-gram 사용도 순위 목록

[2-gram 연속 표현 200개]

종합순위	연속 표현	문어 사용도	문어 순위	구어 사용도	구어 순위	종합 사용도
1	거/NNB_이/VCP	570065	171	23543324	1	12056694
2	이/VCP_야/EF	475506	199	19638002	2	10056754
3	는/ETM_거/NNB	198333	510	16804440	3	8501387
4	었/EP_다/EF	15274409	1	1321731	126	8298070
5	고/EC_있/VX	8463455	4	6268252	9	7365853
6	ㄹ/ETM_수/NNB	6481624	6	7472264	7	6976944
7	았/EP_다/EF	12962505	2	835716	191	6899111
8	ㄴ/ETM_거/NNB	79251	1178	12578199	4	6328725
9	이/VCP_다/EF	9785788	3	2144345	71	5965066
10	내/NP_가/JKS	1026317	84	10712915	5	5869616
11	는/ETM_것/NNB	6423002	7	4464854	22	5443928
12	지/EC_않/VX	6095387	8	4651171	20	5373279
13	이/VCP_ㄴ/ETM	6083514	9	3408487	36	4746000
14	들/XSN_이/JKS	3785199	13	5327957	14	4556578
15	수/NNB_있/VA	4143011	12	4291330	25	4217170
16	을/JKO_하/VV	2647769	22	5530628	12	4089199
17	이/VCP_었/EP	5208636	10	2808739	52	4008688
18	뭐/NP_이/VCP	342976	272	7492901	6	3917938
19	ㄴ/ETM_것/NNB	4897346	11	2909256	47	3903301
20	것/NNB_이/VCP	6701618	5	1085102	154	3893360
21	잖/EPX_아/EF			7031866	8	3515933
22	어/EC_주/VX	1617677	43	5156932	16	3387304
23	하/VV_였/EP	1875655	35	4869063	19	3372359
24	것/NNB_이/JKS	2398700	25	4272655	26	3335677
25	ㄹ/ETM_거/NNB	112844	855	5795754	11	2954299
26	하/VV_여/EC	883641	103	4967612	18	2925576
27	시/EP_에요/EF			5819642	10	2909821
28	하/VV_는/ETM	1518595	50	4021586	29	2770090
29	이/VCP_에요/EF	140841	712	5391575	13	2766208
30	나/NP_의/JKG	1272815	64	4243310	27	2758062
31	ㄹ/ETM_때/NNG	1669630	41	3803760	30	2736695

32	지/EC_말/VX	341274	273	5012572	17	2676923
33	었/EP_어/EF	86103	1087	5240371	15	2663237
34	같/VA_은/ETM	1972845	34	3300917	37	2636881
35	이/VCP_라고/EC	1813868	37	3185175	40	2499521
36	적/XSN_이/VCP	3742967	14	1184216	145	2463591
37	았/EP_어/EF	86687	1080	4616368	21	2351528
38	어/EC_있/VX	2818426	20	1828465	85	2323445
39	안/MAG_되/VV	277755	349	4360395	23	2319075
40	하/VV_ㄹ/ETM	1195944	74	3441166	34	2318555
41	에/JKB_대하/VV	2955015	17	1644100	98	2299557
42	에/JKB_는/JX	3077955	15	1377822	121	2227889
43	들/XSN_은/JX	2937587	19	1505366	112	2221476
44	있/VX_는/ETM	2951876	18	1457208	114	2204542
45	되/VV_었/EP	1249690	67	3123563	43	2186626
46	고/EC_싶/VX	835751	106	3536911	32	2186331
47	어/EC_보/VX	851775	105	3505025	33	2178400
48	여/EC_주/VX			4340531	24	2170265
49	어/EC_지/VX	2585713	23	1735453	93	2160583
50	를/JKO_하/VV	1257803	66	2910806	46	2084305
51	거/NNB_같/VA	981	8014	4146945	28	2073963
52	게/EC_되/VV	2165629	29	1942205	77	2053917
53	하/VV_고/EC	1308714	62	2774363	54	2041538
54	사람/NNG_들/XSN	1458713	53	2435878	62	1947295
55	ㄹ/ETM_것/NNB	2706927	21	1074707	157	1890817
56	이/JKC_아니/VCN	1563301	46	2181093	70	1872197
57	나/NP_는/JX	1843240	36	1887721	82	1865480
58	이/VCP_지/EF	98981	956	3607189	31	1853085
59	이/VCP_라는/ETM	2196413	28	1276170	133	1736292
60	아/EC_보/VX	1082622	80	2362026	64	1722324
61	이/VCP_ㅂ니다/EF			3436304	35	1718152
62	때문/NNB_에/JKB	1198114	73	2212890	68	1705502
63	었/EP_어요/EF	104212	915	3284064	39	1694138
64	여/EC_보/VX			3299496	38	1649748
65	나/NP_ㄴ/JX	132833	748	3155726	41	1644280
66	아/EC_주/VX	1244903	69	1926873	79	1585888

67	오/VV_았/EP	313442	306	2853220	50	1583331	
68	은/ETM_거/NNB	11815	4766	3146340	42	1579078	
69	그렇/VA_게/EC	688894	134	2413623	63	1551258	
70	이/JKS_있/VA			3084527	44	1542264	
71	있/VX_다/EF	3004533	16	28214	1820	1516373	
72	이/VCP_ㄴ데/EC	546790	175	2479520	60	1513155	
73	있/VA_는/ETM	604	8220	3000823	45	1500713	
74	보/VX_아/EF	27565	2829	2887619	48	1457592	
75	가/JKS_있/VA			2859048	49	1429524	
76	이/VCP_ㄴ데/EF	27738	2817	2793422	53	1410580	
77	거/NNB_ㄴ/JX			2814446	51	1407223	
78	없/VA_는/ETM	1496740	52	1282216	131	1389478	
79	잖/EPX_아요/EF			2742740	55	1371370	
80	이렇/VA_게/EC	627608	151	2112122	72	1369865	
81	가지/VX_고/EC	46065	1894	2693156	57	1369610	
82	되/VV_어/EF	15412	4170	2711728	56	1363570	
83	는/ETM_사람/NNG	913529	95	1801820	86	1357674	
84	거/NNB_이/JKS	45	8562	2664575	58	1332310	
85	그런/MM_거/NNB	4142	6747	2638247	59	1321194	
86	것/NNB_은/JX	2381302	26	244777	485	1313039	
87	이/JKC_되/VV	1599617	44	1004010	162	1301813	
88	있/VX_었/EP	2075841	31	520951	279	1298396	
89	시/EP_었/EP	240715	407	2353217	65	1296966	
90	적/XSN_으로/JKB	2039943	32	540633	269	1290288	
91	있/VV_는/ETM	2467438	24	108136	845	1287787	
92	이/JKS_없/VA	1272651	65	1295920	128	1284286	
93	말/NNG_이/VCP	712591	126	1843353	84	1277972	
94	네/NP_가/JKS	63916	1432	2456522	61	1260219	
95	들/XSN_의/JKG	2343145	27	171543	634	1257344	
96	을/ETM_때/NNG	890623	102	1585450	103	1238036	
97	주/VX_시/EP	151734	662	2286004	66	1218869	
98	기/ETN_때문/NNB	1644537	42	739140	209	1191839	
99	수/NNB_없/VA	1594692	45	772486	203	1183589	
100	가/JKS_없/VA	967861	87	1379617	120	1173739	
101	것/NNB_도/JX	724071	123	1608863	101	1166467	

102	가/VV_았/EP	327781	286	1976171	76	1151976	
103	하/VV_여/EF			2284168	67	1142084	
104	하/VX_였/EP	1687510	40	567013	257	1127262	
105	되/VV_ㄹ/ETM	697765	132	1543768	106	1120766	
106	아니/VCN_야/EF	33783	2412	2206841	69	1120312	
107	아니/VCN_라/EC	964369	88	1273922	134	1119145	
108	대하/VV_ㄴ/ETM	1766061	38	464583	304	1115322	
109	안/MAG_하/VV	133093	744	2096646	73	1114870	
110	었/EP_던/ETM	1516565	51	696366	218	1106466	
111	었/EP_는데/EC	506494	186	1699701	94	1103098	
112	었/EP_습니다/EF	939658	91	1240857	139	1090258	
113	라고/EC_하/VV	630119	150	1537977	107	1084048	
114	알/VV_았/EP	172414	568	1979463	75	1075938	
115	한/MM_번/NNB	495750	188	1637236	99	1066493	
116	이/VCP_ㄴ가/EF	346806	268	1759752	89	1053279	
117	사람/NNG_이/JKS	597669	160	1505874	111	1051771	
118	도/JX_없/VA	636633	147	1451563	116	1044098	
119	도/JX_있/VA			2083467	74	1041733	
120	있/VV_다/EF	2080266	30	1095	4166	1040680	
121	겠/EP_다/EF	328158	285	1739755	92	1033956	
122	이/JKS_있/VV	2027936	33	1443	4087	1014690	
123	에/JKB_도/JX	1339349	59	653489	228	996419	
124	되/VV_는/ETM	559663	172	1432985	118	996324	
125	것/NNB_같/VA	897220	99	1075410	156	986315	
126	보/VV_고/EC	519774	183	1450737	117	985256	
127	나/NP_도/JX	188555	534	1767218	87	977887	
128	이/VCP_죠/EF	51413	1729	1888818	81	970115	
129	있/VA_어/EF			1932019	78	966009	
130	겠/EP_습니다/EF	64215	1423	1860125	83	962170	
131	어야/EC_되/VV	18765	3701	1902456	80	960610	
132	않/VX_았/EP	1416904	55	497626	284	957265	
133	보/VV_았/EP	276477	354	1627678	100	952078	
134	가/JKC_되/VV	1159950	76	722387	212	941168	
135	어야/EC_하/VX	1387468	57	481665	297	934566	
136	게/EC_하/VX	789352	115	1078539	155	933946	

137	가/VV_아서/EC	266363	374	1568308	105	917335
138	들/XSN_을/JKO	1546479	47	286102	431	916290
139	이/VCP_ㄴ지/EC	676519	137	1147252	148	911885
140	았/EP_는데/EC	463396	204	1359543	123	911469
141	아야/EC_하/VX	1720950	39	92017	951	906483
142	거/NNB_아니/VCN	15117	4210	1765506	88	890312
143	것/NNB_을/JKO	1533275	49	245864	482	889570
144	아/EC_있/VX	899161	98	868849	181	884005
145	지/EC_못하/VX	1538229	48	223261	522	880745
146	터/NNB_이/VCP	304109	318	1455771	115	879940
147	거/NNB_ㄹ/JKO			1755056	90	877528
148	뭐/NP_하/VV	9166	5326	1742934	91	876050
149	도/JX_안/MAG	91951	1019	1654414	95	873182
150	우리/NP_가/JKS	365877	255	1380331	119	873104
151	없/VA_었/EP	1214700	72	525463	277	870082
152	그것/NP_이/JKS	462655	205	1256378	136	859517
153	이/VCP_니까/EC	62615	1459	1644233	97	853424
154	하/VV_시/EP	112430	857	1584484	104	848457
155	전/NNG_에/JKB	443279	218	1245428	138	844353
156	하/VV_여서/EC	382664	244	1281849	132	832256
157	았/EP_던/ETM	1377373	58	271556	445	824465
158	였/EP_어/EF			1646371	96	823185
159	이/VCP_라/EC	786898	116	855363	185	821131
160	좋/VA_은/ETM	463752	203	1173534	146	818643
161	하/VV_면/EC	323872	291	1300814	127	812343
162	이/VCP_면/EC	352558	263	1259767	135	806163
163	없/VA_어/EF	24532	3084	1587205	102	805868
164	어/EC_놓/VX	583482	164	1018385	160	800933
165	기/ETN_위하/VV	1326931	61	268095	449	797513
166	을/ETM_수/NNB	921983	93	660786	225	791384
167	이/VCP_냐/EF	57565	1555	1508657	109	783111
168	을/ETM_거/NNB	55654	1603	1506412	110	781033
169	하/VV_ㄴ/ETM	664462	142	889307	175	776884
170	에서/JKB_는/JX	1326984	60	224927	518	775956
171	말/VX_아/EF	5385	6338	1532923	108	769154

172	말/NNG_을/JKO	645029	145	889371	174	767200	
173	아/EC_지/VX	1305266	63	215560	542	760413	
174	있/VA_었/EP			1494746	113	747373	
175	집/NNG_에/JKB	249023	392	1213164	140	731093	
176	줄/NNB_알/VV	172860	566	1286038	130	729449	
177	았/EP_어요/EF	98073	965	1357058	124	727566	
178	되/VV_ㄴ/ETM	596578	162	858355	184	727466	
179	그/NP_는/JX	1451283	54	1843	4008	726563	
180	이/VCP_고/EC	892111	101	548384	264	720247	
181	다음/NNG_에/JKB	99071	953	1337146	125	718109	
182	면/EC_되/VV	125622	790	1291438	129	708530	
183	기/ETN_도/JX	1069966	82	343900	377	706933	
184	이/JKS_뭐/NP	50098	1771	1362060	122	706079	
185	가/JKS_있/VV	1398370	56	3205	3756	700787	
186	에/JKB_있/VV	1169289	75	230417	506	699853	
187	았/EP_습니다/EF	725985	121	666901	222	696443	
188	누구/NP_이/VCP	219565	454	1143544	149	681555	
189	여기/NP_서/JKB	163038	608	1169702	147	666370	
190	에/JKB_가/VV	390581	240	938872	167	664727	
191	일/NNG_이/VCP	688456	135	632912	237	660684	
192	누구/NP_가/JKS	232572	423	1088401	153	660486	
193	있/VV_었/EP	1244961	68	64415	1180	654688	
194	제/NP_가/JKS	106332	898	1200351	143	653341	
195	수/NNB_가/JKS	454213	209	846716	187	650464	
196	위하/VV_여/EC	1244237	70	50360	1357	647299	
197	을/JKO_보/VV	827564	109	462128	305	644846	
198	이것/NP_이/JKS	190618	527	1095506	152	643062	
199	하/VV_지/EC	383352	243	881533	176	632443	
200	아야/EC_되/VV	52824	1682	1209931	141	631377	

[3-gram 연속 표현 200개]

종합순위	연속 표현	문어 사용도	문어순위	구어 사용도	구어순위	종합 사용도
1	는/ETM_거/NNB_이/VCP	149453	218	8075105	1	4112279
2	ㄹ/ETM_수/NNB_있/VA	3725848	1	3855936	5	3790892
3	거/NNB_이/VCP_야/EF	134905	246	7429323	2	3782114
4	ㄴ/ETM_거/NNB_이/VCP	55843	587	5338971	3	2697407
5	ㄹ/ETM_거/NNB_이/VCP	96945	357	3964794	4	2030870
6	적/XSN_이/VCP_ㄴ/ETM	3088745	4	401833	70	1745289
7	것/NNB_이/VCP_다/EF	3340651	2	29295	667	1684973
8	이/VCP_었/EP_다/EF	3319814	3	14002	1071	1666908
9	고/EC_있/VX_는/ETM	1953262	6	758923	25	1356093
10	는/ETM_것/NNB_이/JKS	1099377	16	1293959	11	1196568
11	고/EC_있/VX_다/EF	2322594	5	18055	924	1170324
12	거/NNB_이/VCP_에요/EF	37010	831	2275808	6	1156409
13	에/JKB_대하/VV_ㄴ/ETM	1740196	7	305144	90	1022670
14	수/NNB_있/VA_는/ETM	1114470	15	806272	22	960371
15	하/VV_여/EC_주/VX	168764	189	1720690	8	944727
16	뭐/NP_이/VCP_야/EF	8137	2478	1859428	7	933782
17	ㄹ/ETM_수/NNB_없/VA	1252972	13	601528	40	927250
18	는/ETM_것/NNB_이/VCP	1594835	8	85732	292	840283
19	하/VV_는/ETM_거/NNB	8769	2377	1654513	9	831641
20	고/EC_있/VX_었/EP	1269331	12	327873	84	798602
21	하/VV_여/EC_보/VX	114925	290	1460929	10	787927
22	ㄹ/ETM_것/NNB_이/VCP	1399609	10	119725	220	759667
23	ㄴ/ETM_것/NNB_이/VCP	1434175	9	61630	388	747903
24	지/EC_않/VX_았/EP	1187292	14	300050	91	743671
25	있/VX_었/EP_다/EF	1363072	11	1677	2159	682375
26	이/VCP_라고/EC_하/VV	486414	47	875137	19	680776
27	하/VV_ㄹ/ETM_수/NNB	618336	36	742983	27	680659
28	지/EC_말/VX_아/EF	3935	3428	1283340	12	643637
29	ㄴ/ETM_것/NNB_이/JKS	427229	54	682831	32	555030
30	기/ETN_도/JX_하/VX	889299	20	206150	131	547724
31	거/NNB_이/VCP_지/EF	13486	1808	1078263	13	545874

32	ㄹ/ETM_터/NNB_이/VCP	158680	207	891082	18	524881
33	을/ETM_거/NNB_이/VCP	52270	625	993021	16	522646
34	ㄴ/ETM_거/NNB_같/VA	184	4841	1044467	14	522325
35	이/JKS_뭐/NP_이/VCP	35618	867	995502	15	515560
36	기/ETN_때문/NNB_에/JKB	658046	33	356952	76	507499
37	하/VX_였/EP_다/EF	985212	17	630	2351	492921
38	하/VV_였/EP_다/EF	910626	18	59992	403	485309
39	ㄹ/ETM_수/NNB_도/JX	360761	67	606366	38	483563
40	되/VV_는/ETM_거/NNB	5998	2906	950613	17	478305
41	ㄹ/ETM_수/NNB_가/JKS	352585	69	602715	39	477650
42	사람/NNG_들/XSN_이/JKS	390411	60	544461	46	467436
43	는/ETM_것/NNB_은/JX	889720	19	32899	611	461309
44	말/NNG_이/VCP_야/EF	50808	638	852477	20	451643
45	수/NNB_도/JX_있/VA	311174	80	586314	41	448744
46	이/JKC_아니/VCN_라/EC	427703	53	459259	59	443481
47	말하/VV_였/EP_다/EF	885735	21	498	2379	443116
48	기/ETN_때문/NNB_이/VCP	873430	22	10456	1265	441943
49	을/JKO_하/VV_였/EP	407033	58	474772	57	440902
50	어/EC_있/VX_는/ETM	677123	32	170391	166	423757
51	지/EC_않/VX_고/EC	738117	24	97321	262	417719
52	면/EC_안/MAG_되/VV	9472	2280	818146	21	413809
53	에/JKB_대하/VV_여서/EC	372296	62	445028	62	408662
54	안/MAG_되/VV_어/EF	3200	3634	805796	23	404498
55	ㄴ/ETM_것/NNB_은/JX	791747	23	10657	1246	401202
56	것/NNB_이/JKC_아니/VCN	567716	37	209899	127	388807
57	하/VV_고/EC_있/VX	332639	72	441173	63	386906
58	게/EC_되/VV_었/EP	567126	38	205685	133	386406
59	있/VA_는/ETM_거/NNB			764777	24	382388
60	거/NNB_아니/VCN_야/EF	2732	3787	758131	26	380431
61	에/JKB_대하/VV_여/EC	714094	25	26009	724	370051
62	는/ETM_거/NNB_ㄴ/JX			739339	28	369670
63	에/JKB_따르/VV_아/EC	707775	26	11860	1174	359818
64	ㄹ/ETM_거/NNB_같/VA	52	4919	714281	29	357166
65	않/VX_았/EP_다/EF	707359	27	1474	2191	354417

66	어/EC_주/VX_시/EP	48307	660	657106	35	352706
67	기/ETN_위하/VV_여/EC	696965	28	7284	1498	352124
68	ㄴ/ETM_거/NNB_ㄴ/JX			701641	30	350821
69	을/ETM_것/NNB_이/VCP	683729	31	14879	1039	349304
70	수/NNB_있/VA_다/EF	685463	30	12479	1140	348971
71	이/VCP_잖/EPX_아/EF			696460	31	348230
72	없/VA_었/EP_다/EF	689736	29	1935	2116	345835
73	같/VA_은/ETM_거/NNB	1703	4151	678494	33	340099
74	은/ETM_거/NNB_이/VCP	6683	2762	662487	34	334585
75	있/VX_는/ETM_것/NNB	629288	35	36898	558	333093
76	여/EC_주/VX_시/EP			650507	36	325254
77	때문/NNB_이/VCP_다/EF	634620	34	501	2378	317561
78	지/EC_않/VX_는/ETM	553839	40	78934	312	316386
79	어/EC_지/VX_있/EP	503017	45	115246	230	309132
80	어/EC_보/VX_아/EF	4141	3363	613960	37	309050
81	는/ETM_것/NNB_도/JX	277171	96	333951	81	305561
82	지/EC_않/VX_은/ETM	533265	42	66350	362	299808
83	을/ETM_수/NNB_있/VA	372249	63	223401	116	297825
84	알/VV_았/EP_어/EF	3710	3490	582228	42	292969
85	아/EC_보/VX_아/EF	8365	2444	577367	43	292866
86	는/ETM_거/NNB_아니/VCN	3877	3445	576853	44	290365
87	어/EC_있/VX_었/EP	555745	39	23241	782	289493
88	어/EC_지/VX_ㄴ/ETM	514007	44	61741	387	287874
89	주/VX_시/EP_에요/EF			574474	45	287237
90	수/NNB_가/JKS_없/VA	293585	87	279819	94	286702
91	가/VV_아/EC_보/VX	77173	446	490659	53	283916
92	것/NNB_이/VCP_었/EP	548687	41	2949	1964	275818
93	이/VCP_ㄴ/ETM_것/NNB	478387	48	57642	413	268014
94	하/VV_여야/EC_되/VV	6187	2860	529407	47	267797
95	지/EC_말/VX_고/EC	69601	492	463533	58	266567
96	있/VV_었/EP_다/EF	528011	43			264005
97	수/NNB_없/VA_는/ETM	454090	50	72701	333	263396
98	았/EP_을/ETM_때/NNG	306014	81	219442	118	262728
99	어/EC_가지/VX_고/EC	18099	1501	501714	50	259906

100	이/VCP_ㄴ/ETM_거/NNB	928	4456	516735	48	258831
101	보이/VV_어/EC_주/VX	287780	90	226132	115	256956
102	는/ETM_거/NNB_같/VA	74	4907	504443	49	252259
103	을/JKO_하/VV_고/EC	316381	77	185218	145	250799
104	거/NNB_이/VCP_죠/EF	5922	2921	494059	52	249990
105	하/VV_는/ETM_것/NNB	298339	84	200689	135	249514
106	여/EC_가지/VX_고/EC			497493	51	248746
107	지/VX_었/EP_다/EF	487886	46	3898	1842	245892
108	하/VV_지/EC_말/VX	15590	1653	475997	56	245794
109	되/VV_ㄹ/ETM_거/NNB	5867	2935	480824	55	243346
110	하/VV_ㄴ/ETM_거/NNB	892	4472	485637	54	243264
111	었/EP_던/ETM_것/NNB	457570	49	25788	727	241679
112	기/ETN_전/NNG_에/JKB	165536	195	310937	87	238236
113	고/EC_싶/VX_은/ETM	172606	184	296939	92	234773
114	는/ETM_것/NNB_을/JKO	447512	51	18578	909	233045
115	여/EC_보/VX_아/EF			448646	60	224323
116	ㄴ/ETM_거/NNB_아니/VCN	1668	4165	445873	61	223770
117	는/ETM_사람/NNG_들/XSN	262671	108	183652	147	223161
118	지/EC_도/JX_않/VX	171604	186	270613	98	221108
119	줄/NNB_알/VV_았/EP	31641	958	409203	68	220422
120	되/VV_어/EC_있/VX	258016	111	181346	151	219681
121	거/NNB_이/VCP_ㅂ니다/EF			438458	64	219229
122	을/JKO_하/VV_여/EC	193339	161	243591	105	218465
123	이/VCP_라는/ETM_것/NNB	334760	71	100049	259	217404
124	어/EC_있/VX_다/EF	428378	52	1703	2155	215041
125	었/EP_잖/EPX_아/EF			429423	65	214712
126	알/VV_고/EC_있/VX	213505	144	213913	124	213709
127	하/VV_였/EP_어/EF	5057	3134	420908	67	212983
128	거/NNB_이/VCP_ㄴ데/EF			422479	66	211239
129	기/ETN_위하/VV_여서/EC	313041	79	106160	248	209601
130	어/EC_지/VX_어/EC	373100	61	41561	508	207331
131	을/JKO_통하/VV_여/EC	410413	56	3200	1930	206806
132	ㄴ/ETM_것/NNB_으로/JKB	409556	57	2903	1974	206229
133	던/ETM_것/NNB_이/VCP	411177	55	995	2277	206086

134	에/JKB_있/VV_는/ETM	390773	59	18816	903	204794
135	ㄹ/ETM_것/NNB_같/VA	188781	167	219158	119	203970
136	되/VV_었/EP_어/EF	2145	3997	405355	69	203750
137	사람/NNG_들/XSN_은/JX	286931	91	115468	229	201199
138	었/EP_을/ETM_때/NNG	207722	151	194489	139	201105
139	있/VA_잖/EPX_아/EF			401565	71	200783
140	지/EC_않/VX_을/ETM	359028	68	42265	502	200647
141	되/VV_ㄴ/ETM_거/NNB	3005	3696	397736	72	200370
142	보/VV_ㄹ/ETM_수/NNB	265491	104	122184	215	193837
143	아/EC_가지/VX_고/EC	17364	1543	362012	74	189688
144	아야/EC_하/VX_ㄹ/ETM	362111	66	13513	1094	187812
145	있/VV_는/ETM_것/NNB	371739	64	1239	2235	186489
146	도/JX_하/VX_였/EP	368469	65	2190	2078	185329
147	하/VV_ㄹ/ETM_거/NNB	3029	3690	365722	73	184376
148	안/MAG_하/VV_였/EP	11103	2065	355268	77	183185
149	ㄴ/ETM_줄/NNB_알/VV	35062	877	331146	83	183104
150	오/VV_았/EP_어/EF	2150	3996	357465	75	179807
151	기/ETN_시작하/VV_였/EP	349706	70	7522	1475	178614
152	생각/NNG_을/JKO_하/VV	86412	405	270050	99	178231
153	어/EC_주/VX_는/ETM	239382	120	112408	238	175895
154	ㄴ/ETM_것/NNB_같/VA	185574	170	165046	173	175310
155	가/JKS_뭐/NP_이/VCP	18177	1499	332303	82	175240
156	터/NNB_이/VCP_니까/EC	6772	2744	342057	78	174414
157	있/VX_는/ETM_거/NNB	6537	2773	341189	80	173913
158	는/ETM_것/NNB_같/VA	261712	109	81802	302	171757
159	는/ETM_거/NNB_이/JKS			342002	79	171001
160	어/EC_주/VX_었/EP	214417	143	116931	224	165674
161	알/VV_ㄹ/ETM_수/NNB	264968	106	65288	370	165128
162	시/EP_었/EP_어요/EF	6962	2704	320323	85	163643
163	는/ETM_것/NNB_이/JKC	275674	98	51593	443	163633
164	지/EC_못하/VX_였/EP	316974	76	9521	1331	163248
165	에/JKB_의하/VV_여/EC	324122	73	678	2340	162400
166	이/VCP_라/EC_하/VV	292984	89	30563	645	161774
167	아/EC_있/VX_는/ETM	249342	117	73897	327	161620

168	되/VV_ㄹ/ETM_것/NNB	250264	116	71133	339	160698
169	이/JKS_있/VV_다/EF	321076	74			160538
170	ㄴ/ETM_일/NNG_이/VCP	232744	124	87593	284	160169
171	었/EP_던/ETM_거/NNB	1670	4164	318480	86	160075
172	었/EP_기/ETN_때문/NNB	298974	83	20751	853	159862
173	았/EP_던/ETM_것/NNB	318479	75	1102	2257	159790
174	게/EC_되/VV_ㄴ/ETM	241610	119	76966	319	159288
175	어/EC_놓/VX_고/EC	166427	193	150784	186	158606
176	을/ETM_수/NNB_없/VA	304871	82	11974	1167	158423
177	아야/EC_하/VX_ㄴ다/EF	316011	78	203	2455	158107
178	을/ETM_터/NNB_이/VCP	73968	466	240458	107	157213
179	그/MM_다음/NNG_에/JKB	5864	2937	307367	88	156615
180	수/NNB_있/VA_을/ETM	216840	141	96075	264	156458
181	하/VV_ㄹ/ETM_때/NNG	77584	443	235183	109	156384
182	가/VV_았/EP_다/EC	37607	818	273384	96	155496
183	생각하/VV_여/EC_보/VX	113882	292	196125	138	155004
184	어/EC_오/VX_았/EP	295046	86	14481	1055	154763
185	거/NNB_ㄴ/JX_아니/VCN			306783	89	153391
186	ㄴ/ETM_것/NNB_도/JX	147313	221	158136	180	152724
187	말/NNG_을/JKO_하/VV	107658	310	196680	137	152169
188	수/NNB_있/VA_었/EP	284193	92	18873	900	151533
189	수/NNB_밖에/JX_없/VA	269960	101	29725	661	149842
190	를/JKO_하/VV_였/EP	171720	185	126380	210	149050
191	오/VX_았/EP_다/EF	296523	85	243	2443	148383
192	아/EC_주/VX_시/EP	74205	464	222422	117	148314
193	다는/ETM_거/NNB_이/VCP	12689	1888	283199	93	147944
194	하/VV_지/EC_않/VX	246101	118	49541	454	147821
195	하/VV_였/EP_는데/EC	41937	747	253221	101	147579
196	어야/EC_하/VX_ㄹ/ETM	265140	105	28177	688	146658
197	시작하/VV_였/EP_다/EF	293036	88	103	2482	146569
198	아/EC_지/VX_었/EP	268374	103	22382	803	145378
199	을/JKO_위하/VV_여/EC	283564	93	6252	1589	144908
200	어/EC_주/VX_고/EC	165106	196	124499	212	144802

[4-gram 연속 표현 200개]

종합 순위	연속 표현	문어 사용도	문어 순위	구어 사용도	구어 순위	종합 사용도
1	는/ETM_거/NNB_이/VCP_야/EF	37800	232	2456428	1	1247114
2	ㄹ/ETM_수/NNB_있/VA_는/ETM	1005367	1	691902	5	848635
3	ㄴ/ETM_거/NNB_이/VCP_야/EF	11739	682	1544363	2	778051
4	ㄹ/ETM_거/NNB_이/VCP_야/EF	20481	399	1140101	3	580291
5	하/VV_는/ETM_거/NNB_이/VCP	6686	1018	852941	4	429814
6	고/EC_있/VX_었/EP_다/EF	818603	2	995	1020	409799
7	하/VV_ㄹ/ETM_수/NNB_있/VA	395958	11	330807	10	363382
8	ㄹ/ETM_수/NNB_도/JX_있/VA	258920	18	425359	8	342140
9	는/ETM_것/NNB_이/VCP_다/EF	645386	3	335	1142	322861
10	ㄴ/ETM_것/NNB_이/VCP_다/EF	633445	4	1338	962	317391
11	ㄹ/ETM_수/NNB_있/VA_다/EF	617785	5	10821	327	314303
12	지/EC_않/VX_았/EP_다/EF	596993	6	968	1025	298980
13	ㄹ/ETM_것/NNB_이/VCP_다/EF	576242	7	6102	503	291172
14	기/ETN_때문/NNB_이/VCP_다/EF	574145	8	223	1169	287184
15	는/ETM_거/NNB_이/VCP_에요/EF	6411	1050	548116	6	277264
16	되/VV_는/ETM_거/NNB_이/VCP	4636	1300	506461	7	255549
17	고/EC_있/VX_는/ETM_것/NNB	445111	9	17035	228	231073
18	ㄹ/ETM_수/NNB_가/JKS_없/VA	230184	23	207145	18	218664
19	ㄹ/ETM_수/NNB_없/VA_는/ETM	369968	13	59317	70	214642
20	것/NNB_이/VCP_었/EP_다/EF	420431	10			210215
21	을/ETM_것/NNB_이/VCP_다/EF	377715	12	1909	879	189812
22	기/ETN_도/JX_하/VX_였/EP	360796	14	2190	842	181493
23	는/ETM_거/NNB_이/VCP_지/EF	4174	1376	337058	9	170616
24	어/EC_있/VX_었/EP_다/EF	334516	15	66	1211	167291
25	는/ETM_것/NNB_이/JKC_아니/VCN	257352	19	49691	84	153522
26	ㄴ/ETM_거/NNB_이/VCP_에요/EF	2214	1821	303294	11	152754
27	어/EC_지/VX_었/EP_다/EF	296866	16	1106	997	148986
28	던/ETM_것/NNB_이/VCP_다/EF	291002	17			145501
29	을/ETM_거/NNB_이/VCP_야/EF	9508	803	263189	13	136349
30	ㄹ/ETM_수/NNB_있/VA_었/EP	251522	20	16311	234	133916
31	ㄹ/ETM_터/NNB_이/VCP_니까/EC	4373	1343	263270	12	133822

32	ㄹ/ETM_수/NNB_있/VA_을/ETM	188418	29	77255	52	132837
33	기/ETN_시작하/VV_였/EP_다/EF	247913	21	55	1213	123984
34	ㄹ/ETM_거/NNB_이/VCP_에요/EF	6499	1040	238263	14	122381
35	ㄹ/ETM_수/NNB_밖에/JX_없/VA	218878	24	18401	216	118640
36	도/JX_하/VX_였/EP_다/EF	236929	22			118465
37	보/VV_ㄹ/ETM_수/NNB_있/VA	177651	30	53734	79	115693
38	하/VV_ㄹ/ETM_거/NNB_이/VCP	2901	1641	223097	15	112999
39	되/VV_ㄴ/ETM_거/NNB_이/VCP	2538	1733	221779	16	112158
40	어/EC_지/VX_어/EC_있/VX	203682	26	18875	211	111278
41	것/NNB_이/JKC_아니/VCN_라/EC	190013	28	24564	164	107289
42	었/EP_던/ETM_것/NNB_이/VCP	213696	25	464	1115	107080
43	하/VV_ㄴ/ETM_거/NNB_이/VCP	506	2419	211502	17	106004
44	있/VA_는/ETM_거/NNB_이/VCP			206599	19	103300
45	는/ETM_것/NNB_이/VCP_었/EP	197957	27	354	1138	99155
46	ㄴ/ETM_것/NNB_이/JKC_아니/VCN	162875	33	34579	118	98727
47	을/JKO_하/VV_고/EC_있/VX	144804	39	34649	117	89727
48	ㄹ/ETM_수/NNB_는/JX_없/VA	167789	32	10837	326	89313
49	가/VV_았/EP_다/EC_오/VV	13746	588	162934	20	88340
50	있/VX_는/ETM_것/NNB_이/VCP	172702	31	1143	992	86922
51	었/EP_기/ETN_때문/NNB_이/VCP	162579	34	243	1165	81411
52	고/EC_있/VX_는/ETM_거/NNB	4675	1293	157172	22	80924
53	어/EC_주/VX_시/EP_에요/EF			160998	21	80499
54	다는/ETM_것/NNB_이/VCP_다/EF	158975	35			79487
55	이/VCP_ㄴ/ETM_줄/NNB_알/VV	17865	456	141053	25	79459
56	을/JKO_하/VV_였/EP_다/EF	155831	36	1885	884	78858
57	ㄹ/ETM_수/NNB_가/JKS_있/VA			156159	23	78079
58	ㄴ/ETM_거/NNB_이/VCP_지/EF	1829	1937	151929	24	76879
59	되/VV_ㄹ/ETM_것/NNB_이/VCP	146659	38	5352	546	76006
60	아/EC_지/VX_었/EP_다/EF	147828	37	203	1176	74015
61	ㄹ/ETM_수/NNB_없/VA_었/EP	140702	41	5640	525	73171
62	에/JKB_대하/VV_여서/EC_는/JX	135830	47	9377	363	72604
63	ㄹ/ETM_수/NNB_없/VA_다/EF	141249	40	1817	894	71533
64	ㄹ/ETM_수/NNB_있/VA_도록/EC	134560	48	7501	425	71030
65	어/EC_오/VX_았/EP_다/EF	139780	42			69890

66	하/VX_ㄹ/ETM_것/NNB_이/VCP	138689	43	719	1070	69704
67	있/VV_을/ETM_것/NNB_이/VCP	138207	44			69103
68	지/EC_못하/VX_였/EP_다/EF	136834	45	147	1191	68491
69	았/EP_던/ETM_것/NNB_이/VCP	136151	46			68076
70	수/NNB_있/VA_을/ETM_것/NNB	132084	49	4005	654	68044
71	기/ETN_로/JKB_하/VV_였/EP	131055	50	4528	607	67792
72	ㄹ/ETM_수/NNB_있/VA_다는/ETM	128729	53	6547	476	67638
73	이/VCP_기/ETN_도/JX_하/VX	130278	51	4622	597	67450
74	알/VV_ㄹ/ETM_수/NNB_있/VA	114586	63	19219	206	66903
75	이/JKS_뭐/NP_이/VCP_야/EF	1614	2007	131353	26	66483
76	이/VCP_ㄴ/ETM_것/NNB_이/VCP	130253	52	658	1082	65455
77	하/VV_여/EC_주/VX_시/EP	6790	1008	122501	28	64645
78	적/XSN_이/VCP_ㄴ/ETM_것/NNB	123874	55	3999	655	63937
79	ㄴ/ETM_것/NNB_이/VCP_었/EP	125748	54	288	1152	63018
80	지/EC_않/VX_을/ETM_수/NNB	123419	57	413	1124	61916
81	가/JKS_없/VA_었/EP_다/EF	123718	56	90	1206	61904
82	오/VV_ㄴ/ETM_거/NNB_이/VCP	417	2461	123267	27	61842
83	수/NNB_있/VA_는/ETM_것/NNB	113667	64	9142	372	61404
84	는/ETM_거/NNB_아니/VCN_야/EF	670	2351	121282	29	60976
85	는/ETM_거/NNB_이/VCP_죠/EF	1653	1995	118383	32	60018
86	하/VV_여/EC_보/VX_아/EF	649	2358	118811	30	59730
87	수/NNB_있/VA_었/EP_다/EF	119377	58	77	1209	59727
88	아야/EC_하/VX_ㄹ/ETM_것/NNB	118561	59	595	1091	59578
89	되/VV_ㄹ/ETM_수/NNB_있/VA	97459	80	21379	184	59419
90	여/EC_주/VX_시/EP_에요/EF			118807	31	59404
91	기/ETN_위하/VV_여서/EC_는/JX	115265	62	3450	703	59357
92	ㄹ/ETM_수/NNB_있/VA_게/EC	106410	72	12282	298	59346
93	에/JKB_도/JX_불구하/VV_고/EC	112220	68	5190	558	58705
94	았/EP_기/ETN_때문/NNB_이/VCP	116782	60	118	1199	58450
95	고/JKQ_말하/VV_였/EP_다/EF	116547	61			58274
96	있/VX_는/ETM_거/NNB_이/VCP	5035	1229	110126	34	57581
97	하/VV_지/EC_말/VX_아/EF	111	2626	114690	33	57401
98	어/EC_있/VX_는/ETM_것/NNB	112302	67	2101	854	57201
99	아/EC_오/VX_았/EP_다/EF	112701	65			56350

100	고/EC_말/VX_았/EP_다/EF	112402	66	55	1213	56229
101	어/EC_주/VX_었/EP_다/EF	110990	69	597	1090	55794
102	ㄹ/ETM_수/NNB_있/VA_겠/EP	51658	160	59199	71	55428
103	었/EP_을/ETM_것/NNB_이/VCP	110098	70	149	1190	55124
104	었/EP_기/ETN_때문/NNB_에/JKB	91861	84	17087	227	54474
105	것/NNB_같/VA_았/EP_다/EF	108777	71			54389
106	뭐/NP_하/VV_는/ETM_거/NNB	45	2666	106271	35	53158
107	거/NNB_이/VCP_잖/EPX_아/EF			105928	36	52964
108	지/EC_않/VX_는/ETM_것/NNB	104073	74	1769	901	52921
109	수/NNB_없/VA_었/EP_다/EF	105346	73	118	1199	52732
110	은/ETM_거/NNB_이/VCP_야/EF	824	2286	104214	37	52519
111	게/EC_되/VV_었/EP_다/EF	103264	75	1382	953	52323
112	기/ETN_도/JX_하/VX_고/EC	72118	107	31831	124	51975
113	이/JKS_있/VV_었/EP_다/EF	103063	76			51532
114	가/VV_ㄹ/ETM_거/NNB_이/VCP	584	2382	102260	38	51422
115	ㄴ/ETM_거/NNB_아니/VCN_야/EF	265	2539	102017	39	51141
116	하/VV_ㄹ/ETM_수/NNB_없/VA	78155	97	24013	166	51084
117	단/ETM_말/NNG_이/VCP_야/EF	4193	1372	97540	40	50866
118	을/JKO_하/VV_ㄹ/ETM_수/NNB	80800	93	20294	194	50547
119	이/VCP_라는/ETM_것/NNB_이/JKS	66055	117	34502	119	50279
120	있/VV_는/ETM_것/NNB_이/VCP	100136	77			50068
121	수/NNB_가/JKS_없/VA_었/EP	94348	82	5002	570	49675
122	이/JKS_없/VA_었/EP_다/EF	98865	79	90	1206	49478
123	이/VCP_ㄹ/ETM_것/NNB_이/VCP	98874	78	77	1209	49476
124	고/EC_싶/VX_지/EC_않/VX	35307	248	62791	65	49049
125	게/EC_되/VV_ㄴ/ETM_것/NNB	96810	81	730	1067	48770
126	는/ETM_것/NNB_이/JKS_좋/VA	71220	109	25180	158	48200
127	을/JKO_보이/VV_어/EC_주/VX	91276	85	4200	638	47738
128	을/ETM_수/NNB_있/VA_는/ETM	78787	94	15377	247	47082
129	수/NNB_있/VA_는/ETM_거/NNB	576	2387	93535	41	47056
130	어/EC_지/VX_지/EC_않/VX	88812	88	4409	617	46610
131	ㄹ/ETM_터/NNB_이/VCP_ㄴ데/EF	1806	1944	91066	42	46436
132	않/VX_을/ETM_수/NNB_없/VA	92154	83			46077
133	으로/JKB_알리/VV_어/EC_지/VX	90196	86			45098

134	하/VV_여/EC_가지/VX_고/EC	348	2495	89130	43	44739
135	는/ETM_것/NNB_은/JX_아니/VCN	89037	87	264	1159	44650
136	기/ETN_도/JX_하/VX_ㄴ다/EF	88582	89			44291
137	하/VV_여/EC_보/VX_았/EP	5693	1138	82615	48	44154
138	이/VCP_라고/EC_하/VV_ㄹ/ETM	74576	101	13675	275	44126
139	가/VV_는/ETM_거/NNB_이/VCP	1127	2180	86727	45	43927
140	ㄹ/ETM_거/NNB_이/VCP_ㅂ니다/EF			87121	44	43561
141	ㄹ/ETM_줄/NNB_알/VV_았/EP	7830	914	78181	51	43006
142	이/VCP_라고/EC_하/VV_였/EP	49087	166	36566	112	42826
143	되/VV_ㄹ/ETM_거/NNB_이/VCP	4920	1249	80173	50	42546
144	이/VCP_기/ETN_때문/NNB_이/VCP	84880	90	166	1186	42523
145	이/VCP_기/ETN_때문/NNB_에/JKB	61497	127	23007	173	42252
146	ㅁ/ETN_에/JKB_따르/VV_아/EC	84056	91			42028
147	시/EP_는/ETM_거/NNB_이/VCP	426	2458	83214	47	41820
148	게/EC_하/VX_여/EC_주/VX			83325	46	41662
149	지/EC_않/VX_고/EC_있/VX	81492	92	973	1023	41233
150	시/EP_ㄹ/ETM_거/NNB_이/VCP	1102	2190	80361	49	40731
151	다/EC_고/JKQ_말하/VV_였/EP	78699	95			39350
152	ㄹ/ETM_수/NNB_가/JKS_있/VV	78494	96			39247
153	어야/EC_하/VX_ㄹ/ETM_것/NNB	76357	98	1924	878	39141
154	았/EP_기/ETN_때문/NNB_에/JKB	72591	105	5028	568	38809
155	ㄹ/ETM_수/NNB_도/JX_없/VA	50042	163	26229	144	38135
156	ㄴ/ETM_적/NNB_이/JKS_있/VV	76246	99			38123
157	알/VV_ㄹ/ETM_수/NNB_없/VA	72031	108	3793	675	37912
158	하/VV_고/EC_있/VX_는/ETM	53361	153	21636	182	37498
159	ㄹ/ETM_필요/NNG_가/JKS_있/VV	74682	100			37341
160	때문/NNB_이/VCP_었/EP_다/EF	74450	102			37225
161	어/EC_버리/VX_었/EP_다/EF	74131	103	223	1169	37177
162	하/VV_는/ETM_것/NNB_이/JKS	44124	185	29996	130	37060
163	었/EP_으면/EC_좋/VA_겠/EP	11262	703	62502	66	36882
164	지/EC_말/VX_시/EP_에요/EF			73722	53	36861
165	로/JKB_하/VV_였/EP_다/EF	73068	104	77	1209	36573
166	을/JKO_갖/VV_고/EC_있/VX	70391	111	2595	790	36493
167	일/NNG_이/VCP_었/EP_다/EF	72458	106			36229

168	없/VA_는/ETM_거/NNB_이/VCP	1530	2035	70899	54	36215
169	ㄴ/ETM_적/NNB_이/JKS_없/VA	47233	171	24572	163	35903
170	지/EC_않/VX_을/ETM_것/NNB	70486	110	564	1095	35525
171	라고/EC_하/VV_ㄹ/ETM_수/NNB	60709	133	9392	361	35051
172	그렇/VA_어/EC_가지/VX_고/EC			69620	55	34810
173	ㄹ/ETM_거/NNB_아니/VCN_야/EF	278	2531	69218	56	34748
174	아/EC_있/VX_었/EP_다/EF	69367	112			34683
175	게/EC_되/VV_ㄹ/ETM_것/NNB	66371	116	1651	917	34011
176	되/VV_ㄹ/ETM_거/NNB_같/VA			67677	57	33839
177	을/JKO_가지/VV_고/EC_있/VX	61484	128	6137	499	33811
178	를/JKO_하/VV_였/EP_다/EF	67363	114	240	1166	33801
179	게/EC_되/VV_었/EP_다/EC	67589	113			33794
180	를/JKO_하/VV_고/EC_있/VX	48670	168	18836	212	33753
181	시/EP_ㄴ/ETM_거/NNB_이/VCP	133	2614	67268	58	33700
182	는/ETM_사람/NNG_들/XSN_이/JKS	46237	179	20922	186	33580
183	았/EP_을/ETM_것/NNB_이/VCP	67044	115			33522
184	면/EC_안/MAG_되/VV_어/EF	301	2518	66704	59	33503
185	었/EP_던/ETM_거/NNB_이/VCP	1587	2015	65230	62	33408
186	을/JKO_하/VV_여/EC_보/VX	14034	578	52772	80	33403
187	하/VV_였/EP_잖/EPX_아/EF			66645	60	33322
188	지/EC_못하/VX_고/EC_있/VX	65444	118	442	1119	32943
189	뭐/NP_이/VCP_라/EC_그러/VV	28	2672	65747	61	32888
190	뿐/NNB_만/JX_아니/VCN_라/EC	64749	119	721	1069	32735
191	구체/NNG_적/XSN_이/VCP_ㄴ/ETM	64202	120	1086	1002	32644
192	ㄹ/ETM_수/NNB_있/VA_어/EF	1327	2103	63873	63	32600
193	주/VX_ㄹ/ETM_수/NNB_있/VA	23784	347	40894	100	32339
194	이/VCP_라고/EC_하/VV_는/ETM	23635	350	40697	102	32166
195	ㄴ다는/ETM_것/NNB_이/VCP_다/EF	64020	121			32010
196	있/VA_을/ETM_거/NNB_이/VCP			63773	64	31887
197	고/EC_있/VX_기/ETN_때문/NNB	62340	122	1355	959	31847
198	지/EC_는/JX_않/VX_았/EP	61806	126	1393	951	31600
199	되/VV_는/ETM_것/NNB_이/VCP	60844	132	2013	866	31429
200	는/ETM_것/NNB_을/JKO_보/VV	61898	124	516	1104	31207

[5-gram 연속 표현 200개]

종합 순위	연속 표현	문어 사용도	문어 순위	구어 사용도	구어 순위	평균 사용도
1	기/ETN_도/JX_하/VX_였/EP_다/EF	233379	1			233379
2	하/VV_는/ETM_거/NNB_이/VCP_야/EF	2104	684	208885	1	210989
3	었/EP_던/ETM_것/NNB_이/VCP_다/EF	150516	2			150516
4	는/ETM_것/NNB_이/VCP_었/EP_다/EF	148729	3			148729
5	고/EC_있/VX_는/ETM_것/NNB_이/VCP	123648	4	752	343	124400
6	ㄹ/ETM_수/NNB_있/VA_을/ETM_것/NNB	117507	5	3341	148	120849
7	하/VV_ㄹ/ETM_수/NNB_있/VA_는/ETM	68660	19	45524	8	114184
8	ㄹ/ETM_수/NNB_있/VA_는/ETM_것/NNB	99005	7	8769	52	107775
9	ㄹ/ETM_수/NNB_있/VA_었/EP_다/EF	101991	6	77	466	102069
10	뭐/NP_하/VV_는/ETM_거/NNB_이/VCP	45	1368	101079	2	101123
11	았/EP_던/ETM_것/NNB_이/VCP_다/EF	97940	8			97940
12	하/VV_ㄹ/ETM_수/NNB_있/VA_다/EF	93665	9	595	366	94261
13	지/EC_않/VX_을/ETM_수/NNB_없/VA	92031	10			92031
14	는/ETM_것/NNB_이/JKC_아니/VCN_라/EC	79518	13	5087	105	84605
15	있/VX_는/ETM_것/NNB_이/VCP_다/EF	80921	11			80921
16	ㄴ/ETM_것/NNB_이/VCP_었/EP_다/EF	79785	12			79785
17	었/EP_기/ETN_때문/NNB_이/VCP_다/EF	77857	14			77857
18	ㄹ/ETM_수/NNB_있/VA_는/ETM_거/NNB	388	1193	74179	3	74567
19	수/NNB_있/VA_을/ETM_것/NNB_이/VCP	73508	15	479	386	73987
20	하/VX_ㄹ/ETM_것/NNB_이/VCP_다/EF	73508	15	101	460	73609
21	ㄹ/ETM_수/NNB_가/JKS_없/VA_었/EP	69911	18	3522	143	73433
22	이/VCP_ㄴ/ETM_것/NNB_이/VCP_다/EF	72637	16			72637
23	다/EC_고/JKQ_말하/VV_였/EP_다/EF	72028	17			72028
24	있/VV_을/ETM_것/NNB_이/VCP_다/EF	66219	20			66219
25	이/VCP_라고/EC_하/VV_ㄹ/ETM_수/NNB	58002	26	7557	64	65559
26	기/ETN_로/JKB_하/VV_였/EP_다/EF	62917	21	55	470	62972
27	수/NNB_가/JKS_없/VA_었/EP_다/EF	62028	22			62028
28	것/NNB_으로/JKB_알리/VV_어/EC_지/VX	61909	23			61909
29	ㄹ/ETM_수/NNB_없/VA_었/EP_다/EF	61592	24	118	456	61710
30	고/EC_있/VX_는/ETM_거/NNB_이/VCP	3376	483	57887	5	61263
31	되/VV_는/ETM_거/NNB_이/VCP_야/EF	892	997	59192	4	60084

부록 255

32	이/VCP_ㄹ/ETM_것/NNB_이/VCP_다/EF	59202	25			59202
33	되/VV_ㄹ/ETM_것/NNB_이/VCP_다/EF	57913	28	383	400	58297
34	었/EP_을/ETM_것/NNB_이/VCP_다/EF	57995	27			57995
35	아야/EC_하/VX_ㄹ/ETM_것/NNB_이/VCP	57366	29			57366
36	았/EP_기/ETN_때문/NNB_이/VCP_다/EF	55530	30			55530
37	어떻게/MAG_되/VV_ㄴ/ETM_거/NNB_이/VCP			55083	6	55083
38	라고/EC_하/VV_ㄹ/ETM_수/NNB_있/VA	50716	31	3614	141	54331
39	되/VV_ㄴ/ETM_거/NNB_이/VCP_야/EF	312	1230	50339	7	50651
40	ㄹ/ETM_수/NNB_있/VA_게/EC_되/VV	49198	33	1239	285	50436
41	이/VCP_기/ETN_때문/NNB_이/VCP_다/EF	50302	32			50302
42	ㄹ/ETM_수/NNB_도/JX_있/VA_다/EF	48930	34	354	404	49284
43	을/JKO_하/VV_ㄹ/ETM_수/NNB_있/VA	42997	37	5426	97	48423
44	게/EC_되/VV_ㄹ/ETM_것/NNB_이/VCP	45035	35	805	334	45840
45	ㄹ/ETM_수/NNB_밖에/JX_없/VA_었/EP	44627	36	149	448	44776
46	하/VV_ㄴ/ETM_거/NNB_이/VCP_야/EF	74	1351	43961	9	44035
47	는/ETM_것/NNB_같/VA_았/EP_다/EF	41490	38			41490
48	보/VV_ㄹ/ETM_수/NNB_있/VA_다/EF	40195	39	88	464	40283
49	ㄴ/ETM_것/NNB_이/JKC_아니/VCN_라/EC	36001	47	2588	178	38588
50	어야/EC_하/VX_ㄹ/ETM_것/NNB_이/VCP	38116	40	177	443	38293
51	알리/VV_어/EC_지/VX_었/EP_다/EF	37847	41			37847
52	이/VCP_기/ETN_도/JX_하/VX_다/EF	37724	42			37724
53	지/EC_않/VX_을/ETM_것/NNB_이/VCP	37550	43	103	459	37653
54	았/EP_을/ETM_것/NNB_이/VCP_다/EF	37302	44			37302
55	어/EC_지/VX_어/EC_있/VX_다/EF	37266	45			37266
56	하/VV_ㄹ/ETM_거/NNB_이/VCP_야/EF	423	1179	36201	10	36624
57	기/ETN_때문/NNB_이/VCP_었/EP_다/EF	36181	46			36181
58	으로/JKB_알리/VV_어/EC_지/VX_었/EP	35023	48			35023
59	보/VV_ㄹ/ETM_수/NNB_있/VA_는/ETM	30187	57	4645	116	34831
60	있/VX_기/ETN_때문/NNB_이/VCP_다/EF	34711	49			34711
61	게/EC_되/VV_ㄴ/ETM_것/NNB_이/VCP	34439	50			34439
62	고/EC_있/VX_기/ETN_때문/NNB_이/VCP	33667	51	66	468	33733
63	있/VV_는/ETM_것/NNB_이/VCP_다/EF	33587	52			33587
64	ㄹ/ETM_수/NNB_밖에/JX_없/VA_다/EF	31789	53			31789
65	을/JKO_알/VV_ㄹ/ETM_수/NNB_있/VA	30679	55	800	336	31479

66	되/VV_ㄴ/ETM_것/NNB_이/VCP_다/EF	31103	54			31103
67	ㄹ/ETM_수/NNB_있/VA_다는/ETM_것/NNB	30244	56	182	441	30427
68	ㄹ/ETM_수/NNB_있/VA_었/EP_던/ETM	29243	61	929	318	30172
69	ㄹ/ETM_수/NNB_없/VA_는/ETM_것/NNB	29615	58	413	396	30028
70	알/VV_ㄹ/ETM_수/NNB_있/VA_다/EF	29558	59			29558
71	고/EC_있/VX_는/ETM_것/NNB_은/JX	29385	60	149	448	29534
72	이/JKC_되/VV_ㄹ/ETM_수/NNB_있/VA	28059	64	1257	282	29316
73	는/ETM_것/NNB_은/JX_아니/VCN_다/EF	28511	62			28511
74	ㄹ/ETM_수/NNB_있/VA_을/ETM_거/NNB	1419	841	26805	11	28225
75	ㄹ/ETM_필요/NNG_가/JKS_있/VV_다/EF	28079	63			28079
76	수/NNB_밖에/JX_없/VA_었/EP_다/EF	27757	65			27757
77	없/VA_을/ETM_것/NNB_이/VCP_다/EF	27734	66			27734
78	이/VCP_라/EC_하/VV_ㄹ/ETM_수/NNB	27393	67	116	457	27509
79	ᆝ/ETM_것/NNB_으로/JKD_알리/VV_이/EC	27365	68			27365
80	었/EP_다는/ETM_것/NNB_이/VCP_다/EF	27324	69			27324
81	ㄹ/ETM_수/NNB_가/JKS_없/VA_다/EF	26178	71	387	398	26565
82	있/VV_기/ETN_때문/NNB_이/VCP_다/EF	26513	70			26513
83	수/NNB_있/VA_는/ETM_것/NNB_이/VCP	26005	73	162	446	26167
84	ㄹ/ETM_수/NNB_는/JX_없/VA_다/EF	26120	72			26120
85	고/EC_있/VX_는/ETM_것/NNB_으로/JKB	25708	74	133	452	25841
86	오/VV_ㄴ/ETM_거/NNB_이/VCP_야/EF	83	1345	25478	12	25562
87	알리/VV_어/EC_지/VX_어/EC_있/VX	25022	75	194	437	25215
88	ㄹ/ETM_수/NNB_도/JX_있/VA_는/ETM	13168	149	11573	35	24740
89	고/EC_있/VX_는/ETM_것/NNB_이/JKS	23793	76	630	361	24423
90	수/NNB_있/VA_는/ETM_거/NNB_이/VCP	510	1143	23709	13	24219
91	있/VX_는/ETM_거/NNB_이/VCP_야/EF	1326	864	22883	14	24210
92	많/VA_은/ETM_사람/NNG_들/XSN_이/JKS	23152	80	1045	305	24197
93	ㄹ/ETM_수/NNB_밖에/JX_없/VA_는/ETM	22818	83	1102	299	23920
94	어/EC_지/VX_어/EC_있/VX_었/EP	23725	77			23725
95	않/VX_을/ETM_수/NNB_없/VA_었/EP	23280	78			23280
96	되/VV_는/ETM_것/NNB_이/VCP_다/EF	23226	79			23226
97	것/NNB_으로/JKB_나타나/VV_았/EP_다/EF	23119	81			23119
98	을/ETM_수/NNB_없/VA_었/EP_다/EF	22955	82			22955
99	라/EC_하/VV_ㄹ/ETM_수/NNB_있/VA	22788	84	66	468	22855

100	이/JKC_되/VV_ㄹ/ETM_것/NNB_이/VCP	22738	85	88	464	22827
101	는/ETM_거/NNB_이/VCP_잖/EPX_아/EF			22393	15	22393
102	하/VV_는/ETM_거/NNB_이/VCP_에요/EF	74	1351	22288	16	22362
103	고/EC_있/VX_었/EP_던/ETM_것/NNB	21941	86	118	456	22059
104	는/ETM_거/NNB_이/JKC_아니/VCN_라/EC			21713	17	21713
105	이/VCP_라는/ETM_것/NNB_이/VCP_다/EF	21505	87			21505
106	기/ETN_로/JKB_하/VX_였/EP_다/EF	21388	88			21388
107	알/VV_ㄹ/ETM_수/NNB_없/VA_는/ETM	20186	92	1194	289	21380
108	ㄹ/ETM_수/NNB_도/JX_있/VA_고/EC	10405	189	10647	39	21053
109	않/VX_을/ETM_것/NNB_이/VCP_다/EF	20907	89	66	468	20974
110	ㅁ/ETN_에/JKB_도/JX_불구하/VV_고/EC	19534	95	1415	267	20950
111	이/VCP_ㄹ/ETM_수/NNB_도/JX_있/VA	14053	136	6838	71	20890
112	았/EP_다는/ETM_것/NNB_이/VCP_다/EF	20849	90			20849
113	안/MAG_되/VV_는/ETM_거/NNB_이/VCP	52	1363	20790	18	20842
114	ㄹ/ETM_수/NNB_있/VA_도록/EC_하/VX	20703	91			20703
115	어/EC_지/VX_어/EC_있/VX_는/ETM	19344	96	1342	273	20686
116	되/VV_ㄹ/ETM_거/NNB_아니/VCN_야/EF			20616	19	20616
117	가/JKC_되/VV_ㄹ/ETM_수/NNB_있/VA	19145	99	1314	276	20459
118	을/JKO_하/VV_고/EC_있/VX_는/ETM	19187	98	968	314	20154
119	시/EP_는/ETM_거/NNB_이/VCP_에요/EF	133	1316	20012	20	20145
120	서/VV_어/EC_있/VX_었/EP_다/EF	19772	93			19772
121	있/VX_었/EP_던/ETM_것/NNB_이/VCP	19635	94			19635
122	있/VA_는/ETM_거/NNB_이/VCP_야/EF			19301	21	19301
123	이/VCP_기/ETN_도/JX_하/VX_였/EP	19272	97			19272
124	이/VCP_라고/EC_하/VV_였/EP_다/EF	18883	101	103	459	18987
125	지/EC_않/VX_으면/EC_안/MAG_되/VV	18932	100			18932
126	하/VV_여/EC_주/VX_시/EP_에요/EF			18910	22	18910
127	ㄹ/ETM_것/NNB_으로/JKB_보이/VV_ㄴ다/EF	18524	102			18524
128	ㄹ/ETM_수/NNB_있/VA_기/ETN_때문/NNB	18262	104	240	426	18501
129	ㄴ/ETM_일/NNG_이/VCP_었/EP_다/EF	18310	103			18310
130	없/VA_는/ETM_것/NNB_이/VCP_다/EF	18190	105			18190
131	하/VV_고/EC_있/VX_었/EP_다/EF	18178	106			18178
132	을/JKO_보/VV_ㄹ/ETM_수/NNB_있/VA	17219	112	910	320	18130
133	적/XSN_이/VCP_ㄴ/ETM_것/NNB_이/VCP	18045	107			18045

134	고/EC_있/VX_는/ETM_것/NNB_같/VA	17438	110	431	393	17869
135	는/ETM_일/NNG_이/VCP_었/EP_다/EF	17856	108			17856
136	이/VCP_ㄴ/ETM_줄/NNB_알/VV_았/EP	1409	843	16322	25	17731
137	어/EC_있/VX_는/ETM_것/NNB_이/VCP	17709	109			17709
138	그러/VV_는/ETM_거/NNB_이/VCP_야/EF	193	1283	17314	23	17507
139	어/EC_지/VX_지/EC_않/VX_았/EP	17314	111	133	452	17447
140	가/VV_는/ETM_거/NNB_이/VCP_야/EF	189	1284	16870	24	17059
141	지/EC_는/JX_않/VX_았/EP_다/EF	16937	113			16937
142	생각/NNG_이/JKS_들/VV_었/EP_다/EF	16784	114			16784
143	ㄴ다/EC_고/JKQ_말하/VV_였/EP_다/EF	16652	115			16652
144	지/EC_않/VX_고/EC_있/VX_다/EF	16629	116			16629
145	이것/NP_이/JKS_뭐/NP_이/VCP_야/EF	273	1247	16215	26	16488
146	보이/VV_지/EC_않/VX_았/EP_다/EF	16429	117			16429
147	게/EC_되/VV_는/ETM_것/NNB_이/VCP	16279	118			16279
148	오/VV_았/EP_다/EC_가/VV_았/EP	6210	289	10026	42	16236
149	을/JKO_하/VV_고/EC_있/VX_었/EP	15782	120	335	406	16118
150	ㄹ/ETM_뿐/NNB_만/JX_아니/VCN_라/EC	15731	121	359	403	16091
151	다고/EC_하/VV_ㄹ/ETM_수/NNB_있/VA	15936	119	103	459	16040
152	ㄹ/ETM_뿐/NNB_이/VCP_었/EP_다/EF	15718	122			15718
153	이/VCP_었/EP_던/ETM_것/NNB_이/VCP	15499	123			15499
154	지/VX_어/EC_있/VX_었/EP_다/EF	15271	124			15271
155	않/VX_을/ETM_수/NNB_없/VA_다/EF	15135	125			15135
156	보/VX_ㄴ/ETM_적/NNB_이/JKS_없/VA	9547	200	5452	96	14999
157	를/JKO_하/VV_ㄹ/ETM_수/NNB_있/VA	13324	145	1548	255	14872
158	지/EC_않/VX_는/ETM_것/NNB_이/JKS	14579	127	265	420	14844
159	것/NNB_이라고/JKQ_말하/VV_였/EP_다/EF	14720	126			14720
160	ㄹ/ETM_수/NNB_없/VA_게/EC_되/VV	14442	128	203	435	14645
161	수/NNB_있/VA_게/EC_되/VV_었/EP	14428	129	149	448	14578
162	되/VV_ㄹ/ETM_수/NNB_있/VA_는/ETM	13396	143	1060	303	14456
163	고/EC_있/VX_기/ETN_때문/NNB_에/JKB	13638	140	802	335	14440
164	기/ETN_만/JX_하/VX_였/EP_다/EF	14423	130			14423
165	다/EC_고/JKQ_밝히/VV_었/EP_다/EF	14379	131			14379
166	어/EC_주/VX_ㄹ/ETM_수/NNB_있/VA	8070	222	6270	80	14340
167	되/VV_ㄹ/ETM_거/NNB_이/VCP_야/EF	816	1029	13447	28	14263

168	이/VCP_었/EP_을/ETM_것/NNB_이/VCP	14253	132			14253
169	게/EC_되/VV_ㄴ/ETM_것/NNB_은/JX	14251	133			14251
170	어/EC_주/VX_고/EC_있/VX_다/EF	14247	134			14247
171	보이/VV_어/EC_주/VX_고/EC_있/VX	14028	137	203	435	14231
172	가/JKC_되/VV_ㄹ/ETM_것/NNB_이/VCP	14108	135	88	464	14197
173	을/JKO_하/VV_는/ETM_거/NNB_이/VCP	356	1208	13766	27	14122
174	ㄹ/ETM_수/NNB_는/JX_없/VA_는/ETM	13947	138	149	448	14096
175	ㄹ/ETM_수/NNB_는/JX_없/VA_었/EP	13876	139			13876
176	음/ETN_에/JKB_도/JX_불구하/VV_고/EC	13246	147	439	392	13684
177	어/EC_지/VX_고/EC_있/VX_다/EF	13605	141			13605
178	ㄹ/ETM_수/NNB_없/VA_는/ETM_일/NNG	13242	148	310	412	13552
179	고/EC_싶/VX_어/EC_하/VX_는/ETM	11946	162	1603	250	13550
180	수/NNB_있/VA_기/ETN_때문/NNB_이/VCP	13403	142			13403
181	있/VV_는/ETM_것/NNB_이/JKC_아니/VCN	13374	144			13374
182	수/NNB_없/VA_는/ETM_일/NNG_이/VCP	13162	150	162	446	13324
183	ㄴ/ETM_것/NNB_같/VA_았/EP_다/EF	13265	146			13265
184	ㄴ/ETM_적/NNB_이/JKS_있/VV_었/EP	13134	151			13134
185	아/EC_보/VX_ㄹ/ETM_수/NNB_있/VA	13112	152			13112
186	았/EP_다/EC_가/VV_았/EP_다/EC	5818	302	7265	66	13083
187	것/NNB_이/VCP_기/ETN_때문/NNB_이/VCP	13009	153			13009
188	면/EC_되/VV_는/ETM_거/NNB_이/VCP	264	1251	12739	30	13004
189	이/JKC_아니/VCN_ㄹ/ETM_수/NNB_없/VA	12971	154			12971
190	주/VX_ㄹ/ETM_터_NNB_이/VCP_니까/EC	158	1300	12813	29	12971
191	수/NNB_있/VA_을/ETM_거/NNB_이/VCP	1299	872	11611	34	12910
192	었/EP_던/ETM_거/NNB_이/VCP_야/EF	459	1162	12411	31	12870
193	수/NNB_있/VA_는/ETM_것/NNB_은/JX	12856	155			12856
194	기/ETN_ㄴ/JX_하/VX_였/EP_지만/EC	11938	163	805	334	12743
195	수/NNB_있/VA_었/EP_던/ETM_것/NNB	12622	157	66	468	12689
196	알/VV_고/EC_있/VX_었/EP_다/EF	12661	156			12661
197	없/VA_기/ETN_때문/NNB_이/VCP_다/EF	12548	158			12548
198	ㄴ/ETM_거/NNB_이/VCP_잖/EPX_아/EF			12411	31	12411
198	어야/EC_되/VV_는/ETM_거/NNB_이/VCP			12411	31	12411
199	어/EC_주/VX_는/ETM_거/NNB_이/VCP	23	1375	12341	32	12364
200	가/VV_ㄹ/ETM_거/NNB_이/VCP_야/EF	111	1328	12243	33	12355

[6-gram 연속 표현 200개]

종합 순위	연속 표현	문어 사용도	문어 순위	구어 사용도	구어 순위	종합 사용도
1	ㄹ/ETM_수/NNB_있/VA_을/ETM_것/NNB_이/VCP	65374	1	420	104	32897
2	고/EC_있/VX_는/ETM_것/NNB_이/VCP_다/EF	57657	2			28829
3	이/VCP_라고/EC_하/VV_ㄹ/ETM_수/NNB_있/VA	48600	3	3450	14	26025
4	ㄹ/ETM_수/NNB_가/JKS_없/VA_었/EP_다/EF	44717	4			22358
5	뭐/NP_하/VV_는/ETM_거/NNB_이/VCP_야/EF			39899	1	19949
6	아야/EC_하/VX_ㄹ/ETM_것/NNB_이/VCP_다/EF	34301	5			17151
7	수/NNB_있/VA_을/ETM_것/NNB_이/VCP_다/EF	32650	6	55	166	16353
8	것/NNB_으로/JKB_알리/VV_어/EC_지/VX_었/EP	31849	7			15924
9	으로/JKB_알리/VV_어/EC_지/VX_었/EP_다/EF	31084	8			15542
10	ㄴ/ETM_것/NNB_으로/JKB_알리/VV_어/EC_지/VX	27304	9			13652
11	ㄹ/ETM_수/NNB_있/VA_는/ETM_것/NNB_이/VCP	23608	10	162	145	11885
12	지/EC_않/VX_을/ETM_수/NNB_없/VA_었/EP	23280	11			11640
13	이/VCP_라/EC_하/VV_ㄹ/ETM_수/NNB_있/VA	22134	12	66	164	11100
14	고/EC_있/VX_기/ETN_때문/NNB_이/VCP_다/EF	21711	13			10855
15	어야/EC_하/VX_ㄹ/ETM_것/NNB_이/VCP_다/EF	20555	14			10277
16	어떻게/MAG_되/VV_ㄴ/ETM_거/NNB_이/VCP_야/EF			19958	2	9979
17	라고/EC_하/VV_ㄹ/ETM_수/NNB_있/VA_다/EF	19457	15			9728
18	게/EC_되/VV_ㄴ/ETM_것/NNB_이/VCP_다/EF	18778	16			9389
19	ㄹ/ETM_수/NNB_밖에/JX_없/VA_었/EP_다/EF	18232	17			9116
20	ㄹ/ETM_수/NNB_있/VA_는/ETM_거/NNB_이/VCP	351	502	17531	3	8941
21	지/EC_않/VX_을/ETM_수/NNB_없/VA_다/EF	15135	18			7568
22	게/EC_되/VV_ㄹ/ETM_것/NNB_이/VCP_다/EF	14655	19	133	149	7394
23	지/EC_않/VX_을/ETM_것/NNB_이/VCP_다/EF	14279	20	46	167	7162
24	고/EC_있/VX_는/ETM_거/NNB_이/VCP_야/EF	857	354	11678	4	6267
25	이/VCP_었/EP_던/ETM_것/NNB_이/VCP_다/EF	12416	21			6208
26	않/VX_을/ETM_수/NNB_없/VA_었/EP_다/EF	12355	22			6178
27	라/EC_하/VV_ㄹ/ETM_수/NNB_있/VA_다/EF	12299	23			6150
28	오/VV_았/EP_다/EC_가/VV_았/EP_다/EC	5818	60	6359	9	6088
29	ㄹ/ETM_수/NNB_있/VA_게/EC_되/VV_었/EP	11944	24	118	152	6031
30	있/VX_었/EP_던/ETM_것/NNB_이/VCP_다/EF	11757	25			5878
31	어/EC_지/VX_어/EC_있/VX_었/EP_다/EF	11702	26			5851

32	는/ETM_것/NNB_으로/JKB_알리/VV_어/EC_지/VX	11298	27			5649
33	을/JKO_알/VV_ㄹ/ETM_수/NNB_있/VA_다/EF	11220	28			5610
34	고/EC_있/VX_었/EP_던/ETM_것/NNB_이/VCP	11168	29			5584
35	이/VCP_기/ETN_도/JX_하/VX_였/EP_다/EF	11081	30			5540
36	ㄹ/ETM_수/NNB_있/VA_기/ETN_때문/NNB_이/VCP	10992	31			5496
37	ㄹ/ETM_수/NNB_있/VA_었/EP_던/ETM_것/NNB	10504	33	66	164	5285
38	ㄹ/ETM_수/NNB_있/VA_는/ETM_것/NNB_은/JX	10560	32			5280
39	수/NNB_있/VA_는/ETM_것/NNB_이/VCP_다/EF	10203	34			5102
40	수/NNB_있/VA_기/ETN_때문/NNB_이/VCP_다/EF	10090	35			5045
41	알리/VV_어/EC_지/VX_어/EC_있/VX_다/EF	9869	36			4935
42	다고/EC_하/VV_ㄹ/ETM_수/NNB_있/VA_다/EF	9781	37			4891
43	ㄹ/ETM_수/NNB_있/VA_을/ETM_거/NNB_이/VCP	1195	284	8544	5	4870
44	ㄹ/ETM_수/NNB_없/VA_는/ETM_일/NNG_이/VCP	9392	39	116	153	4754
45	ㄹ/ETM_것/NNB_이라고/JKQ_말하/VV_였/EP_다/EF	9413	38			4706
46	이/VCP_었/EP_을/ETM_것/NNB_이/VCP_다/EF	9316	40			4658
47	ㄹ/ETM_수/NNB_있/VA_을/ETM_것/NNB_같/VA	7333	51	1239	47	4286
48	것/NNB_이/VCP_기/ETN_때문/NNB_이/VCP_다/EF	8446	41			4223
49	ㄴ/ETM_것/NNB_으로/JKB_나타나/VV_았/EP_다/EF	8256	42			4128
50	이/JKC_되/VV_ㄹ/ETM_것/NNB_이/VCP_다/EF	8079	43			4040
51	그렇/VA_ㅁ/ETN_에/JKB_도/JX_불구하/VV_고/EC	7370	49	501	94	3936
52	았/EP_다/EC_가/VV_았/EP_다/EC_하/VV	3311	104	4517	11	3914
53	을/ETM_수/NNB_가/JKS_없/VA_었/EP_다/EF	7808	44			3904
54	었/EP_기/ETN_때문/NNB_이/VCP_었/EP_다/EF	7606	45			3803
55	어/EC_있/VX_는/ETM_것/NNB_이/VCP_다/EF	7525	46			3763
56	게/EC_되/VV_는/ETM_것/NNB_이/VCP_다/EF	7524	47			3762
57	을/JKO_하/VV_고/EC_있/VX_었/EP_다/EF	7443	48			3721
58	있/VX_다/EC_고/JKQ_말하/VV_였/EP_다/EF	7344	50			3672
59	았/EP_다/EC_고/JKQ_말하/VV_였/EP_다/EF	7049	52			3525
60	지금/MAG_뭐/NP_하/VV_는/ETM_거/NNB_이/VCP			6967	6	3483
61	ㄹ/ETM_수/NNB_없/VA_는/ETM_것/NNB_이/VCP	6753	53			3376
62	ㄹ/ETM_수/NNB_도/JX_있/VA_는/ETM_거/NNB			6740	7	3370
63	수/NNB_도/JX_있/VA_는/ETM_거/NNB_이/VCP			6642	8	3321
64	보이/VV_어/EC_주/VX_고/EC_있/VX_다/EF	6567	54			3284
65	고/EC_있/VX_다/EC_고/JKQ_말하/VV_였/EP	6556	55			3278

66	이/JKC_아니/VCN_ㄹ/ETM_수/NNB_없/VA_다/EF	6530	56			3265
67	ㄹ/ETM_수/NNB_는/JX_없/VA_었/EP_다/EF	6342	57			3171
68	으로/JKB_알리/VV_어/EC_지/VX_어/EC_있/VX	6239	58			3119
68	고/EC_있/VX_다는/ETM_것/NNB_이/VCP_다/EF	6239	58			3119
69	는/ETM_것/NNB_으로/JKB_나타나/VV_았/EP_다/EF	6052	59			3026
70	없/VA_었/EP_던/ETM_것/NNB_이/VCP_다/EF	5558	61			2779
71	어/EC_지/VX_지/EC_않/VX_았/EP_다/EF	5463	62			2732
72	ㄹ/ETM_수/NNB_있/VA_을/ETM_거/NNB_같/VA			5308	10	2654
73	ㄹ/ETM_수/NNB_있/VA_다는/ETM_것/NNB_이/VCP	5254	63			2627
74	가/JKC_되/VV_ㄹ/ETM_것/NNB_이/VCP_다/EF	5128	64			2564
75	었/EP_다/EC_고/JKQ_말하/VV_였/EP_다/EF	5028	65			2514
76	없/VA_는/ETM_일/NNG_이/VCP_었/EP_다/EF	5009	66			2504
77	하/VX_였/EP_던/ETM_것/NNB_이/VCP_다/EF	4772	67			2386
78	고/EC_있/VX_는/ETM_것/NNB_이/JKC_아니/VCN	4600	69	46	167	2323
79	것/NNB_으로/JKB_알리/VV_어/EC_지/VX_어/EC	4621	68			2311
80	았/EP_기/ETN_때문/NNB_이/VCP_었/EP_다/EF	4541	70			2271
81	것/NNB_으로/JKB_밝히/VV_어/EC_지/VX_었/EP	4526	71			2263
82	을/JKO_하/VV_ㄹ/ETM_수/NNB_있/VA_는/ETM	3874	85	627	83	2250
83	ㄴ/ETM_적/NNB_이/JKS_있/VV_었/EP_다/EF	4497	72			2248
83	때문/NNB_이/VCP_ㄹ_것/ETM_것/NNB_이/VCP_다/EF	4497	72			2248
84	으로/JKB_밝히/VV_어/EC_지/VX_었/EP_다/EF	4452	73			2226
85	ㄹ/ETM_수/NNB_가/JKS_있/VV_었/EP_다/EF	4221	74			2111
86	아/EC_보/VX_ㄴ/ETM_적/NNB_이/JKS_없/VA	3955	82	265	124	2110
87	ㄹ/ETM_수/NNB_있/VA_는/ETM_것/NNB_이/JKS	2983	119	1198	48	2091
88	것/NNB_을/JKO_알/VV_ㄹ/ETM_수/NNB_있/VA	3968	80	206	134	2087
89	있/VX_는/ETM_것/NNB_이/VCP_었/EP_다/EF	4159	75			2080
90	지/EC_않/VX_았/EP_던/ETM_것/NNB_이/VCP	4100	76			2050
91	도/JX_있/VV_을/ETM_것/NNB_이/VCP_다/EF	4081	77			2041
92	ㄹ/ETM_수/NNB_없/VA_을/ETM_것/NNB_이/VCP	4080	78			2040
93	하/VV_ㄹ/ETM_수/NNB_있/VA_는/ETM_거/NNB	23	646	4055	12	2039
94	ㄴ/ETM_적/NNB_이/JKS_없/VA_었/EP_다/EF	4000	79			2000
95	을/JKO_들/VV_ㄹ/ETM_수/NNB_있/VA_다/EF	3967	81			1984
96	수/NNB_있/VA_었/EP_던/ETM_것/NNB_은/JX	3926	83			1963
97	이/VCP_었/EP_기/ETN_때문/NNB_이/VCP_다/EF	3907	84			1953

98	있/VX_는/ETM_것/NNB_으로/JKB_알리/VV_어/EC	3871	86			1935
99	어/EC_있/VX_기/ETN_때문/NNB_이/VCP_다/EF	3849	87			1925
100	수/NNB_있/VA_다는/ETM_것/NNB_이/VCP_다/EF	3832	88			1916
101	하/VV_ㄹ/ETM_수/NNB_있/VA_는/ETM_일/NNG	3250	105	564	89	1907
102	이/VCP_라고/EC_보/VV_ㄹ/ETM_수/NNB_있/VA	3191	109	608	85	1900
103	은/JX_말하/VV_ㄹ/ETM_것/NNB_도/JX_없/VA	3784	89			1892
104	기/ETN_때문/NNB_이/VCP_ㄹ/ETM_것/NNB_이/VCP	3749	90			1875
104	음/ETN_을/JKO_알/VV_ㄹ/ETM_수/NNB_있/VA	3749	90			1875
105	가/JKS_하/VV_ㄹ/ETM_수/NNB_있/VA_는/ETM	2245	163	1497	43	1871
106	하/VV_고/EC_있/VX_는/ETM_거/NNB_이/VCP	247	542	3483	13	1865
107	ㄹ/ETM_수/NNB_도/JX_있/VA_을/ETM_것/NNB	3695	91			1848
108	을/JKO_보이/VV_어/EC_주/VX_고/EC_있/VX	3651	92			1825
109	있/VV_다/EC_고/JKQ_말하/VV_였/EP_다/EF	3612	93			1806
110	을/JKO_보이/VV_어/EC_주/VX_었/EP_다/EF	3569	94			1785
111	고/EC_있/VX_었/EP_기/ETN_때문/NNB_이/VCP	3562	95			1781
112	지/EC_는/JX_않/VX_을/ETM_것/NNB_이/VCP	3545	96			1773
113	이/VCP_ㄴ/ETM_것/NNB_으로/JKB_알리/VV_어/EC	3506	97			1753
114	지/EC_않/VX_기/ETN_때문/NNB_이/VCP_다/EF	3501	98			1750
115	고/EC_있/VX_는/ETM_것/NNB_으로/JKB_알리/VV	3489	99			1745
116	되/VV_었/EP_던/ETM_것/NNB_이/VCP_다/EF	3467	100			1734
117	지/EC_않/VX_았/EP_기/ETN_때문/NNB_이/VCP	3425	101			1712
118	하/VV_여야/EC_하/VX_ㄹ/ETM_것/NNB_이/VCP	3400	102			1700
119	않/VX_았/EP_을/ETM_것/NNB_이/VCP_다/EF	3371	103			1685
120	하/VV_ㄹ/ETM_수/NNB_있/VA_는/ETM_것/NNB	2532	145	735	74	1634
121	ㄹ/ETM_수/NNB_없/VA_기/ETN_때문/NNB_이/VCP	3250	105			1625
122	뭐/NP_하/VV_는/ETM_짓/NNG_이/VCP_야/EF			3244	15	1622
123	을/JKO_보/VV_ㄹ/ETM_수/NNB_있/VA_다/EF	3233	106			1617
124	ㄴ/ETM_것/NNB_으로/JKB_밝히/VV_어/EC_지/VX	3220	107			1610
125	하/VX_ㄴ다/EC_고/JKQ_말하/VV_였/EP_다/EF	3200	108			1600
126	하/VV_여/EC_주/VX_ㄹ/ETM_수/NNB_있/VA	405	484	2774	18	1590
127	하/VV_는/ETM_것/NNB_이/VCP_었/EP_다/EF	3157	110			1579
128	고/EC_싶/VX_지/EC_않/VX_았/EP_다/EF	3154	111			1577
128	기/ETN_위하/VV_여서/EC_이/VCP_었/EP_다/EF	3154	111			1577
129	일/NNG_이/JKC_아니/VCN_ㄹ/ETM_수/NNB_없/VA	3139	112			1569

130	아야/EC_하/VX_ㄴ다는/ETM_것/NNB_이/VCP_다/EF	3089	113		1544
131	좀/MAG_하/VV_여/EC_주/VX_시/EP_에요/EF			3082	16	1541
132	어/EC_보/VX_ㄴ/ETM_적/NNB_이/JKS_없/VA	2260	161	811	68	1535
133	않/VX_았/EP_던/ETM_것/NNB_이/VCP_다/EF	3047	114		1524
134	어/EC_버리/VX_ㄹ/ETM_거/NNB_이/VCP_야/EF	37	642	3000	17	1519
135	ㄴ/ETM_것/NNB_은/JX_아니/VCN_었/EP_다/EF	3029	115		1515
136	라고/EC_하/VV_ㄹ/ETM_수/NNB_있/VA_는/ETM	2712	130	288	121	1500
137	수/NNB_없/VA_는/ETM_것/NNB_이/VCP_다/EF	2996	116		1498
138	겠/EP_다/EC_고/JKQ_말하/VV_였/EP_다/EF	2987	117		1493
139	고/EC_있/VX_는/ETM_실정/NNG_이/VCP_다/EF	2986	118		1493
140	있/VV_었/EP_던/ETM_것/NNB_이/VCP_다/EF	2939	120		1469
140	없/VA_다/EC_고/JKQ_말하/VV_였/EP_다/EF	2939	120		1469
141	아/EC_보/VX_ㄹ/ETM_수/NNB_있/VA_다/EF	2930	121		1465
142	ㄹ/ETM_깃/NNB_이/VCP_ㄴ가/EC_하/VV_는/ETM	2928	122		1464
143	수/NNB_없/VA_을/ETM_것/NNB_이/VCP_다/EF	2922	123		1461
144	고/EC_있/VX_는/ETM_셈/NNB_이/VCP_다/EF	2838	124		1419
145	어/EC_주/VX_ㄹ/ETM_터/NNB_이/VCP_니까/EC	74	623	2731	19	1403
146	ㄹ/ETM_수/NNB_없/VA_을/ETM_정도/NNG_로/JKB	2790	125		1395
147	으로/JKB_전하/VV_여/EC_지/VX_었/EP_다/EF	2789	126		1395
148	알/VV_ㄹ/ETM_수/NNB_있/VA_었/EP_다/EF	2780	127		1390
149	게/EC_되/VV_ㄹ/ETM_거/NNB_이/VCP_야/EF	67	626	2709	21	1388
150	면/EC_안/MAG_되/VV_는/ETM_거/NNB_이/VCP			2720	20	1360
151	지/EC_않/VX_으면/EC_안/MAG_되/VV_ㄴ다/EF	2717	128		1358
152	으로/JKB_알리/VV_어/EC_지/VX_고/EC_있/VX	2714	129		1357
153	수/NNB_없/VA_기/ETN_때문/NNB_이/VCP_다/EF	2712	130		1356
154	ㄹ/ETM_것/NNB_이/VCP_기/ETN_때문/NNB_이/VCP	2672	131		1336
155	ㄹ/ETM_수/NNB_는/JX_없/VA_는/ETM_일/NNG	2671	132		1336
156	ㄹ/ETM_수/NNB_있/VA_을/ETM_것/NNB_으로/JKB	2649	133		1325
156	하/VV_ㄹ/ETM_수/NNB_있/VA_을/ETM_것/NNB	2649	133		1325
156	것/NNB_으로/JKB_보/VV_고/EC_있/VX_다/EF	2649	133		1325
157	지/EC_않/VX_았/EP_을/ETM_것/NNB_이/VCP	2645	134		1323
158	안/MAG_하/VV_ㄹ/ETM_거/NNB_이/VCP_야/EF			2645	22	1322
159	있/VX_는/ETM_것/NNB_같/VA_았/EP_다/EF	2644	135		1322
160	어야/EC_되/VV_ㄹ/ETM_거/NNB_아니/VCN_야/EF			2632	23	1316

161	ㄹ/ETM_수/NNB_밖에/JX_없/VA_었/EP_던/ETM	2630	136			1315
162	ㅁ/ETN_을/JKO_알/VV_ㄹ/ETM_수/NNB_있/VA	2624	137			1312
163	고/EC_있/VX_는/ETM_것/NNB_이/VCP_었/EP	2588	138			1294
164	을/JKO_하/VV_ㄴ/ETM_거/NNB_이/VCP_야/EF			2580	24	1290
165	아니/VCN_ㄴ/ETM_것/NNB_이/JKC_아니/VCN_라/EC	2574	139			1287
166	수/NNB_도/JX_있/VA_을/ETM_것/NNB_이/VCP	2573	140			1287
167	가/JKC_아니/VCN_ㄹ/ETM_수/NNB_없/VA_다/EF	2568	141			1284
168	것/NNB_으로/JKB_전하/VV_여/EC_지/VX_었/EP	2555	142			1278
169	었/EP_음/ETN_에/JKB_도/JX_불구하/VV_고/EC	2553	143			1276
170	을/JKO_하/VV_고/EC_있/VX_는/ETM_것/NNB	2546	144			1273
171	알/VV_ㄹ/ETM_수/NNB_가/JKS_없/VA_었/EP	2532	145			1266
171	알/VV_ㄹ/ETM_수/NNB_없/VA_었/EP_다/EF	2532	145			1266
172	하/VV_여야/EC_되/VV_는/ETM_거/NNB_이/VCP			2516	25	1258
172	안/MAG_되/VV_는/ETM_거/NNB_이/VCP_야/EF			2516	25	1258
173	ㄹ/ETM_것/NNB_만/JX_같/VA_았/EP_다/EF	2503	146			1251
174	ㄹ/ETM_수/NNB_있/VA_게/EC_되/VV_ㄴ다/EF	2496	147			1248
175	것/NNB_으로/JKB_알리/VV_어/EC_지/VX_고/EC	2471	148			1236
176	이/VCP_라고/EC_하/VV_는/ETM_것/NNB_은/JX	705	389	1755	37	1230
177	도/JX_하/VV_지/EC_않/VX_았/EP_다/EF	2449	149			1224
178	알리/VV_어/EC_지/VX_고/EC_있/VX_다/EF	2438	150			1219
179	었/EP_다고/EC_하/VV_ㄹ/ETM_수/NNB_있/VA	2434	151			1217
180	있/VX_었/EP_기/ETN_때문/NNB_이/VCP_다/EF	2396	152			1198
181	어야/EC_하/VX_ㄴ다는/ETM_것/NNB_이/VCP_다/EF	2388	153			1194
182	여/EC_주/VX_ㄹ/ETM_터/NNB_이/VCP_니까/EC			2381	26	1191
183	ㄹ/ETM_수/NNB_없/VA_게/EC_되/VV_었/EP	2353	154			1177
184	지/EC_않/VX_으면_EC_안/MAG_되/VV_었/EP	2337	155			1169
185	수/NNB_는/JX_없/VA_는/ETM_일/NNG_이/VCP	2320	156			1160
186	ㄹ/ETM_수/NNB_있/VA_다는/ETM_것/NNB_을/JKO	2300	157			1150
187	하/VV_여/EC_주/VX_ㄹ/ETM_거/NNB_이/VCP			2300	27	1150
188	어/EC_버리/VX_ㄴ/ETM_것/NNB_이/VCP_다/EF	2282	158			1141
189	이/VCP_니/EC_뭐/NP_이/VCP_니/EC_하/VV	2279	159			1140
190	수/NNB_있/VA_게/EC_되/VV_었/EP_다/EF	2265	160			1133
191	ㄴ/ETM_것/NNB_으로/JKB_전하/VV_여/EC_지/VX	2260	161			1130

[7-gram 연속 표현 200개]

종합순위	연속 표현	문어사용도	문어순위	구어사용도	구어순위	종합사용도
1	것/NNB_으로/JKB_알리/VV_어/EC_지/VX_었/EP_다/EF	29502	1			14751
2	ㄹ/ETM_수/NNB_있/VA_을/ETM_것/NNB_이/VCP_다/EF	28751	2			14375
3	이/VCP_라고/EC_하/VV_ㄹ/ETM_수/NNB_있/VA_다/EF	19048	3			9524
4	ㄴ/ETM_것/NNB_으로/JKB_알리/VV_어/EC_지/VX_었/EP	16093	4			8047
5	지/EC_않/VX_을/ETM_수/NNB_없/VA_었/EP_다/EF	12355	5			6178
6	이/VCP_라/EC_하/VV_ㄹ/ETM_수/NNB_있/VA_다/EF	12119	6			6059
7	ㄹ/ETM_수/NNB_있/VA_는/ETM_것/NNB_이/VCP_다/EF	9417	7			4708
8	ㄹ/ETM_수/NNB_있/VA_기/ETN_때문/NNB_이/VCP_다/EF	8448	8			4224
9	오/VV_았/EP_다/EC_가/VV_았/EP_다/EC_하/VV	3311	18	4156	2	3734
10	고/EC_있/VX_다/EC_고/JKQ_말하/VV_였/EP_다/EF	6556	9			3278
11	고/EC_있/VX_었/EP_던/ETM_것/NNB_이/VCP_다/EF	6489	10			3245
12	ㄹ/ETM_수/NNB_도/JX_있/VA_는/ETM_거/NNB_이/VCP			5485	1	2742
13	는/ETM_것/NNB_으로/JKB_알리/VV_어/EC_지/VX_었/EP	4393	11			2196
14	으로/JKB_알리/VV_어/EC_지/VX_어/EC_있/VX_다/EF	4163	12			2081
15	있/VX_는/ETM_것/NNB_으로/JKB_알리/VV_어/EC_지/VX	3871	13			1935
16	것/NNB_으로/JKB_밝히/VV_어/EC_지/VX_었/EP_다/EF	3810	14			1905
17	이/VCP_ㄴ/ETM_것/NNB_으로/JKB_알리/VV_어/EC_지/VX	3506	15			1753
18	고/EC_있/VX_는/ETM_것/NNB_으로/JKB_알리/VV_어/EC	3489	16			1745
19	ㄹ/ETM_수/NNB_있/VA_다는/ETM_것/NNB_이/VCP_다/EF	3409	17			1704
20	ㄹ/ETM_수/NNB_있/VA_었/EP_던/ETM_것/NNB_은/JX	3139	19			1569
21	것/NNB_으로/JKB_알리/VV_어/EC_지/VX_어/EC_있/VX	3071	20			1536
22	이/VCP_라고/EC_하/VV_ㄹ/ETM_수/NNB_있/VA_는/ETM	2510	24	243	29	1377
23	지/EC_않/VX_았/EP_던/ETM_것/NNB_이/VCP_다/EF	2653	21			1326
24	기/ETN_때문/NNB_이/VCP_ㄹ/ETM_것/NNB_이/VCP_다/EF	2538	22			1269
25	것/NNB_으로/JKB_전하/VV_여/EC_지/VX_었/EP_다/EF	2529	23			1264
26	지금/MAG_뭐/NP_하/VV_는/ETM_거/NNB_이/VCP_야/EF			2516	3	1258
27	것/NNB_으로/JKB_알리/VV_어/EC_지/VX_고/EC_있/VX	2471	25			1236
28	ㄹ/ETM_수/NNB_없/VA_기/ETN_때문/NNB_이/VCP_다/EF	2358	26			1179
29	ㄹ/ETM_수/NNB_도/JX_있/VA_을/ETM_것/NNB_이/VCP	2265	27			1133
30	음/ETN_을/JKO_알/VV_ㄹ/ETM_수/NNB_있/VA_다/EF	2231	28			1115
31	ㄴ/ETM_일/NNG_이/JKC_아니/VCN_ㄹ/ETM_수/NNB_없/VA	2206	29			1103

32	으로/JKB_알리/VV_어/EC_지/VX_고/EC_있/VX_다/EF	2145	30		1072
33	ㄹ/ETM_수/NNB_는/JX_없/VA_는/ETM_일/NNG_이/VCP	2078	31		1039
34	고/EC_있/VX_는/ETM_것/NNB_이/VCP_었/EP_다/EF	2026	32		1013
35	수/NNB_도/JX_있/VA_을/ETM_것/NNB_이/VCP_다/EF	1990	33		995
36	ㄹ/ETM_수/NNB_있/VA_게/EC_되/VV_었/EP_다/EF	1959	34		980
37	었/EP_다고/EC_하/VV_ㄹ/ETM_수/NNB_있/VA_다/EF	1920	35		960
38	ㄹ/ETM_수/NNB_없/VA_을/ETM_것/NNB_이/VCP_다/EF	1903	36		952
39	이/VCP_라고/EC_보/VV_ㄹ/ETM_수/NNB_있/VA_다/EF	1861	37		930
40	ㄹ/ETM_수/NNB_있/VA_는/ETM_것/NNB_이/JKC_아니/VCN	1727	42	88	49	908
41	있/VX_는/ETM_것/NNB_으로/JKB_나타나/VV_았/EP_다/EF	1802	38		901
42	ㄹ/ETM_수/NNB_없/VA_는/ETM_것/NNB_이/VCP_다/EF	1781	39		890
43	ㄹ/ETM_것/NNB_이/VCP_기/ETN_때문/NNB_이/VCP_다/EF	1766	40		883
43	이/VCP_ㅁ/ETN_을/JKO_알/VV_ㄹ/ETM_수/NNB_있/VA	1766	40		883
44	ㄴ/ETM_것/NNB_으로/JKB_밝히/VV_어/EC_지/VX_었/EP	1748	41		874
45	고/EC_있/VX_는/ETM_것/NNB_으로/JKB_나타나/VV_았/EP	1722	43		861
46	알/VV_ㄹ/ETM_수/NNB_가/JKS_없/VA_었/EP_다/EF	1703	44		852
47	을/JKO_보이/VV_어/EC_주/VX_고/EC_있/VX_다/EF	1636	45		818
48	는/ETM_것/NNB_으로/JKB_알리/VV_어/EC_지/VX_어/EC	1608	46		804
49	게/EC_되/VV_었/EP_던/ETM_것/NNB_이/VCP_다/EF	1586	47		793
50	고/EC_있/VX_다/EC_고/JKQ_밝히/VV_었/EP_다/EF	1519	48		760
51	ㄹ/ETM_수/NNB_는/JX_없/VA_는/ETM_것/NNB_이/VCP	1503	49		751
51	하/VV_ㄹ/ETM_수/NNB_있/VA_을/ETM_것/NNB_이/VCP	1503	49		751
52	일/NNG_이/JKC_아니/VCN_ㄹ/ETM_수/NNB_없/VA_다/EF	1500	50		750
53	고/EC_있/VX_는/ETM_것/NNB_같/VA_았/EP_다/EF	1495	51		748
54	ㄹ/ETM_수/NNB_도/JX_있/VA_는/ETM_것/NNB_이/VCP	1475	52		737
55	ㄹ/ETM_수/NNB_있/VA_게/EC_되/VV_었/EP_다/EC	1419	53		710
56	지/EC_않/VX_았/EP_기/ETN_때문/NNB_이/VCP_다/EF	1402	54		701
57	ㄹ/ETM_수/NNB_없/VA_는/ETM_일/NNG_이/VCP_었/EP	1395	55		698
58	ㅁ/ETN_을/JKO_알/VV_ㄹ/ETM_수/NNB_있/VA_다/EF	1391	56		696
59	것/NNB_을/JKO_알/VV_ㄹ/ETM_수/NNB_있/VA_다/EF	1377	57		689
60	ㄴ/ETM_것/NNB_으로/JKB_전하/VV_여/EC_지/VX_었/EP	1336	58		668
61	ㄹ/ETM_수/NNB_없/VA_는/ETM_일/NNG_이/VCP_다/EF	1316	59		658
62	고/EC_있/VX_었/EP_기/ETN_때문/NNB_이/VCP_다/EF	1294	60		647
63	ㄹ/ETM_수/NNB_있/VA_도록/EC_하/VX_였/EP_다/EF	1252	61		626

63	수/NNB_밖에/JX_없/VA_을/ETM_것/NNB_이/VCP_다/EF	1252	61		626
63	지/EC_않/VX_을/ETM_수/NNB_없/VA_게/EC_되/VV	1252	61		626
64	ㄹ/ETM_수/NNB_밖에/JX_없/VA_을/ETM_것/NNB_이/VCP	1237	62		619
65	것/NNB_이/VCP_라고/EC_하/VV_ㄹ/ETM_수/NNB_있/VA	1221	63		610
66	하/VV_여야/EC_하/VX_ㄹ/ETM_것/NNB_이/VCP_다/EF	1195	64		597
67	수/NNB_없/VA_는/ETM_일/NNG_이/VCP_었/EP_다/EF	1157	65		578
68	보/VV_아야/EC_하/VX_ㄹ/ETM_것/NNB_이/VCP_다/EF	1136	66		568
69	수/NNB_있/VA_다/EC_고/JKQ_말하/VV_였/EP_다/EF	1109	67		555
70	이/VCP_니/EC_뭐/NP_이/VCP_니/EC_하/VV_여도/EC	1091	68		545
71	ㄹ/ETM_수/NNB_있/VA_다/EC_고/JKQ_말하/VV_였/EP	1088	69		544
72	뭐/NP_이/VCP_니/EC_뭐/NP_이/VCP_니/EC_하/VV	1065	70		532
72	어/EC_있/VX_었/EP_던/ETM_것/NNB_이/VCP_다/EF	1065	70		532
73	있/VX_음/ETN_을/JKO_알/VV_ㄹ/ETM_수/NNB_있/VA	1039	71		519
74	지/EC_ㄴ/JX_않/VX_았/EP_을/ETM_것/NNB_이/VCP	1030	72		515
75	지/EC_않/VX_았/EP_을/ETM_것/NNB_이/VCP_다/EF	1027	73		513
76	것/NNB_같/VA_기/ETN_도/JX_하/VX_였/EP_다/EF	1024	74		512
77	ㄹ/ETM_것/NNB_으로/JKB_알리/VV_어/EC_지/VX_었/EP	1022	75		511
78	지/EC_는/JX_않/VX_을/ETM_것/NNB_이/VCP_다/EF	1002	76		501
79	ㄹ/ETM_수/NNB_있/VA_을/ETM_것/NNB_이/VCP_ㄴ가/EF	989	77		494
80	이/VCP_라는/ETM_생각/NNG_이/JKS_들/VV_었/EP_다/EF	974	78		487
81	하/VV_여/EC_주/VX_ㄹ/ETM_수/NNB_있/VA_는/ETM	181	227	774	5	477
82	수/NNB_도/JX_있/VA_는/ETM_것/NNB_이/VCP_다/EF	951	79		475
83	이/VCP_라고/EC_도/JX_하/VV_ㄹ/ETM_수/NNB_있/VA	941	80		470
84	되/VV_ㄹ/ETM_것/NNB_이라고/JKQ_말하/VV_였/EP_다/EF	918	81		459
85	아야/EC_하/VX_ㄴ다/EC_고/JKQ_말하/VV_였/EP_다/EF	899	82		449
86	을/ETM_것/NNB_이/VCP_기/ETN_때문/NNB_이/VCP_다/EF	883	83		442
87	것/NNB_이/VCP_라/EC_하/VV_ㄹ/ETM_수/NNB_있/VA	868	84		434
88	좋/VA_은/ETM_말/NNG_로/JKB_하/VV_ㄹ/ETM_때/NNG		851	4	426
89	을/JKO_알/VV_ㄹ/ETM_수/NNB_있/VA_었/EP_다/EF	832	85		416
90	ㄹ/ETM_수/NNB_있/VA_을/ETM_것/NNB_같/VA_다/EF	826	86		413
91	다는/ETM_것/NNB_을/JKO_알/VV_ㄹ/ETM_수/NNB_있/VA	824	87		412
92	ㄹ/ETM_수/NNB_있/VA_게/EC_하/VX_아/EC_주/VX	820	88		410
93	는/ETM_것/NNB_이/JKS_좋/VA_을/ETM_거/NNB_이/VCP	67	275	735	7	401
94	ㄴ/ETM_것/NNB_으로/JKB_알리/VV_어/EC_지/VX_어/EC	801	89		401

95	어야/EC_하/VX_ㄴ다/EC_고/JKQ_말하/VV_였/EP_다/EF	799	90		399
96	하/VV_고/EC_있/VX_는/ETM_거/NNB_이/VCP_야/EF	59	280	737	6	398
97	것/NNB_같/VA_다/EC_고/JKQ_말하/VV_였/EP_다/EF	779	91		390
97	이/VCP_라/EC_하/VV_ㄹ/ETM_수/NNB_있/VA_는/ETM	779	91		390
98	았/EP_다고/EC_하/VV_ㄹ/ETM_수/NNB_있/VA_다/EF	775	92		388
99	이/VCP_라/EC_하/VV_ㄹ/ETM_것/NNB_이/VCP_다/EF	773	93		386
100	되/VV_ㄹ/ETM_수/NNB_있/VA_을/ETM_것/NNB_이/VCP	765	94		383
101	ㄴ/ETM_것/NNB_으로/JKB_알리/VV_어/EC_지/VX_고/EC	748	95		374
101	고/EC_있/VX_음/ETN_을/JKO_보이/VV_어/EC_주/VX	748	95		374
102	ㄹ/ETM_수/NNB_는/JX_없/VA_을/ETM_것/NNB_이/VCP	747	96		373
103	ㄹ/ETM_수/NNB_있/VA_을/ETM_거/NNB_이/VCP_야/EF	102	257	627	11	364
104	이/VCP_ㄴ/ETM_것/NNB_으로/JKB_나타나/VV_았/EP_다/EF	725	97		363
105	죽이/VV_어/EC_버리/VX_ㄹ/ETM_거/NNB_이/VCP_야/EF			697	8	348
106	는/JX_않/VX_았/EP_을/ETM_것/NNB_이/VCP_다/EF	696	98		348
107	ㄴ/ETM_것/NNB_이/VCP_기/ETN_때문/NNB_이/VCP_다/EF	694	99		347
108	을/ETM_수/NNB_있/VA_을/ETM_것/NNB_이/VCP_다/EF	690	100		345
109	견디/VV_ㄹ/ETM_수/NNB_가/JKS_없/VA_었/EP_다/EF	686	101		343
110	하/VV_는/ETM_생각/NNG_이/JKS_들/VV_었/EP_다/EF	673	102		337
111	ㄹ/ETM_수/NNB_있/VA_었/EP_던/ETM_것/NNB_이/VCP	668	103		334
112	ㄹ/ETM_수/NNB_있/VA_는/ETM_거/NNB_이/VCP_야/EF			664	9	332
113	은/JX_말하/VV_ㄹ/ETM_것/NNB_도/JX_없/VA_다/EF	662	104		331
114	가/JKS_없/VA_었/EP_던/ETM_것/NNB_이/VCP_다/EF	661	105		331
115	무슨/MM_짓/NNG_을/JKO_하/VV_ㄴ/ETM_거/NNB_이/VCP			658	10	329
116	ㄹ/ETM_것/NNB_이/VCP_라고/EC_말하/VV_였/EP_다/EF	649	106		325
117	ㄹ/ETM_수/NNB_있/VA_도록/EC_하/VX_아/EC_주/VX	646	107		323
117	은/JX_말하/VV_ㄹ/ETM_것/NNB_도/JX_없/VA_고/EC	646	107		323
118	지/EC_않/VX_으면/EC_안/MAG_되/VV_었/EP_다/EF	640	108		320
118	을/JKO_받/VV_기/ETN_도/JX_하/VX_였/EP_다/EF	640	108		320
119	하/VV_여/EC_보/VX_ㄴ/ETM_적/NNB_이/JKS_없/VA	464	136	166	40	315
120	뭐/NP_하/VV_시/EP_는/ETM_거/NNB_이/VCP_에요/EF			627	11	313
121	지/EC_않/VX_을/ETM_수/NNB_가/JKS_없/VA_었/EP	617	109		308
122	ㄹ/ETM_것/NNB_으로/JKB_보/VV_고/EC_있/VX_다/EF	612	110		306
123	ㄹ/ETM_수/NNB_있/VA_단/ETM_말/NNG_이/VCP_ㄴ가/EF	601	111		301
124	ㄹ/ETM_수/NNB_가/JKS_없/VA_는/ETM_것/NNB_이/VCP	597	112		299

125	같/VA_은/ETM_소리/NNG_하/VV_고/EC_있/VX_네/EF			597	12	299
126	는/ETM_것/NNB_이/VCP_기/ETN_때문/NNB_이/VCP_다/EF	592	113			296
127	ㄹ/ETM_수/NNB_밖에/JX_없/VA_는/ETM_것/NNB_이/VCP	584	114			292
127	알/VV_ㄹ/ETM_수/NNB_없/VA_는/ETM_일/NNG_이/VCP	584	114			292
128	보/VX_ㄴ/ETM_적/NNB_이/JKS_없/VA_었/EP_다/EF	575	115			288
128	을/JKO_보이/VV_어/EC_주/VX_는/ETM_것/NNB_이/VCP	575	115			288
128	있/VX_었/EP_기/ETN_때문/NNB_이/VCP_었/EP_다/EF	575	115			288
129	ㄹ/ETM_수/NNB_있/VA_을/ETM_것/NNB_같/VA_았/EP	568	116			284
130	아/EC_보/VX_ㄴ/ETM_적/NNB_이/JKS_없/VA_는/ETM	565	117			282
131	짓/NNG_을/JKO_하/VV_ㄴ/ETM_거/NNB_이/VCP_야/EF			564	13	282
132	는/ETM_것/NNB_을/JKO_보/VV_ㄹ/ETM_수/NNB_있/VA	518	124	46	56	282
133	고/EC_있/VX_을/ETM_뿐/NNB_이/VCP_었/EP_다/EF	557	118			278
134	았/EP_다/EC_가/VV_았/EP_다/EC_하/VV_는/ETM	370	162	184	36	277
135	을/JKO_하/VV_기/ETN_도/JX_히/VX_었/EP_디/EF	551	119			275
136	지/EC_않/VX_을/ETM_수/NNB_없/VA_었/EP_던/ETM	545	120			273
136	하/VV_ㄹ/ETM_수/NNB_가/JKS_없/VA_었/EP_다/EF	545	120			273
136	하/VV_ㄹ/ETM_수/NNB_있/VA_는/ETM_것/NNB_이/VCP	545	120			273
137	가/JKS_하/VV_ㄹ/ETM_수/NNB_있/VA_는/ETM_일/NNG	467	135	66	53	267
138	이/VCP_라고/EC_하/VV_ㄹ/ETM_수/NNB_있/VA_겠/EP	476	132	55	55	266
139	이/JKC_되/VV_ㄹ/ETM_수/NNB_있/VA_을/ETM_것/NNB	531	121			265
140	ㄹ/ETM_수/NNB_있/VA_을/ETM_것/NNB_이/VCP_라고/EC	529	122			264
141	것/NNB_으로/JKB_보/VV_ㄹ/ETM_수/NNB_있/VA_다/EF	519	123			260
142	수/NNB_없/VA_었/EP_던/ETM_것/NNB_이/VCP_다/EF	511	125			256
143	ㄴ/ETM_것/NNB_은/JX_이번/NNG_이/JKS_처음/NNG_이/VCP	506	126			253
143	놀라/VV_지/EC_않/VX_을/ETM_수/NNB_없/VA_었/EP	506	126			253
144	수/NNB_는/JX_없/VA_을/ETM_것/NNB_이/VCP_다/EF	501	127			250
144	수/NNB_있/VA_었/EP_던/ETM_것/NNB_이/VCP_다/EF	501	127			250
144	가/JKS_있/VV_다/EC_고/JKQ_말하/VV_였/EP_다/EF	501	127			250
145	ㄹ/ETM_수/NNB_있/VA_을/ETM_거/NNB_이/VCP_ㅂ니다/EF			490	14	245
146	게/EC_되/VV_었/EP_다는/ETM_것/NNB_이/VCP_다/EF	489	128			244
146	이/VCP_라고/EC_말하/VV_ㄹ/ETM_수/NNB_있/VA_다/EF	489	128			244
147	ㄴ/ETM_것/NNB_이/VCP_라고/EC_하/VV_ㄹ/ETM_수/NNB	487	129			243
147	ㄹ/ETM_수/NNB_있/VA_게/EC_되/VV_ㄴ/ETM_것/NNB	487	129			243
148	ㄹ/ETM_것/NNB_이/VCP_ㄴ가/EC_하/VV_는/ETM_문제/NNG	484	130			242

149	것/NNB_은/JX_이번/NNG_이/JKS_처음/NNG_이/VCP_다/EF	482	131		241
149	에/JKB_대하/VV_ㄴ/ETM_구체/NNG_적/XSN_이/VCP_ㄴ/ETM	482	131		241
149	에서/JKB_흔히/MAG_보/VV_ㄹ/ETM_수/NNB_있/VA_는/ETM	482	131		241
150	수/NNB_밖에/JX_없/VA_는/ETM_것/NNB_이/VCP_다/EF	476	132		238
151	내/NP_가/JKS_하/VV_ㄹ/ETM_수/NNB_있/VA_는/ETM	327	176	149	41	238
152	수/NNB_있/VA_을/ETM_것/NNB_같/VA_았/EP_다/EF	473	133		237
152	수/NNB_는/JX_없/VA_는/ETM_것/NNB_이/VCP_다/EF	473	133		237
153	알/VV_아서/EC_하/VV_ㄹ/ETM_터/NNB_이/VCP_니까/EC		472	15	236
154	를/JKO_보이/VV_어/EC_주/VX_고/EC_있/VX_다/EF	469	134		235
155	고/EC_싶/VX_다/EC_고/JKQ_말하/VV_였/EP_다/EF	467	135		234
155	이/VCP_었/EP_기/ETN_때문/NNB_이/VCP_었/EP_다/EF	467	135		234
156	는/ETM_것/NNB_같/VA_기/ETN_도/JX_하/VX_였/EP	460	137		230
156	있/VX_는/ETM_것/NNB_이/JKS_보이/VV_었/EP_다/EF	460	137		230
157	어/EC_지/VX_었/EP_던/ETM_것/NNB_이/VCP_다/EF	458	138		229
158	모르/VV_ㄴ다는/ETM_생각/NNG_이/JKS_들/VV_었/EP_다/EF	457	139		229
159	ㄹ/ETM_수/NNB_있/VA_을/ETM_거/NNB_이/VCP_에요/EF	45	288	407	21	226
160	ㄹ/ETM_수/NNB_없/VA_었/EP_던/ETM_것/NNB_이/VCP	451	140		225
160	다고/EC_하/VV_여도/EC_과언/NNG_이/JKC_아니/VCN_다/EF	451	140		225
160	은/ETM_것/NNB_으로/JKB_알리/VV_어/EC_지/VX_었/EP	451	140		225
161	하/VV_ㄹ/ETM_수/NNB_있/VA_는/ETM_일/NNG_은/JX	448	141		224
162	었/EP_기/ETN_때문/NNB_이/VCP_ㄹ/ETM_것/NNB_이/VCP	445	142		223
163	무슨/MM_소리/NNG_하/VV_는/ETM_거/NNB_이/VCP_야/EF		442	16	221
163	고/EC_있/VX_었/EP_던/ETM_거/NNB_이/VCP_야/EF		442	16	221
164	ㄴ/ETM_것/NNB_이/VCP_라/EC_하/VV_ㄹ/ETM_수/NNB	442	143		221
164	고/EC_있/VX_는/ETM_중/NNB_이/VCP_었/EP_다/EF	442	143		221
164	아/EC_보/VX_ㄹ/ETM_필요/NNG_가/JKS_있/VV_다/EF	442	143		221
165	는/ETM_것/NNB_은/JX_당연하/VA_ㄴ/ETM_일/NNG_이/VCP	441	144		220
165	는/ETM_것/NNB_이/JKC_아니/VCN_ㄴ가/EC_하/VV_는/ETM	441	144		220
165	사람/NNG_은/JX_아무/NP_도/JX_없/VA_었/EP_다/EF	441	144		220
165	수/NNB_는/JX_없/VA_는/ETM_일/NNG_이/VCP_었/EP	441	144		220
165	알리/VV_어/EC_지/VX_어/EC_있/VX_지/EC_않/VX	441	144		220
165	을/JKO_하/VV_고/EC_있/VX_는/ETM_것/NNB_이/VCP	441	144		220
166	ㄹ/ETM_수/NNB_가/JKS_있/VA_는/ETM_거/NNB_이/VCP		439	17	219

[8-gram 연속 표현 200개]

종합순위	연속 표현	문어 사용도	문어 순위	구어 사용도	구어 순위	종합 사용도
1	ㄴ/ETM_것/NNB_으로/JKB_알리/VV_어/EC_지/VX_었/EP_다/EF	14771	1			7386
2	는/ETM_것/NNB_으로/JKB_알리/VV_어/EC_지/VX_었/EP_다/EF	4040	2			2020
3	고/EC_있/VX_는/ETM_것/NNB_으로/JKB_알리/VV_어/EC_지/VX	3489	3			1745
4	것/NNB_으로/JKB_알리/VV_어/EC_지/VX_어/EC_있/VX_다/EF	2532	4			1266
5	이/VCP_ㄴ/ETM_것/NNB_으로/JKB_알리/VV_어/EC_지/VX_었/EP	2179	5			1089
6	것/NNB_으로/JKB_알리/VV_어/EC_지/VX_고/EC_있/VX_다/EF	1959	6			980
7	있/VX_는/ETM_것/NNB_으로/JKB_알리/VV_어/EC_지/VX_었/EP	1853	7			927
8	ㄹ/ETM_수/NNB_도/JX_있/VA_을/ETM_것/NNB_이/VCP_다/EF	1806	8			903
9	ㄴ/ETM_것/NNB_으로/JKB_밝히/VV_어/EC_지/VX_었/EP_다/EF	1610	9			805
10	고/EC_있/VX_는/ETM_것/NNB_으로/JKB_나타나/VV_았/EP_다/EF	1506	10			753
11	ㄴ/ETM_것/NNB_으로/JKB_전하/VV_여/EC_지/VX_었/EP_다/EF	1336	11			668
12	는/ETM_것/NNB_으로/JKB_알리/VV_어/EC_지/VX_어/EC_있/VX	1103	12			551
13	ㄴ/ETM_일/NNG_이/JKC_아니/VCN_ㄹ/ETM_수/NNB_없/VA_다/EF	1076	13			538
14	뭐/NP_이/VCP_니/EC_뭐/NP_이/VCP_니/EC_하/VV_여도/EC	1065	14			532
15	ㄹ/ETM_수/NNB_밖에/JX_없/VA_을/ETM_것/NNB_이/VCP_다/EF	1027	15			513
16	ㄹ/ETM_것/NNB_으로/JKB_알리/VV_어/EC_지/VX_었/EP_다/EF	987	16			493
17	ㄹ/ETM_수/NNB_있/VA_다/EC_고/JKQ_말하/VV_였/EP_다/EF	916	17			458
18	이/VCP_ㅁ/ETN_을/JKO_알/VV_ㄹ/ETM_수/NNB_있/VA_다/EF	846	18			423
18	하/VV_ㄹ/ETM_수/NNB_있/VA_을/ETM_것/NNB_이/VCP_다/EF	846	18			423
19	ㄹ/ETM_수/NNB_없/VA_는/ETM_일/NNG_이/VCP_었/EP_다/EF	812	19			406
20	ㄹ/ETM_수/NNB_도/JX_있/VA_는/ETM_것/NNB_이/VCP_다/EF	789	20			395
21	ㄴ/ETM_것/NNB_으로/JKB_알리/VV_어/EC_지/VX_고/EC_있/VX	748	21			374
22	것/NNB_이/VCP_라/EC_하/VV_ㄹ/ETM_수/NNB_있/VA_다/EF	725	22			363
23	지/EC_는/JX_않/VX_았/EP_을/ETM_것/NNB_이/VCP_다/EF	696	23			348
24	있/VX_음/ETN_을/JKO_알/VV_ㄹ/ETM_수/NNB_있/VA_다/EF	683	24			341
25	것/NNB_이/VCP_라고/EC_하/VV_ㄹ/ETM_수/NNB_있/VA_다/EF	564	25			282
26	오/VV_았/EP_다/EC_가/VV_았/EP_다/EC_하/VV_는/ETM	370	32	149	9	260
27	ㄹ/ETM_수/NNB_는/JX_없/VA_는/ETM_것/NNB_이/VCP_다/EF	459	26			230
28	ㄹ/ETM_수/NNB_는/JX_없/VA_을/ETM_것/NNB_이/VCP_다/EF	417	27			209
28	던/ETM_것/NNB_으로/JKB_알리/VV_어/EC_지/VX_었/EP_다/EF	417	27			209
29	수/NNB_는/JX_없/VA_는/ETM_일/NNG_이/VCP_었/EP_다/EF	405	28			203

30	ㄹ/ETM_수/NNB_있/VA_을/ETM_것/NNB_같/VA_았/EP_다/EF	401	29		200
30	ㄹ/ETM_수/NNB_는/JX_없/VA_는/ETM_일/NNG_이/VCP_었/EP	401	29		200
30	ㄹ/ETM_수/NNB_있/VA_었/EP_던/ETM_것/NNB_이/VCP_다/EF	401	29		200
31	무슨/MM_짓/NNG_을/JKO_하/VV_ㄴ/ETM_거/NNB_이/VCP_야/EF		387	1	194
32	ㄴ/ETM_것/NNB_이/VCP_라/EC_하/VV_ㄹ/ETM_수/NNB_있/VA	374	30		187
33	지/EC_않/VX_을/ETM_수/NNB_가/JKS_없/VA_었/EP_다/EF	371	31		186
34	고/EC_있/VX_음/ETN_을/JKO_알/VV_ㄹ/ETM_수/NNB_있/VA	367	33		184
35	중/NNB_이/VCP_ㄴ/ETM_것/NNB_으로/JKB_알리/VV_어/EC_지/VX	364	34		182
36	ㄴ/ETM_것/NNB_으로/JKB_알리/VV_어/EC_지/VX_어/EC_있/VX	363	35		181
37	은/ETM_것/NNB_으로/JKB_알리/VV_어/EC_지/VX_었/EP_다/EF	356	36		178
38	ㄴ/ETM_것/NNB_이/VCP_라고/EC_하/VV_ㄹ/ETM_수/NNB_있/VA	351	37		175
39	는/ETM_것/NNB_같/VA_기/ETN_도/JX_하/VX_였/EP_다/EF	338	38		169
39	다는/ETM_것/NNB_을/JKO_알/VV_ㄹ/ETM_수/NNB_있/VA_다/EF	338	38		169
40	ㄹ/ETM_수/NNB_는/JX_없/VA_는/ETM_일/NNG_이/VCP_다/EF	334	39		167
41	놀라/VV_지/EC_않/VX_을/ETM_수/NNB_없/VA_었/EP_다/EF	331	40		166
41	이/JKC_되/VV_ㄹ/ETM_수/NNB_있/VA_을/ETM_것/NNB_이/VCP	331	40		166
42	ㄹ/ETM_수/NNB_밖에/JX_없/VA_는/ETM_것/NNB_이/VCP_다/EF	327	41		163
42	고/EC_있/VX_었/EP_기/ETN_때문/NNB_이/VCP_었/EP_다/EF	327	41		163
43	는/ETM_것/NNB_으로/JKB_밝히/VV_어/EC_지/VX_었/EP_다/EF	320	42		160
44	ㄹ/ETM_수/NNB_있/VA_었/EP_을/ETM_것/NNB_이/VCP_다/EF	315	43		158
44	었/EP_기/ETN_때문/NNB_이/VCP_ㄹ/ETM_것/NNB_이/VCP_다/EF	315	43		158
45	ㄹ/ETM_수/NNB_없/VA_었/EP_던/ETM_것/NNB_이/VCP_다/EF	306	44		153
45	게/EC_되/VV_었/EP_다/EC_고/JKQ_말하/VV_였/EP_다/EF	306	44		153
46	ㄹ/ETM_수/NNB_있/VA_을/ETM_것/NNB_이라고/JKQ_말하/VV_였/EP	301	45		151
47	ㄹ/ETM_수/NNB_도/JX_있/VA_기/ETN_때문/NNB_이/VCP_다/EF	300	46		150
47	지/EC_않/VX_을/ETM_수/NNB_없/VA_게/EC_되/VV_었/EP	300	46		150
48	ㄴ/ETM_것/NNB_은/JX_이번/NNG_이/JKS_처음/NNG_이/VCP_다/EF	297	47		148
49	도/JX_모르/VV_ㄴ다는/ETM_생각/NNG_이/JKS_들/VV_었/EP_다/EF	286	48		143
50	는/ETM_것/NNB_으로/JKB_알리/VV_어/EC_지/VX_고/EC_있/VX	278	49		139
50	이/VCP_라고/EC_도/JX_하/VV_ㄹ/ETM_수/NNB_있/VA_다/EF	278	49		139
51	ㄹ/ETM_수/NNB_있/VA_을/ETM_뿐/NNB_만/JX_아니/VCN_라/EC	267	50		134
51	수/NNB_있/VA_을/ETM_것/NNB_이라고/JKQ_말하/VV_였/EP_다/EF	267	50		134
52	이/VCP_었/EP_다고/EC_하/VV_ㄹ/ETM_수/NNB_있/VA_다/EF	260	51		130
52	하/VV_ㄹ/ETM_수/NNB_있/VA_는/ETM_것/NNB_이/VCP_다/EF	260	51		130

53	되/VV_ㄹ/ETM_수/NNB_있/VA_을/ETM_것/NNB_이/VCP_다/EF	250	52		125
54	ㄹ/ETM_필요/NNG_가/JKS_있/VV_을/ETM_것/NNB_이/VCP_다/EF	241	53		121
54	는/ETM_것/NNB_을/JKO_보/VV_ㄹ/ETM_수/NNB_있/VA_다/EF	241	53		121
55	아/EC_보/VX_ㄴ/ETM_적/NNB_이/JKS_없/VA_었/EP_다/EF	234	54		117
56	가/VV_았/EP_다/EC_오/VV_ㄹ/ETM_터/NNB_이/VCP_니까/EC		223	2	112
57	것/NNB_을/JKO_알/VV_ㄹ/ETM_수/NNB_있/VA_었/EP_다/EF	223	55		111
58	을/JKO_보이/VV_어/EC_주/VX_는/ETM_것/NNB_이/VCP_다/EF	221	56		110
59	지/EC_않/VX_을/ETM_것/NNB_이라고/JKQ_말하/VV_였/EP_다/EF	217	57		109
60	음/ETN_을/JKO_보이/VV_어/EC_주/VX_고/EC_있/VX_다/EF	209	58		104
61	ㄹ/ETM_수/NNB_없/VA_다/EC_고/JKQ_말하/VV_였/EP_다/EF	205	59		102
61	다고/EC_보/VV_아야/EC_하/VX_ㄹ/ETM_것/NNB_이/VCP_다/EF	205	59		102
61	으면/EC_좋/VA_겠/EP_다/EC_고/JKQ_말하/VV_였/EP_다/EF	205	59		102
62	기/ETN_로/JKB_하/VV_였/EP_다고/EC_밝히/VV_었/EP_다/EF	204	60		102
62	는/ETM_것/NNB_이/VCP_라고/EC_하/VV_ㄹ/ETM_수/NNB_있/VA	204	60		102
62	방침/NNG_이/VCP_ㄴ/ETM_것/NNB_으로/JKB_알리/VV_어/EC_지/VX	204	60		102
63	는/ETM_것/NNB_이/JKS_좋/VA_을/ETM_거/NNB_이/VCP_야/EF		203	3	101
64	도록/EC_하/VX_아야/EC_하/VX_ㄹ/ETM_것/NNB_이/VCP_다/EF	200	61		100
64	이/VCP_라고/EC_하/VV_ㄹ/ETM_수/NNB_있/VA_겠/EP_다/EF	200	61		100
65	ㄹ/ETM_수/NNB_가/JKS_없/VA_는/ETM_것/NNB_이/VCP_다/EF	195	62		97
65	보/VX_ㄹ/ETM_수/NNB_있/VA_을/ETM_것/NNB_이/VCP_다/EF	195	62		97
66	것/NNB_이/VCP_ㅁ/ETN_을/JKO_알/VV_ㄹ/ETM_수/NNB_있/VA	189	63		95
66	고/EC_있/VX_는/ETM_것/NNB_으로/JKB_전하/VV_여/EC_지/VX	189	63		95
66	어/EC_있/VX_음/ETN_을/JKO_알/VV_ㄹ/ETM_수/NNB_있/VA	189	63		95
67	오/VV_았/EP_다/EC_가/VV_았/EP_다/EC_하/VV_였/EP	143	77	46	19	94
68	지금/MAG_뭐/NP_하/VV_시/EP_는/ETM_거/NNB_이/VCP_에요/EF		184	4	92
68	가/JKS_알/VV_아서/EC_하/VV_ㄹ/ETM_터/NNB_이/VCP_니까/EC		184	4	92
68	ㄹ/ETM_수/NNB_도/JX_있/VA_는/ETM_거/NNB_이/VCP_지/EF		184	4	92
69	기/ETN_로/JKB_하/VV_였/EP_다/EC_고/JKQ_밝히/VV_었/EP	184	64		92
69	로/JKB_하/VV_였/EP_다/EC_고/JKQ_밝히/VV_었/EP_다/EF	184	64		92
70	이/VCP_기/ETN_도/JX_하/VX_ㄴ/ETM_것/NNB_이/VCP_다/EF	182	65		91
71	ㄹ/ETM_수/NNB_있/VA_을/ETM_것/NNB_으로/JKB_보이/VV_ㄴ다/EF	181	66		90
71	고/EC_있/VX_는/ETM_것/NNB_도/JX_사실/NNG_이/VCP_다/EF	181	66		90
71	을/JKO_말하/VV_여/EC_주/VX_는/ETM_것/NNB_이/VCP_다/EF	181	66		90
72	이/JKS_꼴/NNG_보/VV_기/ETN_싫/VA_어/EC_지/VX_었/EP		181	5	90

72	는/ETM_것/NNB_이/JKS_꼴/NNG_보/VV_기/ETN_싫/VA_어/EC		181	5	90
72	먹/VV_는/ETM_것/NNB_이/JKS_꼴/NNG_보/VV_기/ETN_싫/VA		181	5	90
72	것/NNB_이/JKS_꼴/NNG_보/VV_기/ETN_싫/VA_어/EC_지/VX		181	5	90
73	오/VV_았/EP_다/EC_가/VV_았/EP_다/EC_하/VV_면서/EC	45	114	133	10	89
74	ㄴ/ETM_것/NNB_으로/JKB_보/VV_ㄹ/ETM_수/NNB_있/VA_다/EF	178	67			89
74	ㄹ/ETM_수/NNB_밖에/JX_없/VA_기/ETN_때문/NNB_이/VCP_다/EF	178	67			89
74	고/EC_있/VX_음/ETN_을/JKO_보/VV_ㄹ/ETM_수/NNB_있/VA	178	67			89
74	었/EP_던/ETM_것/NNB_으로/JKB_알리/VV_어/EC_지/VX_었/EP	178	67			89
75	ㄹ/ETM_수/NNB_있/VA_는/ETM_것/NNB_은/JX_아니/VCN_다/EF	173	68			87
75	되/VV_ㄹ/ETM_수/NNB_있/VA_는/ETM_것/NNB_이/VCP_다/EF	173	68			87
75	라고/EC_하/VV_ㄹ/ETM_수/NNB_있/VA_을/ETM_것/NNB_이/VCP	173	68			87
76	가/JKS_하/VV_ㄹ/ETM_수/NNB_있/VA_는/ETM_일/NNG_은/JX	169	69			84
76	이/JKC_되/VV_ㄹ/ETM_것/NNB_이라고/JKQ_말하/VV_였/EP_다/EF	169	69			84
76	있/VX_는/ETM_것/NNB_으로/JKB_알리/VV_어/EC_지/VX_어/EC	169	69			84
77	밥/NNG_먹/VV_는/ETM_것/NNB_이/JKS_꼴/NNG_보/VV_기/ETN		168	6		84
78	지/EC_않/VX_았/EP_다/EC_고/JKQ_말하/VV_였/EP_다/EF	167	70			83
79	는/ETM_사람/NNG_은/JX_아무/NP_도/JX_없/VA_었/EP_다/EF	167	70			83
79	았/EP_기/ETN_때문/NNB_이/VCP_ㄹ/ETM_것/NNB_이/VCP_다/EF	167	70			83
79	이/VCP_라는/ETM_것/NNB_을/JKO_알/VV_ㄹ/ETM_수/NNB_있/VA	167	70			83
79	있/VX_음/ETN_을/JKO_보/VV_ㄹ/ETM_수/NNB_있/VA_다/EF	167	70			83
80	지금/MAG_무슨/MM_소리/NNG_하/VV_는/ETM_거/NNB_이/VCP_야/EF		166	7		83
81	고/EC_있/VX_는/ETM_것/NNB_이/JKS_보이/VV_었/EP_다/EF	163	71			82
81	수/NNB_가/JKS_없/VA_었/EP_던/ETM_것/NNB_이/VCP_다/EF	163	71			82
82	ㅁ/ETN_은/JX_말하/VV_ㄹ/ETM_것/NNB_도/JX_없/VA_다/EF	158	72			79
82	이/VCP_라고/EC_하/VV_ㄹ/ETM_수/NNB_있/VA_을/ETM_것/NNB	158	72			79
83	ㄹ/ETM_수/NNB_있/VA_었/EP_기/ETN_때문/NNB_이/VCP_다/EF	157	73			78
84	계획/NNG_을/JKO_세우/VV_어/EC_놓/VX_고/EC_있/VX_다/EF	156	74			78
84	알리/VV_어/EC_지/VX_어/EC_있/VX_지/EC_않/VX_다/EF	156	74			78
84	지/EC_않/VX_을/ETM_수/NNB_없/VA_었/EP_던/ETM_것/NNB	156	74			78
85	ㄹ/ETM_수/NNB_도/JX_있/VA_는/ETM_거/NNB_이/VCP_고/EC		155	8		77
86	ㄴ/ETM_것/NNB_같/VA_기/ETN_도/JX_하/VX_였/EP_다/EF	153	75			77
86	는/ETM_것/NNB_으로/JKB_전하/VV_여/EC_지/VX_었/EP_다/EF	153	75			77
86	는/ETM_것/NNB_을/JKO_알/VV_ㄹ/ETM_수/NNB_있/VA_다/EF	153	75			77
86	이/VCP_ㄴ/ETM_것/NNB_으로/JKB_전하/VV_어/EC_지/VX_었/EP	153	75			77

87	너/NP_지금/MAG_뭐/NP_하/VV_는/ETM_거/NNB_이/VCP_야/EF		149	9	75
88	ㄹ/ETM_수/NNB_밖에/JX_없/VA_었/EP_던/ETM_것/NNB_이/VCP	145	76		72
88	는/ETM_것/NNB_은/JX_당연하/VA_ㄴ/ETM_일/NNG_이/VCP_다/EF	145	76		72
88	는/JX_뭐/NP_이/VCP_니/EC_뭐/NP_이/VCP_니/EC_하/VV	145	76		72
88	을/JKO_하/VV_ㄹ/ETM_수/NNB_있/VA_게/EC_되/VV_었/EP	145	76		72
88	이/VCP_ㄴ지/EC_알/VV_ㄹ/ETM_수/NNB_없/VA_었/EP_다/EF	145	76		72
89	ㄹ/ETM_수/NNB_있/VA_는/ETM_것/NNB_이/JKC_아니/VCN_다/EF	143	77		71
89	알/VV_ㄹ/ETM_수/NNB_없/VA_는/ETM_일/NNG_이/VCP_었/EP	143	77		71
89	았/EP_던/ETM_것/NNB_으로/JKB_알리/VV_어/EC_지/VX_었/EP	143	77		71
89	있/VX_는/ETM_것/NNB_으로/JKB_알리/VV_어/EC_지/VX_고/EC	143	77		71
90	보/VV_ㄹ/ETM_수/NNB_있/VA_는/ETM_것/NNB_이/VCP_다/EF	142	78		71
91	ㄹ/ETM_수/NNB_가/JKS_없/VA_었/EP_던/ETM_것/NNB_이/VCP	139	79		70
91	었/EP_음/ETN_을/JKO_알/VV_ㄹ/ETM_수/NNB_있/VA_다/EF	139	79		70
91	지/EC_않/VX_을/ETM_수/NNB_없/VA_음/ETM_것/NNB_이/VCP	139	79		70
92	아야/EC_하/VX_ㄹ/ETM_것/NNB_이라고/JKQ_말하/VV_였/EP_다/EF	134	80		67
92	고/EC_있/VX_음/ETN_을/JKO_보이/VV_어/EC_주/VX_ㄴ/EF	134	80		67
92	어/EC_지/VX_어/EC_있/VX_는/ETM_것/NNB_이/VCP_다/EF	134	80		67
92	적/NNB_은/JX_한/MM_번/NNB_도/JX_없/VA_었/EP_다/EF	134	80		67
93	한/MM_번/NNB_도/JX_안/MAG_하/VV_여/EC_보/VX_았/EP		133	10	66
94	ㄴ/ETM_일/NNG_이/JKC_아니/VCN_ㄹ/ETM_수/NNB_없/VA_었/EP	133	81		66
94	아무/MM_말/NNG_도/JX_하/VV_지/EC_않/VX_았/EP_다/EF	133	81		66
95	것/NNB_은/JX_당연하/VA_ㄴ/ETM_일/NNG_이/VCP_었/EP_다/EF	130	82		65
95	아/EC_오/VX_ㄴ/ETM_것/NNB_으로/JKB_알리/VV_어/EC_지/VX	130	82		65
96	가/JKS_밥/NNG_먹/VV_는/ETM_것/NNB_이/JKS_꼴/NNG_보/VV		129	11	65
97	ㄹ/ETM_방침/NNG_이/VCP_ㄴ/ETM_것/NNB_으로/JKB_알리/VV_어/EC	126	83		63
98	ㄹ/ETM_필요/NNG_가/JKS_있/VV_는/ETM_것/NNB_이/VCP_다/EF	125	84		63
98	게/EC_되/VV_ㄹ/ETM_것/NNB_이라고/JKQ_말하/VV_였/EP_다/EF	125	84		63
98	기/ETN_때문/NNB_이/VCP_라고/EC_하/VV_ㄹ/ETM_수/NNB_있/VA	125	84		63
98	는/ETM_것/NNB_이/VCP_라/EC_하/VV_ㄹ/ETM_수/NNB_있/VA	125	84		63
99	수/NNB_밖에/JX_없/VA_었/EP_던/ETM_것/NNB_이/VCP_다/EF	122	85		61
99	알/VV_고/EC_있/VX_다/EC_고/JKQ_말하/VV_였/EP_다/EF	122	85		61
99	이해하/VV_ㄹ/ETM_수/NNB_있/VA_을/ETM_것/NNB_이/VCP_다/EF	122	85		61
100	ㄹ/ETM_수/NNB_없/VA_었/EP_을/ETM_것/NNB_이/VCP_다/EF	121	86		60
100	ㄹ/ETM_필요/NNG_가/JKS_있/VV_다/EC_고/JKQ_말하/VV_였/EP	121	86		60

100	고/EC_있/VX_는/ETM_것/NNB_이/JKS_사실/NNG_이/VCP_다/EF	121	86		60
100	기/ETN_때문/NNB_이/VCP_ㄴ/ETM_것/NNB_으로/JKB_보이/VV_ㄴ다/EF	121	86		60
100	오/VX_ㄴ/ETM_것/NNB_으로/JKB_알리/VV_어/EC_지/VX_었/EP	121	86		60
100	지/EC_않/VX_을/ETM_수/NNB_없/VA_는/ETM_것/NNB_이/VCP	121	86		60
101	가/JKS_하/VV_여/EC_주/VX_ㄹ/ETM_수/NNB_있/VA_는/ETM		118	12	59
101	여기/NP_서/JKB_뭐/NP_하/VV_는/ETM_거/NNB_이/VCP_야/EF		118	12	59
101	하/VV_여/EC_주/VX_ㄹ/ETM_수/NNB_있/VA_는/ETM_것/NNB		118	12	59
102	말하/VV_ㄹ/ETM_수/NNB_있/VA_을/ETM_것/NNB_이/VCP_다/EF	117	87		58
103	게/EC_하/VX_여/EC_주/VX_ㄹ/ETM_터/NNB_이/VCP_니까/EC		116	13	58
104	을/JKO_하/VV_여야/EC_하/VX_ㄹ/ETM_것/NNB_이/VCP_다/EF	112	88		56
104	이/VCP_ㄴ/ETM_것/NNB_으로/JKB_알리/VV_어/EC_지/VX_고/EC	112	88		56
105	어/EC_있/VX_는/ETM_것/NNB_이/JKS_보이/VV_었/EP_다/EF	111	89		56
105	에/JKB_대하/VV_ㄴ/ETM_관심/NNG_이/JKS_높/VA_아/EC_지/VX	111	89		56
105	일/NNG_이/JKC_아니/VCN_ㄹ/ETM_수/NNB_없/VA_었/EP_다/EF	111	89		56
105	때문/NNB_이/VCP_라고/EC_하/VV_ㄹ/ETM_수/NNB_있/VA_다/EF	111	89		56
106	것/NNB_으로/JKB_전하/VV_여/EC_지/VX_고/EC_있/VX_다/EF	109	90		54
106	고/EC_있/VX_을/ETM_수/NNB_가/JKS_없/VA_었/EP_다/EF	109	90		54
106	알/VV_ㄹ/ETM_수/NNB_있/VA_을/ETM_것/NNB_이/VCP_다/EF	109	90		54
106	필요/NNG_가/JKS_있/VV_다/EC_고/JKQ_말하/VV_였/EP_다/EF	109	90		54
107	ㄹ/ETM_가능/NNG_성/XSN_도/JX_배제하/VV_ㄹ/ETM_수/NNB_없/VA	104	91		52
107	ㄹ/ETM_수/NNB_가/JKS_있/VV_을/ETM_것/NNB_이/VCP_다/EF	104	91		52
107	아/EC_나가/VX_아야/EC_하/VX_ㄹ/ETM_것/NNB_이/VCP_다/EF	104	91		52
108	ㄴ/ETM_것/NNB_은/JX_말하/VV_ㄹ/ETM_것/NNB_도/JX_없/VA	102	92		51
108	기/ETN_도/JX_하/VX_였/EP_을/ETM_것/NNB_이/VCP_다/EF	102	92		51
108	는/ETM_것/NNB_같/VA_다/EC_고/JKQ_말하/VV_였/EP_다/EF	102	92		51
108	는지/EC_알/VV_ㄹ/ETM_수/NNB_가/JKS_없/VA_었/EP_다/EF	102	92		51
108	않/VX_을/ETM_수/NNB_없/VA_는/ETM_것/NNB_이/VCP_다/EF	102	92		51
108	을/JKO_오/VV_았/EP_다/EC_가/VV_았/EP_다/EC_하/VV	102	92		51
108	을/JKO_하/VV_고/EC_있/VX_는/ETM_것/NNB_이/VCP_다/EF	102	92		51
109	어/EC_보/VX_ㄴ/ETM_적/NNB_이/JKS_없/VA_었/EP_다/EF	100	93		50
109	었/EP_으면/EC_좋/VA_겠/EP_다/EC_고/JKQ_말하/VV_였/EP	100	93		50
109	지/EC_말/VX_아야/EC_하/VX_ㄹ/ETM_것/NNB_이/VCP_다/EF	100	93		50
110	ㄴ/ETM_것/NNB_같/VA_다/EC_고/JKQ_말하/VV_였/EP_다/EF	96	94		48

[9-gram 연속 표현 200개]

종합순위	연속 표현	문어사용도	문어순위	구어사용도	구어순위	종합사용도
1	이/VCP_ㄴ/ETM_것/NNB_으로/JKB_알리/VV_어/EC_지/VX_었/EP_다/EF	2129	1			1064
2	고/EC_있/VX_는/ETM_것/NNB_으로/JKB_알리/VV_어/EC_지/VX_었/EP	1728	2			864
3	있/VX_는/ETM_것/NNB_으로/JKB_알리/VV_어/EC_지/VX_었/EP_다/EF	1640	3			820
4	는/ETM_것/NNB_으로/JKB_알리/VV_어/EC_지/VX_어/EC_있/VX_다/EF	796	4			398
5	ㄴ/ETM_것/NNB_으로/JKB_알리/VV_어/EC_지/VX_고/EC_있/VX_다/EF	551	5			275
6	ㄹ/ETM_수/NNB_는/JX_없/VA_는/ETM_일/NNG_이/VCP_었/EP_다/EF	367	6			184
7	ㄴ/ETM_것/NNB_으로/JKB_알리/VV_어/EC_지/VX_어/EC_있/VX_다/EF	292	7			146
8	ㄴ/ETM_것/NNB_이/VCP_라/EC_하/VV_ㄹ/ETM_수/NNB_있/VA_다/EF	278	8			139
9	중/NNB_이/VCP_ㄴ/ETM_것/NNB_으로/JKB_알리/VV_어/EC_지/VX_었/EP	235	9			117
10	고/EC_있/VX_음/ETN_을/JKO_알/VV_ㄹ/ETM_수/NNB_있/VA_다/EF	221	10			110
11	ㄹ/ETM_수/NNB_있/VA_을/ETM_것/NNB_이라고/JKQ_말하/VV_였/EP_다/EF	204	11			102
12	는/ETM_것/NNB_으로/JKB_알리/VV_어/EC_지/VX_고/EC_있/VX_다/EF	189	12			95
13	기/ETN_로/JKB_하/VV_였/EP_다/EC_고/JKQ_밝히/VV_었/EP_다/EF	184	13			92
14	것/NNB_이/JKS_꼴/NNG_보/VV_기/ETN_싫/VA_어/EC_지/VX_었/EP			181	1	90
14	는/ETM_것/NNB_이/JKS_꼴/NNG_보/VV_기/ETN_싫/VA_어/EC_지/VX			181	1	90
14	먹/VV_는/ETM_것/NNB_이/JKS_꼴/NNG_보/VV_기/ETN_싫/VA_어/EC			181	1	90
15	었/EP_던/ETM_것/NNB_으로/JKB_알리/VV_어/EC_지/VX_었/EP_다/EF	178	14			89
16	밥/NNG_먹/VV_는/ETM_것/NNB_이/JKS_꼴/NNG_보/VV_기/ETN_싫/VA			168	2	84
17	어/EC_있/VX_음/ETN_을/JKO_알/VV_ㄹ/ETM_수/NNB_있/VA_다/EF	167	15			83
18	방침/NNG_이/VCP_ㄴ/ETM_것/NNB_으로/JKB_알리/VV_어/EC_지/VX_었/EP	158	16			79
19	이/VCP_ㄴ/ETM_것/NNB_으로/JKB_전하/VV_여/EC_지/VX_었/EP_다/EF	153	17			77
20	이/VCP_라고/EC_하/VV_ㄹ/ETM_수/NNB_있/VA_을/ETM_것/NNB_이/VCP	148	18			74
21	ㄴ/ETM_것/NNB_이/VCP_라고/EC_하/VV_ㄹ/ETM_수/NNB_있/VA_다/EF	145	19			72
21	는/JX_뭐/NP_이/VCP_니/EC_뭐/NP_이/VCP_니/EC_하/VV_여도/EC	145	19			72
22	왔/EP_던/ETM_것/NNB_으로/JKB_알리/VV_어/EC_지/VX_었/EP_다/EF	143	20			71
22	있/VX_는/ETM_것/NNB_으로/JKB_알리/VV_어/EC_지/VX_고/EC_있/VX	143	20			71
23	ㄹ/ETM_수/NNB_가/JKS_없/VA_었/EP_던/ETM_것/NNB_이/VCP_다/EF	130	21			65
23	것/NNB_이/VCP_ㅁ/ETN_을/JKO_알/VV_ㄹ/ETM_수/NNB_있/VA_다/EF	130	21			65
23	고/EC_있/VX_음/ETN_을/JKO_보/VV_ㄹ/ETM_수/NNB_있/VA_다/EF	130	21			65
23	라고/EC_하/VV_ㄹ/ETM_수/NNB_있/VA_을/ETM_것/NNB_이/VCP_다/EF	130	21			65
24	가/JKS_밥/NNG_먹/VV_는/ETM_것/NNB_이/JKS_꼴/NNG_보/VV_기/ETN			129	3	65

25	ㄹ/ETM_방침/NNG_이/VCP_ㄴ/ETM_것/NNB_으로/JKB_알리/VV_어/EC_지/VX	126	22		63
26	는/ETM_것/NNB_이/VCP_라/EC_하/VV_ㄹ/ETM_수/NNB_있/VA_다/EF	125	23		63
26	는/ETM_것/NNB_이/VCP_라고/EC_하/VV_ㄹ/ETM_수/NNB_있/VA_다/EF	125	23		63
27	ㄹ/ETM_수/NNB_밖에/JX_없/VA_었/EP_던/ETM_것/NNB_이/VCP_다/EF	122	24		61
27	고/EC_있/VX_는/ETM_것/NNB_으로/JKB_알리/VV_어/EC_지/VX_어/EC	122	24		61
28	고/EC_있/VX_는/ETM_것/NNB_으로/JKB_알리/VV_어/EC_지/VX_고/EC	121	25		60
29	이/VCP_ㄴ/ETM_것/NNB_으로/JKB_알리/VV_어/EC_지/VX_고/EC_있/VX	112	26		56
30	지/EC_않/VX_을/ETM_수/NNB_없/VA_는/ETM_것/NNB_이/VCP_다/EF	102	27		51
31	ㄹ/ETM_필요/NNG_가/JKS_있/VV_다/EC_고/JKQ_말하/VV_였/EP_다/EF	100	28		50
31	아/EC_오/VX_ㄴ/ETM_것/NNB_으로/JKB_알리/VV_어/EC_지/VX_었/EP	100	28		50
31	었/EP_으면/EC_좋/VA_겠/EP_다/EC_고/JKQ_말하/VV_였/EP_다/EF	100	28		50
31	오/VX_ㄴ/ETM_것/NNB_으로/JKB_알리/VV_어/EC_지/VX_었/EP_다/EF	100	28		50
32	ㄴ/ETM_것/NNB_이/VCP_ㅁ/ETN_을/JKO_알/VV_ㄹ/ETM_수/NNB_있/VA	96	29		48
32	지/EC_않/VX_을/ETM_수/NNB_없/VA_을/ETM_것/NNB_이/VCP_다/EF	96	29		48
33	기/ETN_로/JKB_하/VV_였/EP_다/EC_고/JKQ_말하/VV_였/EP_다/EF	92	30		46
33	이/JKC_되/VV_ㄹ/ETM_수/NNB_있/VA_을/ETM_것/NNB_이/VCP_다/EF	92	30		46
34	한테/JKB_무슨/MM_짓/NNG_을/JKO_하/VV_ㄴ/ETM_거/NNB_이/VCP_야/EF		90	4	45
35	있/VX_는/ETM_것/NNB_으로/JKB_알리/VV_어/EC_지/VX_어/EC_있/VX	83	31		42
36	은/JX_뭐/NP_이/VCP_니/EC_뭐/NP_이/VCP_니/EC_하/VV_여도/EC	82	32		41
37	았/EP_던/ETM_것/NNB_으로/JKB_밝히/VV_어/EC_지/VX_었/EP_다/EF	78	33		39
38	알/VV_ㄹ/ETM_수/NNB_없/VA_는/ETM_일/NNG_이/VCP_었/EP_다/EF	75	34		38
38	이/VCP_ㄴ/ETM_것/NNB_으로/JKB_밝히/VV_어/EC_지/VX_었/EP_다/EF	75	34		38
38	하/VV_고/EC_있/VX_는/ETM_것/NNB_으로/JKB_알리/VV_어/EC_지/VX	75	34		38
39	ㄴ/ETM_일/NNG_이/JKC_아니/VCN_ㄹ/ETM_수/NNB_없/VA_었/EP_다/EF	74	35		37
39	ㄹ/ETM_수/NNB_밖에/JX_없/VA_다/EC_고/JKQ_말하/VV_였/EP_다/EF	74	35		37
39	오/VV_았/EP_다/EC_가/VV_았/EP_다/EC_하/VV_였/EP_다/EF	74	35		37
39	지/EC_않/VX_을/ETM_수/NNB_없/VA_게/EC_되/VV_었/EP_다/EF	74	35		37
40	ㄹ/ETM_수/NNB_도/JX_없/VA_는/ETM_일/NNG_이/VCP_었/EP_다/EF	67	36		33
40	ㄹ/ETM_수/NNB_있/VA_었/EP_다/EC_고/JKQ_말하/VV_였/EP_다/EF	67	36		33
40	것/NNB_으로/JKB_알/VV_고/EC_있/VX_다/EC_고/JKQ_말하/VV_였/EP	67	36		33
40	으로/JKB_알/VV_고/EC_있/VX_다/EC_고/JKQ_말하/VV_였/EP_다/EF	67	36		33
41	내/NP_가/JKS_하/VV_여/EC_주/VX_ㄹ/ETM_수/NNB_있/VA_는/ETM		66	5	33
41	하/VV_여/EC_주/VX_ㄹ/ETM_수/NNB_있/VA_는/ETM_것/NNB_이/JKS		66	5	33
42	ㄹ/ETM_계획/NNG_이/VCP_ㄴ/ETM_것/NNB_으로/JKB_알리/VV_어/EC_지/VX	65	37		32

42	있/VX_는/ETM_것/NNB_으로/JKB_전하/VV_여/EC_지/VX_었/EP_다/EF	65	37			32
43	기/ETN_때문/NNB_이/VCP_라고/EC_하/VV_ㄹ/ETM_수/NNB_있/VA_다/EF	61	38			31
44	ㄹ/ETM_수/NNB_도/JX_있/VA_었/EP_을/ETM_것/NNB_이/VCP_다/EF	59	39			30
44	ㄹ/ETM_수/NNB_있/VA_다는/ETM_것/NNB_을/JKO_보이/VV_어/EC_주/VX	59	39			30
44	ㄹ/ETM_수/NNB_있/VA_어야/EC_하/VX_ㄹ/ETM_것/NNB_이/VCP_다/EF	59	39			30
44	아/EC_보/VX_ㄹ/ETM_수/NNB_있/VA_을/ETM_것/NNB_이/VCP_다/EF	59	39			30
44	은/ETM_것/NNB_으로/JKB_알리/VV_어/EC_지/VX_고/EC_있/VX_다/EF	59	39			30
44	이/VCP_ㄴ지/EC_알/VV_ㄹ/ETM_수/NNB_가/JKS_없/VA_었/EP_다/EF	59	39			30
44	있/VV_는/ETM_것/NNB_으로/JKB_알리/VV_어/EC_지/VX_었/EP_다/EF	59	39			30
44	정신/NNG_을/JKO_차리/VV_ㄹ/ETM_수/NNB_가/JKS_없/VA_었/EP_다/EF	59	39			30
45	ㄹ/ETM_수/NNB_있/VA_게/EC_되/VV_ㄴ/ETM_것/NNB_이/VCP_다/EF	58	40			29
45	계획/NNG_이/VCP_ㄴ/ETM_것/NNB_으로/JKB_알리/VV_어/EC_지/VX_었/EP	58	40			29
45	라/EC_하/VV_ㄹ/ETM_수/NNB_있/VA_을/ETM_것/NNB_이/VCP_다/EF	58	40			29
45	이/VCP_라/EC_하/VV_ㄹ/ETM_수/NNB_있/VA_을/ETM_것/NNB_이/VCP	58	40			29
46	이/VCP_라고/EC_하/VV_여야/EC_하/VX_ㄹ/ETM_것/NNB_이/VCP_다/EF	56	41			28
47	이/JKS_꼴/NNG_보/VV_기/ETN_싫/VA_어/EC_지/VX_었/EP_어/EF			55	6	28
47	하/VV_여/EC_주/VX_ㄴ/ETM_것/NNB_이/JKS_뭐/NP_가/JKS_있/VA			55	6	28
48	ㄹ/ETM_수/NNB_있/VA_을/ETM_것/NNB_이라고/JKQ_밝히/VV_었/EP_다/EF	52	42			26
48	르지/EC_도/JX_모르/VV_ㄴ다는/ETM_생각/NNG_이/JKS_들/VV_었/EP_다/EF	52	42			26
48	고/EC_있/VX_는/ETM_것/NNB_으로/JKB_밝히/VV_어/EC_지/VX_었/EP	52	42			26
48	다는/ETM_것/NNB_을/JKO_알/VV_ㄹ/ETM_수/NNB_있/VA_었/EP_다/EF	52	42			26
49	M/SL_2/SN__/SW_CD/SL__/SW_금전/NNG_신탁/NNG	50	43			25
49	MCT/SL_M/SL_2/SN__/SW_CD/SL__/SW_금전/NNG	50	43			25
49	고/EC_있/VX_는/ETM_것/NNB_으로/JKB_전하/VV_여/EC_지/VX_었/EP	50	43			25
49	이/VCP_ㅁ/ETN_은/JX_말하/VV_ㄹ/ETM_것/NNB_도/JX_없/VA_다/EF	50	43			25
49	하/VV_ㄴ/ETM_것/NNB_으로/JKB_알리/VV_어/EC_지/VX_었/EP_다/EF	50	43			25
50	검토/NNG_중/NNB_이/VCP_ㄴ/ETM_것/NNB_으로/JKB_알리/VV_어/EC_지/VX	46	44			23
51	내/NP_가/JKS_알/VV_아서/EC_하/VV_ㄹ/ETM_터/NNB_이/VCP_니까/EC			46	7	23
52	ㄴ/ETM_적/NNB_은/JX_한/MM_번/NNB_도/JX_없/VA_었/EP_다/EF	45	45			23
52	ㄹ/ETM_수/NNB_도/JX_있/VA_었/EP_을/ETM_터/NNB_이/VCP_ㄴ데/EC	45	45			23
52	ㄹ/ETM_수/NNB_있/VA_을/ETM_것/NNB_이/VCP_기/ETN_때문/NNB_이/VCP	45	45			23
52	것/NNB_이/VCP_ㄴ지/EC_알/VV_ㄹ/ETM_수/NNB_없/VA_었/EP_다/EF	45	45			23
52	고/EC_있/VX_기/ETN_때문/NNB_이/VCP_ㄴ/ETM_것/NNB_으로/JKB_보이/VV	45	45			23
52	고/EC_있/VX_기/ETN_때문/NNB_이/VCP_ㄹ/ETM_것/NNB_이/VCP_다/EF	45	45			23

52	고/JKQ_말하/VV_ㄴ/ETM_것/NNB_으로/JKB_알리/VV_어/EC_지/VX_었/EP	45	45		23
52	말하/VV_ㄴ/ETM_것/NNB_으로/JKB_알리/VV_어/EC_지/VX_었/EP_다/EF	45	45		23
52	수/NNB_있/VA_을/ETM_것/NNB_이/VCP_기/ETN_때문/NNB_이/VCP_다/EF	45	45		23
52	어/EC_보/VX_ㄹ/ETM_수/NNB_있/VA_을/ETM_것/NNB_이/VCP_다/EF	45	45		23
52	어/EC_있/VX_다고/EC_하/VV_여도/EC_과언/NNG_이/JKC_아니/VCN_다/EF	45	45		23
52	었/EP_다고/EC_보/VV_아야/EC_하/VX_ㄹ/ETM_것/NNB_이/VCP_다/EF	45	45		23
52	은/ETM_것/NNB_으로/JKB_알리/VV_어/EC_지/VX_어/EC_있/VX_다/EF	45	45		23
52	을지/EC_도/JX_모르/VV_ㄴ다는/ETM_생각/NNG_이/JKS_들/VV_었/EP_다/EF	45	45		23
52	있/VX_기/ETN_때문/NNB_이/VCP_ㄴ/ETM_것/NNB_으로/JKB_보이/VV_ㄴ다/EF	45	45		23
52	지/EC_않/VX_을/ETM_수/NNB_없/VA_었/EP_던/ETM_것/NNB_이/VCP	45	45		23
53	던/ETM_것/NNB_으로/JKB_알리/VV_어/EC_지/VX_고/EC_있/VX_다/EF	45	46		22
53	을/JKO_알/VV_ㄹ/ETM_수/NNB_있/VA_을/ETM_것/NNB_이/VCP_다/EF	45	46		22
53	이/VCP_라고/EC_보/VV_아야/EC_하/VX_ㄹ/ETM_것/NNB_이/VCP_다/EF	45	46		22
53	있/VX_는/ETM_것/NNB_으로/JKB_밝히/VV_어/EC_지/VX_었/EP_다/EF	45	46		22
54	ㄹ/ETM_것/NNB_으로/JKB_기대하/VV_ㄴ다/EC_고/JKQ_말하/VV_였/EP_다/EF	39	47		19
54	ㄹ/ETM_것/NNB_으로_JKB_보/VV_ㄴ다/EC_고/JKQ_말하/VV_였/EP_다/EF	39	47		19
54	ㄹ/ETM_것/NNB_으로/JKB_보이/VV_ㄴ다/EC_고/JKQ_말하/VV_였/EP_다/EF	39	47		19
54	ㄹ/ETM_수/NNB_는/JX_없/VA_는/ETM_노릇/NNG_이/VCP_었/EP_다/EF	39	47		19
54	ㄹ/ETM_수/NNB_있/VA_게/EC_되/VV_는/ETM_것/NNB_이/VCP_다/EF	39	47		19
54	ㄹ/ETM_수/NNB_있/VA_는/ETM_좋/VA_은/ETM_기회/NNG_가/JKC_되/VV	39	47		19
54	ㄹ/ETM_수/NNB_있/VA_을/ETM_것/NNB_으로/JKB_보/VV_고/EC_있/VX	39	47		19
54	는/ETM_것/NNB_이/JKS_바람직하/VA_다/EC_고/JKQ_말하/VV_였/EP_다/EF	39	47		19
54	모으/VV_ㄴ/ETM_것/NNB_으로/JKB_알리/VV_어/EC_지/VX_었/EP_다/EF	39	47		19
54	수/NNB_있/VA_는/ETM_좋/VA_은/ETM_기회/NNG_가/JKC_되/VV_ㄹ/ETM	39	47		19
54	없/VA_는/ETM_것/NNB_으로/JKB_알리/VV_어/EC_지/VX_었/EP_다/EF	39	47		19
54	을/JKO_모으/VV_ㄴ/ETM_것/NNB_으로/JKB_알리/VV_어/EC_지/VX_었/EP	39	47		19
54	의견/NNG_을/JKO_모으/VV_ㄴ/ETM_것/NNB_으로/JKB_알리/VV_어/EC_지/VX	39	47		19
55	되/VV_ㄹ/ETM_것/NNB_으로/JKB_알리/VV_어/EC_지/VX_었/EP_다/EF	37	48		19
55	었/EP_기/ETN_때문/NNB_이/VCP_라고/EC_하/VV_ㄹ/ETM_수/NNB_있/VA	37	48		19
56	ㄴ/ETM_것/NNB_은/JX_당연하/VA_ㄴ/ETM_일/NNG_이/VCP_었/EP_다/EF	33	49		17
56	ㄹ/ETM_거/NNB_이/VCP_라는/ETM_생각/NNG_이/JKS_들/VV_었/EP_다/EF	33	49		17
56	ㄹ/ETM_수/NNB_가/JKS_있/VV_었/EP_던/ETM_것/NNB_이/VCP_다/EF	33	49		17
56	ㄹ/ETM_수/NNB_는/JX_없/VA_었/EP_을/ETM_것/NNB_이/VCP_다/EF	33	49		17
56	가/JKC_되/VV_ㄹ/ETM_수/NNB_있/VA_을/ETM_것/NNB_이/VCP_다/EF	33	49		17

56	것/NNB_이/VCP_ㄴ지/EC_알/VV_ㄹ/ETM_수/NNB_가/JKS_없/VA_었/EP	33	49		17
56	그러나/MAJ_뭐/NP_이/VCP_니/EC_뭐/NP_이/VCP_니/EC_하/VV_여도/EC	33	49		17
56	기/ETN_때문/NNB_이/VCP_ㄴ/ETM_것/NNB_으로/JKB_알리/VV_어/EC_지/VX	33	49		17
56	는/ETM_것/NNB_이/VCP_ㄴ지/EC_알/VV_ㄹ/ETM_수/NNB_가/JKS_없/VA	33	49		17
56	때문/NNB_이/VCP_ㄴ/ETM_것/NNB_으로/JKB_알리/VV_어/EC_지/VX_었/EP	33	49		17
56	수/NNB_있/VA_을/ETM_것/NNB_으로/JKB_보/VV_고/EC_있/VX_다/EF	33	49		17
56	않/VX_을/ETM_수/NNB_없/VA_었/EP_던/ETM_것/NNB_이/VCP_다/EF	33	49		17
56	오/VV_았/EP_다/EC_가/VV_았/EP_다/EC_하/VV_는/ETM_것/NNB	33	49		17
56	이/VCP_ㅁ/ETN_을/JKO_알/VV_ㄹ/ETM_수/NNB_있/VA_었/EP_다/EF	33	49		17
56	이/VCP_ㄴ지/EC_도/JX_알/VV_ㄹ/ETM_수/NNB_없/VA_었/EP_다/EF	33	49		17
56	이/VCP_라는/ETM_것/NNB_을/JKO_알/VV_ㄹ/ETM_수/NNB_있/VA_다/EF	33	49		17
56	있/VV_는/ETM_것/NNB_으로/JKB_알리/VV_어/EC_지/VX_어/EC_있/VX	33	49		17
56	있/VX_는/ETM_것/NNB_이/JKS_눈/NNG_에/JKB_띄/VV_었/EP_다/EF	33	49		17
56	하/VV_여/EC_보/VX_ㄴ/ETM_적/NNB_이/JKS_없/VA_있/EP_나/EF	33	49		17
57	2/SN__/SW_CD/SL__/SW_금전/NNG_신탁/NNG_의/JKG	32	50		16
57	ㄹ/ETM_수/NNB_가/JKS_없/VA_는/ETM_것/NNB_이/VCP_었/EP_다/EF	32	50		16
57	ㄹ/ETM_수/NNB_있/VA_느냐/EC_하/VV_는/ETM_것/NNB_이/VCP_다/EF	32	50		16
57	ㄹ/ETM_수/NNB_있/VA_을/ETM_것/NNB_이/VCP_라고/EC_말하/VV_였/EP	32	50		16
57	나/NP_는/JX_소망하/VV_ㄴ다/EC_나/NP_에게/JKB_금지되/VV_ㄴ/ETM_것/NNB	32	50		16
57	는/JX_소망하/VV_ㄴ다/EC_나/NP_에게/JKB_금지되/VV_ㄴ/ETM_것/NNB_을/JKO	32	50		16
57	수/NNB_있/VA_을/ETM_것/NNB_이/VCP_라고/EC_말하/VV_였/EP_다/EF	32	50		16
57	이/VCP_라/EC_하/VV_지/EC_않/VX_을/ETM_수/NNB_없/VA_다/EF	32	50		16
57	이/VCP_었/EP_던/ETM_것/NNB_으로/JKB_알리/VV_어/EC_지/VX_었/EP	32	50		16
57	이해하/VV_ㄹ/ETM_수/NNB_없/VA_는/ETM_일/NNG_이/VCP_었/EP_다/EF	32	50		16
57	중/NNB_MCT/SL_M/SL_2/SN__/SW_CD/SL__/SW	32	50		16
58	ㄹ/ETM_가능/NNG_성/XSN_이/JKS_크/VA_기/ETN_때문/NNB_이/VCP_다/EF	28	51		14
58	ㄹ/ETM_수/NNB_없/VA_게/EC_되/VV_는/ETM_것/NNB_이/VCP_다/EF	28	51		14
58	가능/NNG_성/XSN_이/JKS_크/VA_ㄴ/ETM_것/NNB_으로/JKB_보/VV_고/EC	28	51		14
58	검토하/VV_고/EC_있/VX_는/ETM_것/NNB_으로/JKB_알리/VV_어/EC_지/VX	28	51		14
58	것/NNB_이/JKC_아니/VCN_ㄴ가/EC_하/VV_는/ETM_생각/NNG_이/JKS_들/VV	28	51		14
58	고/EC_있/VX_는/ETM_것/NNB_이/JKC_아니/VCN_ㄴ가/EC_하/VV_는/ETM	28	51		14
58	는/ETM_데/NNB_는/JX_그/NP_만/JX_하/VV_ㄴ/ETM_이유/NNG_가/JKS	28	51		14
58	는/ETM_데/NNB_도움/NNG_이/JKC_되/VV_ㄹ/ETM_것/NNB_이/VCP_다/EF	28	51		14
58	는/JX_아무/MM_말/NNG_도/JX_하/VV_지/EC_않/VX_았/EP_다/EF	28	51		14

58	데/NNB_는/JX_그/NP_만/JX_하/VV_ㄴ/ETM_이유/NNG_가/JKS_있/VV	28	51		14
58	떨치/VV_어/EC_버리/VX_ㄹ/ETM_수/NNB_가/JKS_없/VA_었/EP_다/EF	28	51		14
58	을/JKO_들/VV_ㄹ/ETM_수/NNB_있/VA_을/ETM_것/NNB_이/VCP_다/EF	28	51		14
58	이/JKC_아니/VCN_ㅁ/ETN_을/JKO_알/VV_ㄹ/ETM_수/NNB_있/VA_다/EF	28	51		14
58	이/VCP_지/EC_도/JX_모르/VV_ㄴ다/ETM_생각/NNG_이/JKS_들/VV_었/EP	28	51		14
58	있/VV_을/ETM_수/NNB_없/VA_는/ETM_일/NNG_이/VCP_었/EP_다/EF	28	51		14
58	지/EC_않/VX_은/ETM_것/NNB_으로/JKB_밝히/VV_어/EC_지/VX_었/EP	28	51		14
58	합의하/VV_ㄴ/ETM_것/NNB_으로/JKB_알리/VV_어/EC_지/VX_었/EP_다/EF	28	51		14
59	ㄴ/ETM_것/NNB_은/JX_말하/VV_ㄹ/ETM_것/NNB_도/JX_없/VA_고/EC	23	52		12
59	ㄴ/ETM_것/NNB_은/JX_이례/NNG_적/XSN_이/VCP_ㄴ/ETM_일/NNG_이/VCP	23	52		12
59	ㄴ/ETM_적/NNB_이/JKS_한두/MM_번/NNB_이/JKC_아니/VCN_었/EP_다/EF	23	52		12
59	ㄴ다는/ETM_것/NNB_은/JX_결코/MAG_쉽/VA_ㄴ/ETM_일/NNG_이/JKC_아니/VCN	23	52		12
59	ㄹ/ETM_가능/NNG_성/XSN_이/JKS_높/VA_다는/ETM_것/NNB_이/VCP_다/EF	23	52		12
59	ㄹ/ETM_것/NNB_이/VCP_ㄴ가/EC_하/VV_는/ETM_문제/NNG_이/VCP_다/EF	23	52		12
59	ㄹ/ETM_것/NNB_이/VCP_ㄴ가/EC_하/VV_는/ETM_점/NNG_이/VCP_다/EF	23	52		12
59	ㄹ/ETM_수/NNB_가/JKS_없/VA_을/ETM_것/NNB_같/VA_았/EP_다/EF	23	52		12
59	ㄹ/ETM_수/NNB_도/JX_있/VA_다/EC_고/JKQ_말하/VV_였/EP_다/EF	23	52		12
59	ㄹ/ETM_수/NNB_있/VA_게/EC_되/VV_ㄹ/ETM_것/NNB_이/VCP_다/EF	23	52		12
59	ㄹ/ETM_수/NNB_있/VA_을/ETM_것/NNB_으로/JKB_기대하/VV_고/EC_있/VX	23	52		12
59	것/NNB_은/JX_결코/MAG_쉽/VA_ㄴ/ETM_일/NNG_이/JKC_아니/VCN_다/EF	23	52		12
59	것/NNB_은/JX_이례/NNG_적/XSN_이/VCP_ㄴ/ETM_일/NNG_이/VCP_다/EF	23	52		12
59	것/NNB_은/JX_있/VV_을/ETM_수/NNB_없/VA_는/ETM_일/NNG_이/VCP	23	52		12
59	것/NNB_이/JKC_아니/VCN_ㄹ까/EC_하/VV_는/ETM_생각/NNG_이/JKS_들/VV	23	52		12
59	고/EC_싶/VX_지/EC_않/VX_았/EP_던/ETM_것/NNB_이/VCP_다/EF	23	52		12
59	고/EC_있/VX_다는/ETM_것/NNB_을/JKO_알/VV_ㄹ/ETM_수/NNB_있/VA	23	52		12
59	그렇/VA_게/EC_부럽/VA_ㄹ/ETM_수/NNB_가/JKS_없/VA_었/EP_다/EF	23	52		12
59	내/NP_가/JKS_하/VV_ㄹ/ETM_수/NNB_있/VA_는/ETM_일/NNG_은/JX	23	52		12
59	는/ETM_것/NNB_이/VCP_라고/EC_보/VV_ㄹ/ETM_수/NNB_있/VA_다/EF	23	52		12
59	는/ETM_방안/NNG_을/JKO_검토/NNG_중/NNB_이라고/JKQ_말하/VV_였/EP_다/EF	23	52		12
59	다는/ETM_것/NNB_이/JKS_믿/VV_어/EC_지/VX_지/EC_않/VX_았/EP	23	52		12
59	많/VA_은/ETM_것/NNB_으로/JKB_알리/VV_어/EC_지/VX_었/EP_다/EF	23	52		12
59	뭐/NP_이/VCP_니/EC_뭐/NP_이/VCP_니/EC_하/VV_여도/EC_이/MM	23	52		12
59	보/VX_ㄹ/ETM_필요/NNG_가/JKS_있/VV_을/ETM_것/NNB_이/VCP_다/EF	23	52		12